HELMUTH SEIDL
HELGA GUMPLMAIER

WOHN-*sein*

Inhaltsverzeichnis

Vorwort 9
Einleitung – „Wir laden Sie ein" 11

A. Einführung – dem Wohnen näher kommen 17
    Worauf wir bauen – der Zugang zu unserem Denken 18
    Der Mensch spiegelt sich in seinen Bauwerken 20
    Körper und Gebäude 23
    Ankommen – der Zugang zum Haus 26
    Häuser haben Gesichter 28
    Sonne, Raum und eigener Körper – Bezugspunkte der
    menschlichen Orientierung 30
    An der Haustür zeigt sich das Thema des Hauses 36

B. Lebensthemen und erste Verknüpfungen 47
    1. Die drei Felder der Ressourcen 47
        Zu den Quellen – Erfahrungen sammeln und anwenden ... 49
        Die gute Stube – Raum für Beziehungen 66
        Ich gehe meinen Weg – die Orientierung im Leben 86
    2. Die Ebene der Ressourcen – die Vergangenheit 98
    3. Die drei Felder der Umsetzung 114
        Die Leichtigkeit des Seins – Kreativität und Entwicklung .. 114
        Loyalitäten: Überleben sichern – Familie als kleinste
        Gesellschaftseinheit 127
        Wohnen ist SEIN – in die Mitte kommen 134
    4. Die Ebene des aktiven Handelns – die Gegenwart 141
    5. Die drei Felder des Lebenssinns 146
        Reichtum und Gesundheit – ohne Werte kein Leben 147
        Hingabe – der Schlüssel zu Liebe und Beziehung 157
        Wohin will ich? – Die Erfüllung im Leben 165
    6. Die Ebene des Lebenssinns – die Zukunft 174

**C. Achsen und Bezüge – Vertiefendes und praktische
Beispiele** 185
    Die Achse der inneren Prägung – Streben nach Sicherheit 185
    Die Achse des sozialen Handelns – der Weg zur sozialen
    Kompetenz 191
    Die Lebensachse – Der Weg ist das Ziel 196
    In der Mitte des Lebens – Lebensachse und Ebene des aktiven
    Handelns 202
    Diagonalbezug – Wo liegen die Ursachen? 204

D. Zu guter Letzt – Fazit und Ausblick 211
   Lösungsorientiert und nützlich – Beispiele aus unserer Arbeit . 211
   Bewusst wohnen – Wanderung durch Ihre eigene Wohnung... 221
   Wohin geht's? Offene (Wohn-)Strukturen als Zeichen
   gesellschaftlicher Veränderungen 224
   Eine Topo–Analyse 227
   Und ganz zuletzt – unsere Visionen 229

Menschen mit ihren Erfahrungen........................... 232
Nachwort 235
Abbildungsverzeichnis 236
Bildnachweise... 236
Literaturverzeichnis.................................... 239

Geschafft!

Ohne die unzähligen Helferlein, die uns im Entstehungsprozess dieses Buches unterstützten, hätten wir vielleicht gar nicht angefangen. Es waren die Frauen und Männer in unseren Seminaren, die uns baten, unser mündlich vermitteltes Wissen niederzuschreiben und damit nachlesbar zu machen. Sie bewogen uns zum Start. Auf dem Weg begleiteten sie uns durch neugieriges Infragestellen so mancher These. Danke dafür, dass sie uns als Lehrende nicht alles geglaubt haben, so manche Diskussion im Seminar hat uns wieder weiter gebracht und die vielen Mosaiksteinchen ermöglicht, aus denen unser Buch ein stimmiges Ganzes wurde. Stellvertretend für all diese möchten wir uns bei Ina Biechl, Persönlichkeitstrainerin und Coach, bedanken. Sie war es, die uns immer wieder auf den Boden der Praxis zurückholte, wenn wir zu theoretisch wurden. Sie war es auch, die uns mit Johanna Meraner zusammenführte, dank deren Coachings wir zuerst alles auf den Kopf gestellt, neu verknüpft und zu einem stimmigen Bild vollendet haben. Bis zuletzt war Johanna kritische Lektorin, die unser Modell in der eigenen Wohnung auf Wirksamkeit überprüfte. Danke dafür!

Ein Danke gilt auch unseren Freunden und Freundinnen, denen wir es zumuten durften, unsere Startversuche zu lesen, und die uns mit wohlwollendem und kritischem Feedback vorantrieben. Stellvertretend dafür möchten wir unsere Mitarbeiterin Hildegard Rakar vor den Vorhang bitten, die kritische erste und letzte Leserin war. Sie stand uns beim Korrigieren jederzeit hilfreich zur Seite.

Letztendlich war uns der kreative Kopf von Helmuths Tochter Julia immer treibende Kraft.

Schlussendlich blicken wir voll Wertschätzung und Zufriedenheit auf die gemeinsame Zeit der kreativen Auseinandersetzung und Reflexion. Die Arbeit an diesem Buch hat unsere Beziehung manchmal gefordert, meist jedoch gefördert. Wir sind zusammengewachsen und zusammen gewachsen.

Ein Hinweis zur Sprache:

Während wir dieses Buch vollenden, entbrennt gerade in den Medien und der österreichischen Öffentlichkeit wieder einmal eine heftige Diskussion über eine geschlechtergerechte Sprache. Wir haben uns bemüht Männer und Frauen gleichermaßen anzusprechen, nicht indem wir in der einen Formulierung das andere Geschlecht mit meinen – das funktioniert nämlich unserer Meinung nicht. Oder können Sie, wenn Sie lesen „Blauer Elefant" auch einen rosaroten sehen?

So haben wir uns also bemüht, dort, wo es keine gleichwertige Formulierung wie z. B. Wohnende gab, immer beide, z. B. Bewohner und

Geschafft

Bewohnerinnen, zu benennen. Manchmal, z. B. bei Aufzählungen von Berufen, wäre das aber mühsam zum Lesen. Wir haben uns daher entschieden in diesen wenigen Fällen den einen Beruf in der männlichen Form, den anderen in der weiblichen Form anzuführen. So werden wir von Planern und Architektinnen, von Städtebauerinnen und Raumplanern sprechen, um einen Ausgleich zu schaffen.

Zell am Moos, August 2014   Helga Gumplmaier
                                                                         Helmuth Seidl

Vorwort

Es ist eine ungewöhnliche Reise, zu der die Leser und Leserinnen dieses Buches von Helga Gumplmaier und Helmuth Seidl eingeladen werden – eine Reise, bei der es darum geht, auf eine neue Weise daheim anzukommen. Sie werden auf vielfache Weise angeregt werden, die Ihnen vertrauten Räume, ihre eigenen Wohnräume auf eine neue Weise zu betrachten. Dabei greifen Helga und Helmuth wesentlich auf Vitruvs Prinzip der analogen Betrachtung der Architektur und des menschlichen Körpers zurück, was auch nahe legt, dem Körper als unserem Wohnraum eine förderlichere Wohnumgebung zu geben.

Anders als viele traditionelle Betrachtungen der Geometrie und Wirkprinzipien von Wohnräumen ist dieser Ansatz in einer aus meiner Sicht wohltuenden Weise mit einer systemisch konstruktivistischen Sichtweise schon weitgehend verträglich gestaltet worden – was keine kleine Neuerung darstellt. Wohnraumgestaltung als Teil der Erzählung der eigenen Geschichte: Dieses Buch ermöglicht uns die Umerzählung der eigenen aktuellen Lebensgeschichte in einer unseren Aufgaben und unserem Sehnen angemessenen Form, in der wir unsere Wohnung und unseren Umgang mit ihr als Teil einer solchen erweiterten Form des Erzählens zu sehen lernen.

Hier findet sich etwa die erstaunliche Verschiedenheit des Raumerlebens, wenn unterschiedliche Mitglieder einer Familie jeweils andere bevorzugte Eingänge in das Haus wählen können, oder wenn wir den Eingang einer Wohnung umgestalten. Offensichtlich wird hier nicht der einzelne Raum einer Wohnung bloß an sich, sondern mit einer subjektiven Perspektive verbunden betrachtet. Die Wohnräume werden bei Helmuth und Helga sowohl in ihrem Bezug zur Außenwelt wie zum Körper von uns als den Wohnenden betrachtet. Wohnräume sind damit nicht einfach unabhängig gegebene Gegenstände, sondern sie werden zu Repräsentanten; sie bestehen als unsere Wohnräume eben nur in unserer wechselseitigen Bezogenheit zu ihnen – und unsere Wohnräume können so unsere gewünschten Veränderungen stärken oder erschweren.

Helga und Helmuth haben zum Schema der „Neun-Felder-Aufstellung" von Insa Sparrer, einem zentralen Format der Strukturaufstellungen, mit ihrem Novagramm einen interessanten neuen Spezialtyp geschaffen und sie demonstrieren die Anwendung dieses Schemas an einer großen Anzahl von praktischen Fallskizzen für konkrete Fragen zu Wohnräumen und der Lebensgestaltung. Sie betrachten dabei die Räume und ihre Gestaltung selber wie eine Art versehentlich erfolgte Aufstellung, bei der unsere Wohnräume zu Repräsentanten von Teilaspekten unserer Person werden – doch lassen Sie sich lieber selber überraschen, ehe ich hier zu viel verrate! (Die Betrachtung der Diagonalen des Novagramms in diesem Buch könnte darüber hinaus interessante Anregungen für die Methodik der Strukturaufstellungen geben.)

Wenn man die neun Grundsätze betrachtet, die Helmuth und Helga ihrem Text vorausschicken, wird man aus der Formulierung bemerken, dass sie einer kurativen Prinzipienauffassung schon sehr nahe kommen – ein besonderer Fortschritt in einem Gebiet, das von „Wissenden", die meinen, uns sagen zu können, wie die Welt ausschließlich sei, oder die meinen, auf irgendeiner Basis festlegen oder fordern zu können, wie die Welt zu sein habe, also ihre Grundprinzipien deskriptiv oder normativ auffassen, nur so wimmelt. In einer kurativen Prinzipienauffassung dienen Grundprinzipien dazu, zur Lösungsentwicklung geeignete Fragen an Menschen zu stellen, die an dem gegenwärtigen Zustand ihrer menschlichen und sachlichen Bezüge leiden. Prinzipien in kurativer Auffassung sind daher kunstfertige Mittel zur Aufhebung menschlichen Leidens, aber weder eine endgültige Enzyklopädie noch eine Gesetzestafel. Eine solche kreative und lösungsorientierte Sicht ist die Haltung, in der dieses Buch das Novagramm verwendet.

Wenn Sie, liebe Leserinnen und Leser, Helga und Helmuth auf dieser Reise zum neuen Daheim-Ankommen mit einer solchen kurativen Sicht folgen und sich in dieser Form von den Überlegungen, Erfahrungen, Schemata und Prinzipien anregen lassen, neue und fruchtbare Fragen an ihr eigenes Bei-sich-Daheimsein zu stellen, dann wird das Buch sich gelohnt haben aus der Sicht Ihres

Matthias Varga von Kibéd

Darwin, New Territories (Australien), den 31. 8. 2014

Einleitung – „Wir laden Sie ein"

„Die Art, wie du bist und ich bin, die Weise, nach der wir Menschen auf der Erde sind, ist das Bauen, das Wohnen."
Martin Heidegger

Wir haben in unserem Umfeld Menschen gefragt, was Wohnen für sie bedeutet. So unterschiedlich die Antworten auch ausgefallen sind, so auffällig war das Gemeinsame, das Verbindende. Immer wieder tauchten Begriffe wie Schutz, Kraft, Kreativität, Entwicklung, Gefühl und Individualität auf. Kann es sein, dass es einen gemeinsamen Kern an Ansprüchen an das Wohnen gibt? Gibt es Grundbedürfnisse im Wohnen, die kulturübergreifend Ähnlichkeiten aufweisen? Warum fühlt man sich in einer Wohnung wohler als in einer anderen? Warum gibt es Räume, in denen uns die Arbeit leichter von der Hand geht als in anderen? Gibt es tatsächlich gesunde Arbeitsplätze, die Energie und Motivation fördern statt abziehen? Gibt es Raumstrukturen, die Beziehungen behindern, und andere, die Beziehungen fördern? Das sind nur einige Fragen, die uns zum Schreiben dieses Buches geführt haben.

Könnte es sein, dass hinter dem Bemühen des Obdachlosen, ein sicheres Plätzchen zum Schlafen zu finden, und der Überwachungskamera des reichen Villenbesitzers ein gemeinsames Bedürfnis steckt? Wir gehen davon aus, dass das Bedürfnis nach Schutz und Sicherheit, aus dem heraus wir uns mit vier Wänden umgeben, im entlegensten chinesischen Hinterland ähnlich ist, wie in einer europäischen Großstadt.

Was haben eine Messie-Wohnung, die von alten Dingen überquillt, und eine Designerwohnung, die mit Einzelstücken und Kunstgegenständen minimalistisch ausgestattet ist, gemeinsam? Die Bewohner und Bewohnerinnen beider Wohnungen sammeln für sich persönlich Wertvolles. Wir nehmen daher an, dass das Wohnen auch dem Speichern von Erinnerungen, dem Bunkern von Werten, aber auch dem Selbstausdruck dient. Selbst die Bewohner und Bewohnerinnen der kleinsten Slumhütte versuchen, ihrem Heim einen individuellen Touch zu geben, genauso wie es der Schlossherr mit seiner einzigartigen Parkanlage versucht. Beide bringen ihr Selbst zum Ausdruck. Egal ob eine kleine Garconniere, ein Zimmer in der Wohngemeinschaft oder eine prunkvolle Villa: Jedes Wohnen ist eine Form der Selbstdarstellung. Der Grundriss, die Geometrie, die Ausrichtung, die Einrichtung, die Farben, die Möbel und zu guter Letzt die Dekoration werden nach Geschmäckern und Vorlieben der Wohnenden ausgewählt. Wie ein Gewand wirkt die Wohnung nach außen, auf Nachbarn, Besucherinnen, Vorbeigehende. Sie unterstreicht meinen Typ, drückt mich selbst aus.

Gleichzeitig wirkt die persönlich gestaltete Wohnumgebung auch nach innen und bestimmt das Wohlempfinden der Wohnenden, indem aus dem Wiedererkennen des Vertrauten ein Gefühl von Sicherheit erwächst. Hier bin ich zuhause, hier kann ich so sein, wie ich wirklich bin.

Schon der Philosoph Heidegger hat im Wohnen einen Zustand des persönlichen Seins gesehen, ein Abbild dessen, was wir waren, was wir sind und sein möchten. Er bezeichnet Wohnen als Ausdruck unserer Vergangenheit, Gegenwart und Zukunft. Diesen Ausdruck des Zeitlichen im Wohnen haben wir in unsere Konzeption eingebaut. Sie finden mehr dazu bei den jeweiligen Verknüpfungen der Ebenen (S. 104, S. 141, S. 178) und im Ansatz der zeitlichen Schichtung des Hauses (S. 104).

Wohnen hat somit existentielle, mit dem SEIN verbundene Bedeutung für uns Menschen und es folgt bestimmten Gesetzmäßigkeiten. Bereits bevor unsere Vorfahren überhaupt Wohnungen bezogen und Häuser bauten, suchten sie sich zur Nahrungsaufnahme einen geschützten Ort und schliefen am sichersten Platz in der Höhle. Als dann die Menschen sesshaft wurden, gaben sie ihren Bedürfnissen nach Schutz und Sicherheit einen räumlichen Rahmen. Auch die Vorratshaltung bekam einen Platz zugewiesen. Die beste Vorratshaltung in dieser Zeit war das Halten von Haustieren. Schlief man gemeinsam mit ihnen in einem Raum, gaben sie nicht nur Wärme, sondern sie boten durch ihr instinkthaftes Verhalten auch Schutz.

Im Laufe der menschlichen Entwicklungsgeschichte kamen Bedürfnisse dazu, differenzierten sich aus und bekamen vom Menschen bestimmte Örtlichkeiten zugewiesen. Die Erfahrungen wurden von Generation zu Generation überliefert.

In Anlehnung an die Archetypenlehre von C. G. Jung[1] nehmen wir an, dass die Erfahrungen von zwei Millionen Jahren Menschheitsgeschichte in unserem kollektiven Wissen gespeichert sind und unsere Entscheidungen im Wohnen beeinflussen. Instinktiv suchen die meisten Menschen auch heute noch in einem Raum den Platz, der am meisten Rückendeckung und damit Schutz bietet.

Doch es braucht nicht Millionen von Jahren, um bestimmte wiederkehrende Wohnmuster auszubilden. Gehen wir lange Zeit immer denselben Umweg, weil ein Hindernis den geraden, direkten Weg versperrt, wird sich der Umweg in unserem Gedächtnis derart stark einprägen, dass wir ihn blind laufen könnten. Selbst wenn das Hindernis längst verschwunden ist, kann es gut sein, dass wir weiterhin den einge-

---

1   vgl. Jung, C. G.: Archetypen. München 2001

prägten Umweg nehmen. Gleichgültig ob dieser länger und beschwerlicher ist. Unser Verhalten überdauert bereits geänderte Umstände. Oft länger als uns gut tut.

Das vor Augen, mögen wir uns vorstellen, wie prägend jahrelang gelebte Strukturen des Wohnens sein können. Die immer gleichen Abläufe im Alltag zu vollziehen, immer dieselben Wege zu gehen, dieselben Perspektiven zu sehen, das zeichnet sich in unserem Gehirn ein.

Aus dieser Wirkung auf das Gehirn resultieren Fragen, die im Zusammenhang mit unserer psychischen und physischen Gesundheit stehen, Fragen, welche Auswirkungen Wohnen auf unsere Entwicklung hat und wie Wohnen unseren Alltag, unseren Beruf und unsere Partnerschaft beeinflusst.

Der Philosoph Gaston Bachelard setzte sich genau mit diesen Fragen vertieft auseinander und fordert das systematische psychologische Studium der „Örtlichkeiten unseres inneren Lebens", weil wir, wie er sagt, das „Diagramm der Wohnfunktionen unseres Elternhauses" sind.[2] Die Orte, an denen wir aufgewachsen sind, haben sich in unserem Gehirn fest verankert. Ähnliche Strukturen werden uns bewusst und unbewusst immer wieder an die Kindheit erinnern, im Guten wie im Schmerzlichen. In seinem Werk „Poetik des Raumes" stellt Bachelard daher sogar die Forderung auf, der Psychoanalyse, die sich mit der Frage: „Von wem, in welcher Beziehung, habe ich mein Verhalten gelernt?" auseinandersetzt, eine „Topo-Analyse" zur Seite zu stellen. Die Topo-Analyse sollte der Frage nachgehen: „An welchen Plätzen habe ich gelernt wie das Leben funktioniert; welche Örtlichkeiten haben mich wie geprägt und prägen mich noch immer?"[3]

In diesem Buch wollen wir uns an eine solche „Topo-Analyse" annähern.

Angeregt hat uns in unserer Arbeit auch der österreichisch-amerikanische Architekt Richard Neutra. Bereits Mitte des vergangenen Jahrhunderts hatte er drastisch formuliert, welche Verantwortung die Planer und Gestalterinnen von Lebensraum in Bezug auf Gesundheit und menschliches Wohlbefinden tragen: *„Der Architekt hat der Psychosomatik, der unverbrüchlichen Einheit von Leib und Psyche zu dienen. Er ist Physio-Psychotherapeut und zuvor noch ein Prophylaktiker, der in unserem technischen Zeitalter mit seinen Räumen, leidend zu sein verhüten, und oft sogar sachte heilen kann. Aber der Architekt kann auch schaden! – Ja, fast zum Mörder werden ... Was von belastenden Einflüssen bewusst wird, ist vielleicht das weniger Gefährliche, weil es zur Ab-*

---

2 Bachelard, G. Poetik des Raumes. Frankfurt 2007, S. 41
3 Bachelard, G. Poetik des Raumes. Frankfurt 2007, S. 35

Einleitung

wehr aufruft. Das Infernalste, das Tückischste ist oft das, was nie ins Bewusstsein dringt, das gewohnt Gewordene."[4]

Wir gehen, wie Richard Neutra, davon aus, dass Menschen verkümmern oder „schief" wachsen, wenn ihr Lebensraum nicht ihrer persönlichen Entwicklung entgegen kommt – vergleichbar mit der Entwicklung einer Pflanze in einem zu engen Topf. Bei der Anpassung an den Raum können Menschen Schaden nehmen, wenn sie sich schon längst verändern wollen, der Raum es aber nicht oder nur unzureichend zulässt. Psychosomatische Symptome können die Folge sein. Das hat gerade auch an Arbeitsplätzen schwerwiegende Folgen, wenn räumliche Grundbedürfnisse wie z. B. Schutz, nicht erfüllt werden.

Auf Basis der Annahme, dass die räumlichen Strukturen, das Wohnumfeld einen so gravierenden Einfluss auf den Menschen haben, bekommen Fragen zur Arbeitsplatzgestaltung, zur Wohnraumstruktur, zum Design von ganzen Wohnsiedlungen eine herausragende Bedeutung.

Leider sind Neutras Ansichten zur Verantwortung in der Planung von Lebensraum vielfach ungehört verhallt. Heute muss schnell, billig, so platzsparend wie möglich, den neuesten technischen Möglichkeiten Folge leistend, gebaut werden. Wohnungen und Häuser werden vielfach einfach kopiert und mit gleichem Organisationsmuster, d. h. identischem Grundriss, errichtet. Individuelle menschliche Bedürfnisse und Emotionen finden dabei kaum Beachtung und schon gar keinen Platz; in solchen Wohnungen werden alle auf die gleiche Art und Weise geprägt.

Unser gemeinsamer Wunsch nach einem achtsamen Umgang mit dem Thema Wohnen hat die interdisziplinäre Beschäftigung mit dem Thema Wohnpsychologie gefördert. Unser Anspruch war es, aus verschiedenen Disziplinen die essentiellen Ansätze zusammenzuholen und daraus eine stimmige und nachvollziehbare Grundlage zu schaffen. Unser Werk sollte theoretisch fundiert sein und gleichzeitig unsere Erfahrungen aus der Praxis einbinden. Damit wollten wir eine praktisch anwendbare Wissens- und Reflexionsbasis für verschiedene, auf unterschiedliche Art und Weise für und mit Menschen arbeitende Zielgruppen schaffen. Erst im Tun wurde uns die Größe unseres Vorhabens immer mehr bewusst. Weil wir uns neugierig immer tiefer einließen, haben wir wohl auch das Ausmaß etwas unterschätzt.

Wir setzten uns mit dem chinesischen I Ging, der ältesten Weisheitsschrift über das Leben auseinander. Über die acht Lebensbilder des I Ging gelangten wir zu C. G. Jung mit seiner Archetypenlehre und mit

---

[4] Neutra, R. und D.: Bauen und die Sinneswelt. Berlin 1980, S. 10

ihm zu Aspekten der Psychoanalyse, zur Traumbild- und Symbolsprache rund um das Thema Haus. Wir recherchierten in der Archäologie und fanden heraus, dass die Häuser unserer Vorfahren sich offensichtlich Schritt für Schritt aus der einfachsten Rechteckstruktur wie bei einer Zellteilung zu einer nachvollziehbaren Neun-Feld-Struktur entwickelt haben. Und schlussendlich fanden wir im Modell der Neun-Felder-Aufstellung der Psychotherapeutin Insa Sparrer, in ihrem Buch „Wunder, Lösung und System", eine psychologische Entsprechung. Die Aspekte dieses Modells fügten sich stimmig in unser Gedankenmuster, und wir wagten eine Zusammenführung: das Novagramm – eine Struktur von neun Feldern, deren Inhalte sich von einer über Jahrtausende gleichbleibenden Wohnnutzung ableiten und damit, so unsere Annahme, innere, psychische Strukturen ausprägen. Die neun Felder des Wohnens bezeichnen wir in der Folge als neun Archetypen[5], als Urbilder des Wohnens. Wir nutzen diese Struktur nun in Kombination mit Wohnungsgrundrissen für eine Analyse der Themen, die den Menschen in seinem aktuellen Wohnen bewegen.

Auf unserem Weg durch das Buch nähern wir uns dem Wohnen so, als würden wir Sie als Gastgeber und Gastgeberin durch unser Haus führen. Dem Weg durch den Vorgarten gleich, stellen wir Ihnen unsere Hypothesen und Basisgedanken vor. Wie bei einer Hausbesichtigung überschreiten wir Schwellen, treten durch die Türe ein und orientieren uns. Auf unserem Rundgang bewegen wir uns durch alle Themen des Lebens, berühren dazu passende theoretische Grundlagen und besichtigen die Räume mit ihren, zum jeweiligen Lebensthema gehörigen, symbolischen Bedeutungen. Dazu passende Beispiele und Fragen sollen Sie immer wieder zu Vergleichen mit bekannten Situationen anregen. In der Zusammenführung am Ende erkennen wir die Verwobenheit der einzelnen Aspekte des Wohnens, an praktischen Beispielen zeigen wir noch Vertiefendes in der systemischen Analyse und Möglichkeiten der Veränderung von inneren Bildern durch äußere Maßnahmen.

Wir haben das Buch für alle geschrieben, denen Wohnen zu wichtig ist, um es unbewusst auf sich wirken zu lassen, für alle, die schon jetzt achtsam spüren, dass Wohnraum wirkt, aber mit einem höheren Bewusstsein über die psychologischen Wirkungen des Wohnumfeldes ihr Wohnen noch mehr genießen wollen. Für alle Profis in der Begleitung

---

5 Als Archetypus bezeichnet die Analytische Psychologie die im kollektiven Unbewussten angesiedelten Urbilder menschlicher Vorstellungsmuster.
Ein Archetyp als solcher ist unbewusst, ist in seiner Wirkung aber in symbolischen Bildern erfahrbar. http://de.wikipedia.org/wiki/Archetypus (Stand Juli 2014).

von Menschen bei Entwicklungs- und Planungsprozessen soll das Buch eine fundierte Wissensgrundlage für ihr professionelles Tun darstellen. Es liefert neue methodische Ansätze dazu.

Nun, wir hoffen, Sie fühlen sich eingeladen, dieses Haus mit uns zu durchschreiten. Im Vergleichen können Sie Situationen entdecken, die Sie selbst und Ihren Lebensraum betreffen. Aus unseren Beispielen können Sie Veränderungsmöglichkeiten erkennen, für sich selbst oder andere.

Herzlich Willkommen!

A. Einführung –
dem Wohnen näher kommen

*Ich habe eine große Wahrheit entdeckt, zu wissen,
dass die Menschen wohnen, und dass sich der Sinn der Dinge für sie
wandelt, je nach dem Sinn des Hauses.*
Antoine Saint Exupery

Eine kleine Übung zum Einstieg:

Zum Kennenlernen unserer Arbeit mit dem Novagramm möchten wir Sie zu einer kleinen Wahrnehmungsübung einladen: Markieren Sie auf dem Fußboden oder im Freien auf Wiese oder Terrasse mit Kreide, einer Schnur oder einem Klebeband eine Neun-Feld-Struktur, groß genug, dass Sie bequem in jedes Quadrat hineinsteigen können. Durchwandern Sie langsam die einzelnen Quadrate. Halten Sie in jedem inne, um sich dabei ganz auf Ihre Körperwahrnehmungen zu konzentrieren und die eventuell spürbaren Unterschiede in den einzelnen Quadraten gut wahrnehmen zu können. Wenn Sie möchten, notieren Sie wahrnehmbare Unterschiede; auch Gedanken, die in dem einen oder anderen Feld auftauchen, können Sie aufschreiben. Wir werden Sie dann noch einmal auf eine tiefergehende Form dieser Übung einladen, wenn wir die Inhalte der einzelnen Felder beschrieben haben.

Es ist für uns immer wieder spannend, wie die den Feldern innewohnenden Grundqualitäten von den meisten Menschen ähnlich wahrgenommen werden, auch wenn aktuelle, individuelle Themen im Vordergrund stehen. Die Grundqualitäten sind offensichtlich zu einer Art kollektivem Bewusstsein geworden.
    Indem Sie die von Ihnen wahrgenommenen Gefühle und inneren Bilder zu den, den einzelnen Feldern innewohnenden Urthemen (vgl. Abb. 2) in Bezug setzen, können Sie für sich wahrscheinlich Zusammenhänge erkennen. Wir haben es hier mit einem Phänomen zu tun, das auch in der Methodik der systemischen Aufstellungsarbeit[6] zum Tragen kommt. Der Kör-

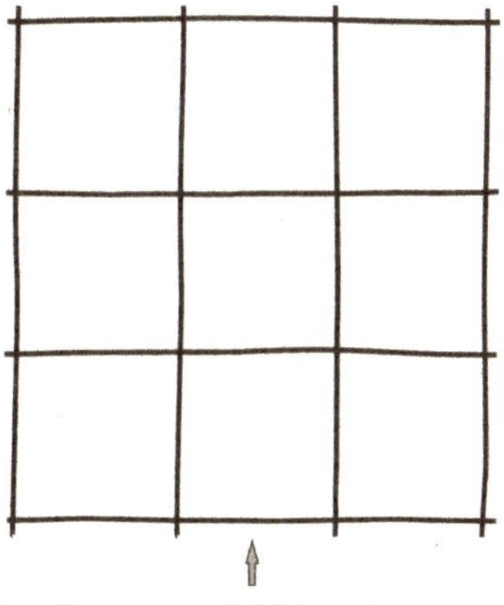

Abbildung 1:
Neun-Feld-Struktur:
Novagramm

---

6   Werden aus einem System einzelne Objekte oder Aspekte mittels repräsentierender Positionsmarkierungen in den Raum gestellt, um ein Bild gegenseitiger Bezüge zu erhalten, wird dies als Systemaufstellung verstanden. (Quelle: http://de.wikipedia.org/wiki/Systemaufstellung, Stand: Juli 2014).

Einführung

per dient als Repräsentant an verschiedenen Orten und schafft mit seiner einmaligen Wahrnehmungsfähigkeit die Grundlage für das Erkennen von Zusammenhängen und Bezügen im System.

Die Kenntnis der Inhalte des Novagramms und der Symbolik von Räumen versetzt uns in die Lage, mittels der Grundrisse von Wohnungen und Häusern, einen Eindruck der Lebenssituation, von Blockaden und Entwicklungsmöglichkeiten der Wohnenden zu bekommen und hinterfragen zu können.

So konnten wir beispielsweise aus dem Grundriss (S. 201) einer Wohngemeinschaft für sozial benachteiligte Kinder erkennen, dass die Lebenssituation der Kinder offensichtlich von den Betreibern der WG in der Struktur der Wohnung abgebildet wurde. Im Lebensthema *Ziel–Erfüllung* ist ein Abstellraum situiert. Die Interpretation, die Kinder hätten keine Zukunft, wären auf dem Abstellgleis, liegt nahe. Im sprichwörtlichen Sinn sehen die Kinder, sobald sie die Wohnung betreten, vor sich die unbewusste Zukunftsbotschaft „hier werde ich abgestellt". Die Leiterin der WG bekommt mit unseren Interpretationen Argumente und Ideen, wie sie die Struktur verändern kann. Die Wohnung soll so gestaltet werden, dass die Kinder einen anregenden und kreativitätsfördernden Raum wahrnehmen, wenn Sie bei der Wohnungstür hereinkommen – als Symbol für eine positive Entwicklung in der Zukunft.

Abbildung 2:
Novagramm – die Grundqualitäten der neun Lebensbereiche

WERTE	ZIEL	BEZIEHUNGEN
SICHERHEIT	IDENTITÄT	KREATIVITÄT
(UR)WISSEN	ORIENTIERUNG	AUSTAUSCH

Worauf wir bauen – der Zugang zu unserem Denken

Zu einer allgemeinen Annäherung wollen wir Sie zuallererst mit unseren Hypothesen und Grundannahmen bekanntmachen:

1. Wohnen ist ein menschliches Grundbedürfnis. Wesentliche Teilaspekte sind das Bedürfnis nach Schutz und Selbstausdruck.
2. Die Art und Weise, wie wir bauen und wohnen, hat Bedeutung für unsere Entwicklung, unsere Gesundheit und unser Wohlbefinden.
3. Mensch und Raum bedingen einander, sie sind Teil eines Systems. Der Mensch schafft den Raum durch Gestaltung, der Raum beeinflusst den Menschen, wirkt auf den Menschen zurück. Veränderungen im Raum färben auf den Menschen ab, Stimmung und Verhalten verändern sich.
4. Im Laufe der Evolution hat sich ein Wohnmuster in Form einer bestimmten Anordnung und Zuordnung von Nutzungsbereichen als Urmuster herausgebildet. Dieses Urmuster scheint dem Menschen eingeprägt zu sein.

5. Den einzelnen Räumen lässt sich aus ihrer Nutzung eine symbolische Bedeutung zuordnen. Jeder Raum (Synonym: Zimmer) ist Repräsentant für ein bestimmtes Thema. Auch Einrichtungsgegenstände können bestimmte symbolische Themen repräsentieren.
6. Der Mensch schafft sich in seinem Wohnen ein Abbild seiner Bedürfnisse und seiner inneren Struktur, dessen, was er ist und sein möchte. Er geht zu bestimmten Formen und Strukturen in Resonanz[7], wenn diese seinem inneren Bild entsprechen. Das Haus wird zum Symbol für den Menschen.[8]
7. Jedes Möbel, jeder Gebrauchsgegenstand legt Zeugnis für eine Phase des Wohn-Handelns ab. Aus der Symbolkraft, welche die Gegenstände durch die Menschen bekommen, können wir deren Lebenszusammenhänge erkennen.
8. Eine Wohnung bekommt die Atmosphäre und Wohnlichkeit erst durch den Gebrauch, sie entwickelt sich mit den Wohnenden.
9. Der Lebensraum ist ein System von Räumen und deren Bezügen untereinander. Aus der Überlagerung des archetypischen Ur-Musters mit dem individuellen Muster können wir Annahmen der inneren Struktur des Menschen und seiner Beziehungen tätigen. Die Verknüpfung von Räumen und der ihnen innewohnenden Symbolik zeigt die Seelenstruktur der Wohnenden und ihrer Beziehungen untereinander. Wir können Aussagen und Fragen zur Psyche des Menschen und seinen Lebensthemen formulieren.

Orientierungshilfe beim Schreiben dieses Buches waren uns auch die neun Merkmale für das Wohnliche des Soziologen Otto Bollnow, der sich in seinem Buch „Mensch und Raum" intensiv mit den Zusammenhängen und Wechselwirkungen zwischen dem Menschen und dem ihn umgebenden Lebensumfeld auseinander setzte.[9]

Seine und unsere Thesen auf einen Nenner gebracht, könnten wir sagen:

---

7 Das Wort Resonanz stammt vom lateinischen Wort „resonare" ab und bedeutet so viel wie Widerklingen. Reize werden in Form von Schwingung aufgenommen und in gleicher oder ähnlicher Art und Weise wiedergegeben. Bekanntestes Beispiel haben wir in der Musik, wenn die Saiten eines Instrumentes ohne Zutun zu klingen beginnen, nur durch Resonanz zu einem gespielten Instrument.
8 vgl. u. a. Jung, C. G., Freud, S., Simmel, G. und Hirsch, M.
9 Bollnow, O. F.: Mensch und Raum. Stuttgart, Auflage 2004

Der Mensch spiegelt sich in seinen Bauwerken

Im Wohnen ist der Mensch ganz bei sich selbst. Im Sinne des Philosophen Heidegger entspricht dies dem Rückzug zu sich selbst und kommt der ursprünglichen Bedeutung des Wohnbegriffes aus dem Gotischen nahe: *„Wunian heißt zufrieden sein, zum Frieden gebracht, in ihm bleiben."*[10]

Wohnen ist ein alltägliches Handeln. Abläufe, Wege und Verrichtungen erledigt der Mensch häufig, ohne über deren Sinn nachzudenken. Dieses Handeln wird von einem äußeren Rahmen beeinflusst. Die durch einen Grundriss und die Raumeinteilung vorgegebenen Wege werden durch oftmaliges Wiederholen verinnerlicht. Wie wir schon sagten: Wohnen prägt auf Dauer – leider meist unbewusst.

Diesen Umstand machen wir uns in der Wohnraumanalyse zunutze und beziehen durch unsere Fragen innere Wahrnehmungsprozesse auf die äußeren Rahmenbedingungen von Haus und Wohnung. Die Interpretation der Wohnungsstruktur mittels des Urmusters im Novagramm und der Symbolik erleichtert es unseren Kunden und Kundinnen dann, ihre innere (Lebens-)Orientierung zu verstehen. In der äußeren Struktur der Wohnung erkennen sie sich und ihr Lebenskonstrukt wie in einem Spiegel. Muster können erkannt und, wenn gewünscht, leichter einer Veränderung zugeführt werden.

Viele Menschen neigen dazu, die Gründe für ein Unwohlsein im Außen zu suchen. Klassische Lebensraumberatung bedient oft dieses Bedürfnis und setzt die alleinigen Maßnahmen im Außen. So genannte harmonisierende Maßnahmen, wie Abrundungen, Fensterbilder, Spiegel und Mobiles werden oft gesetzt, ohne dahinter liegende Bedeutungen und Bedürfnisse zu klären.

Dazu gleich ein Beispiel: Das in vielen Häusern und Wohnungen zu findende Symbol eines Delphinpaares, aber auch andere Paarsymbole geben einen Hinweis auf die besondere Bedeutung des Themas Partnerschaft. Das Symbol alleine ist jedoch nicht in der Lage, das Wesen der Partnerschaft zu verändern, wiewohl sich viele Menschen das vom Aufhängen des Symbols erhoffen. Die Auseinandersetzung mit der Bedeutung des Symbols bewirkt zwar bereits ein verstärktes Problembewusstsein, es braucht aber auch Änderungen auf der Verhaltensebene. Ein Symbol ist ein wunderbarer mentaler Anker, ein Zeichen zur ständigen Erinnerung, wenn er bewusst gesetzt wird. So erinnert ein von beiden Partnern bewusst platziertes Paarsymbol beide ständig daran, die Partnerschaft und Zweisamkeit zu pflegen.

---

10 Heidegger, M.: Vorträge und Aufsätze. Stuttgart 1954, S. 143

Wir erreichen nachhaltige Veränderungen, indem wir die Verbindung von innen und außen ganz bewusst nachvollziehbar mit bedeutungsgebenden Symbolen und Bildern erklären. Veränderungen manifestieren sich besser und rascher, wenn innere Bilder im Außen ihren Ausdruck finden. Im einfachsten Fall kann das die Veränderung von Gemälden und fotografischen Darstellungen, persönlichen Accessoires und Dekorationsgegenständen sein. So kann z. B. das Entfernen eines Fotos des früheren Partners oder der Partnerin hilfreich sein, um sich auch innerlich aus der abgeschlossenen Beziehung zu lösen.

Das Umstellen von Möbeln, Veränderungen in der Farbgestaltung, wie auch in der Nutzung der Räume können Unterstützung für innere Entwicklungs- und Veränderungsprozesse sein. Wenn etwa Eltern, trotz Auszugs der Kinder, jahrelang deren Raum in der ursprünglichen Gestaltung, inklusive deren Kuscheltiere, belassen, so kann das ein Hinweis sein, dass die Eltern ihre Kinder schwer loslassen können. Eine neue Nutzung des Raumes kann bei Eltern und Kindern den Prozess des Loslassens unterstützen und beschleunigen. Die veränderte Nutzung bringt auch in die Partnerschaft neue Aspekte und Qualitäten.

Uns Menschen fällt es im Allgemeinen schwer, das Innerste, unsere Seele mit Worten zu beschreiben. Äußere, körperhafte Bilder, die allgemein bekannt sind und im besten Fall weit verbreitete Symbole darstellen, können solche Beschreibungen wesentlich erleichtern. In diesen Bildern kann sich der Mensch wiedererkennen, sie wirken wie ein Spiegel, in den man blickt.

Das Haus kann aufgrund seiner Symbolik ein solcher Spiegel sein, denn es gilt als uraltes symbolisches Abbild des Menschen.[11] Von den Psychoanalytikern seit Sigmund Freud wird das Haus als Sinnbild des Beschützenden interpretiert. Mathias Hirsch sieht das als Ausdruck eines wahrlich kollektiven Unbewussten, weil es weltweit verbreitet ist. Er vergleicht Kinderzeichnungen von Häusern quer über die Kontinente und leitet aus den Ähnlichkeiten diesen Gedanken eines kollektiven Symbols ab.[12]

Im Wohnen gestaltet sich der Mensch seinen intimsten Schutzraum. Haus und Wohnung dienen als Hort des Rückzugs, des Schutzes und

---

11 Zum Symbol wird etwas dann, wenn es in einem Sinnzusammenhang mit etwas anderem gebracht wird. Wie z. B. die Haut und der Knochenapparat des Menschen seine inneren Organe schützen, so gibt das Haus dem leicht verwundbaren Menschen Sicherheit und Schutz.

12 Hirsch, M.: Das Haus – Symbol für Leben und Tod, Freiheit und Abhängigkeit. Gießen 2006, S. 61 ff

der Geborgenheit, ganz nach den individuellen Bedürfnissen der Wohnenden gestaltet. Im Haus kann sich der Mensch in seiner Ganzheit wahrnehmen und beschreiben, wer er ist und wie er lebt, mit seinen Bedürfnissen, mit seinem Selbstausdruck. Von alters her nutzte er diese begreifbare Hülle, um sich selbst zum Ausdruck zu bringen. Bewusst in der realen Ausgestaltung, unbewusst im Traum.

Für Sigmund Freud, und ihm folgten viele Psychoanalytiker, war das Bild des Hauses Symbol für die menschliche Psyche. Er bezeichnet das Haus als „*einzige typische, d. h. regelmäßige Darstellung (in Träumen) der menschlichen Person als Ganzes*" und schreibt: „*Der menschliche Leib als Ganzes wird von der Traumphantasie als Haus vorgestellt, das einzelne Körperorgan durch einen Teil des Hauses.*"[13]

Sein Schüler Jung spricht in der Analyse eines eigenen Traums, in dem er sich durch ein Haus bewegte, von seinem wichtigsten Traum. Aus diesem Traum leitete er in der Folge seine Theorie des kollektiven Unbewussten ab. Er spricht vom Haus als Strukturdiagramm der menschlichen Seele und macht in der Analyse seines eigenen „Haus"traums deutlich, dass für ihn das Haus „eine Art Bild der Psyche" darstellt. Jungs Erklärung, wonach, je tiefer er im Traum die Kellerräume hinunterstieg, desto unbewusster und archaischer, d. h. vergangenheitsbezogener wurden die Bilder, dient uns auch als Basis für unsere Hypothese einer zeitlichen Schichtung in der Symbolik des Hauses. Keller und Untergeschoße ordnen wir symbolisch der Vergangenheit zu. (Näheres dazu S. 107)

Wie wichtig es ist, dass die Bewertung des Symbols durch den betroffenen Menschen selbst erfolgt, zeigt der Traum einer Klientin sehr eindrücklich. Sie erzählte im Coaching von einem Traum, den sie in einer persönlich sehr intensiven Entwicklungsphase hatte. Sie stand vor einem zerbombten Haus und spürte eindeutig, dass es sich um ihr Haus handelte. Überall war Schutt, aus allen Fenstern und Türen quoll Schutt. Das Haus war unbewohnbar. Doch sie spürte keinerlei Angst oder Bedrohung. Sie krempelte die Ärmel hoch und dachte: „Jetzt gehen wir es an!" Unmittelbar vor diesem Traum war eine Beziehung zu Ende gegangen, der Vater hatte einen Schlaganfall erlitten, das Auto wurde gestohlen, sie hatte den alten Arbeitsplatz aufgegeben und den neuen noch nicht abgesichert, eine neue Wohnung gekauft und die alte noch nicht verkauft. Es war also alles in Schwebe. Es war der Beginn von etwas völlig Neuem, auf das sie sich aber, beruhigt durch die Symbolik

---

13 Freud, S., zitiert in: Hirsch, M.: Das Haus – Symbol für Leben und Tod, Freiheit und Abhängigkeit. Gießen 2006, S. 87

und das Gefühl des Traumes, freuen konnte. Wäre das schreckliche Bild nicht mit einem Gefühl der Freude verbunden gewesen, hätten ihr all die Veränderungen Angst gemacht.

Unsere Psyche benutzt also in den Träumen das Bild eines Hauses, um innere Zustände zu beschreiben. Wir gehen daher davon aus, dass es dann auch möglich sein muss, Darstellungen des Hauses bzw. der Wohnung, wie z. B. die Struktur eines Grundrisses, oder Teile des Hauses und der Wohnung, wie Nutzungsräume und Möbel, in ihrer Symbolik für die Spiegelung seelischer Prozesse anzuwenden. Wir verwenden die anscheinend allgemein gültigen, im psychologischen Terminus daher archetypischen Symbole, um unsere Klienten und Klientinnen zum Nachdenken und Hinterfragen zu ermutigen. Eine typische Frage dabei: „Wenn wir annehmen, das Haus, die Wohnung, die du dir geschaffen hast, entspricht deinem Inneren, welche Bedeutung könnte es dann haben, wenn …?" Die so Angesprochenen wissen oft überraschenderweise schnell die für sie selbst und die aktuelle Situation stimmige Antwort. Bei dieser Arbeit mit dem Außen erhält das oben zur Bewertung der Traumsymbole Gesagte noch mehr Gewicht. Wenn wir mit äußeren Symbolen arbeiten, ist es wichtig, darauf zu achten, mit welchen Bedeutungen und Gefühlen ein Gegenstand von den betroffenen Menschen belegt wird.

Körper und Gebäude

Analog dazu, wie sich die menschliche Psyche der Symbolkraft des Hauses bedient, um innere Vorgänge zu beschreiben, bedienen sich Architekten und Architektinnen von alters her der Spiegelung des menschlichen Körpers im Baulichen. *„Je größer die Ähnlichkeiten der Proportionen im bebauten Umfeld mit den Verhältnissen des menschlichen Körpers sind, desto größer ist das Harmonieempfinden des Menschen"* – auf dieser These baute schon Vitruv[14], der bekannteste Architekt Roms, seine Architektur auf. Er verbindet die Proportionen des menschlichen Körpers direkt mit den Proportionen der Tempelarchitektur. Schon vor ihm erklärte der griechische Philosoph Protagoras mit seinem Satz *„Aller Dinge Maß ist der Mensch"*, dass der Mensch bei der Gestaltung seiner Umwelten immer von seinen Körperproportionen ausgehen soll, um damit eine Analogie zwischen Mensch und bebauter Umwelt und somit Harmonie herzustellen.[15] Wir beziehen uns

---
14 Verfasser der „10 Bücher über Architektur"
15 Sennett, R.: Fleisch und Stein. Berlin1997, S. 131

dabei auch auf die These Bollnows: *„Der Raum muss so groß sein, dass er vom darin lebenden Menschen auch wirklich ausgefüllt werden kann."*[16] Eine Halle, die ich mit meiner Energie, d. h. auch mit meinen Habseligkeiten nicht ausfüllen kann, ist nicht wohnlich. Neben Licht, Farbe, Material u. a. scheinen uns die Maßverhältnisse und die Größe eines Raumes im Bezug zum menschlichen Körper in der menschlichen Wahrnehmung und damit der psychologischen Wirkung von Räumen einen gewichtigen Einfluss zu haben. Das, was wir Raumgefühl nennen, resultiert aus vielerlei Einzeleindrücken, der Größe, den Proportionen von Länge, Breite und Höhe, dem Verhältnis der räumlichen Maße zu den körperlichen Maßen des Menschen.

Wenngleich jeder Mensch unterschiedlich wahrnimmt, so gibt es aber doch Maßverhältnisse, die wir eher als angenehm, und solche, die wir eher als unangenehm empfinden. Die alten Maßeinheiten, wie Fuß und Elle orientierten sich an der Körperlichkeit und stellten sicher, dass der Proportion des Menschen entsprechende Gebäude errichtet wurden.

Mit Einführung des metrischen Maßsystems ist der Bezug zu menschlichen Maßen im Bauen aus dem Fokus geraten. Möglicherweise werden aber gerade aus dem Bedürfnis der Harmonie heraus in den letzten Jahrzehnten wieder Naturverhältniszahlen, wie z. B. der Goldene Schnitt propagiert. Der Goldene Schnitt ist die beliebteste und in der Natur verbreiteteste aller Verhältniszahlen.[17] Der Goldene Schnitt gilt heute mehr denn je als Inbegriff der Ästhetik und Harmonie, weil die Natur selbst es ist, die dieses Zahlenverhältnis vorgibt. Strukturen von Kristallen und Pflanzen bauen sich nach diesem Verhältnis auf und werden von Menschen als schön empfunden.[18]

Das Verhältnis zwischen Körpergröße und Raumgröße stellt in der Raumpsychologie eine wichtige Komponente dar. Wirkt der Raum auf den Menschen in Bezug auf seinen Körper als zu klein, entsteht schnell das Gefühl der Enge; empfindet er den Raum in Bezug zu sich selbst als groß, fühlt sich der Mensch schnell in der Weite verloren.

Die Beziehung zwischen der eigenen Körpergröße und der Größe eines Bauwerkes ist eine elementare Komponente des räumlichen Erle-

---

16 Bollnow, O. F.: Mensch und Raum. Stuttgart, Auflage 2004, S. 151
17 Zwei Strecken stehen im Verhältnis des Goldenen Schnittes, wenn sich die größere zur kleineren verhält wie die Summe aus beiden zur größeren (a:b = (a+b):a). Der Wert beträgt etwa 1,618... Diese Zahl wird in der Mathematik mit Φ (Phi) bezeichnet.
18 Der bekannte Architekt und Maler Le Corbusier (1887–1965) entwickelte ab 1940 ein auf den menschlichen Maßen und dem Goldenen Schnitt basierendes Maßsystem.

bens und wird in der Architektur auch zur Vermittlung von sozialen Botschaften eingesetzt.

Waren es einst die hoch gelegenen mächtigen Burgen und Schlösser, die mit ihrer Größe und Überlegenheit im Verhältnis zu den kleinen Keuschen der Lehensbauern die Macht ihrer Erbauer demonstrieren sollten, so entstanden in den Städten die alles überragenden und weithin sichtbaren Kathedralen als Siedlungsmittelpunkt und Zeichen religiöser Potenz. Heute sind es die Türme der Verwaltungszentralen von Weltkonzernen und der Kreditwirtschaft, die wie Phallussymbole in den Himmel ragen. In den letzten Jahren hat sogar ein Wettrennen um das höchste Gebäude der Welt begonnen. Wer ist die führende Wirtschaftsmacht? Lange Zeit standen die höchsten Gebäude in den USA, jetzt konkurrieren arabische Ölstaaten mit China um diese Macht.

Wollen die fast 1000m hohen Gebäude sagen: „Wir sind geistig und wirtschaftlich so potent, dass wir in den Himmel wachsen können"?

Könnte es im Gegensatz zu diesem Streben in die Höhe bedeuten, dass die weitläufigen und in ihrer horizontalen Ausdehnung ebenso überdimensionalen Schlossanlagen der früheren Kaiser, wie auch die Bauten des Nazi-Architekten Speer, dem Umfeld mitteilen wollten: „Wir beanspruchen die Erde"? Wir sind jedenfalls der Meinung, dass derartige Verhältnis-Architektur immer schon Ausdruck von Machtbeziehungen war und weiter ist.

Wenn wir also davon sprechen, dass der Raum auf den Menschen wirkt, dann sind es vorrangig Proportion und Größe, die dem Raum eine Grundstimmung verleihen. Menschen fühlen sich in einem Raum geborgen oder verlieren sich in seiner Größe, sie fühlen sich geschützt oder ausgeliefert, beengt oder frei. Dieses Raumgefühl ist es, das wir Menschen auch mit den Erinnerungen an andere Räume abgleichen und zu dem wir schließlich in Resonanz, d. h. in Beziehung gehen, uns angezogen oder irritiert fühlen.

Könnte etwa Leonardo da Vinci mit seinem Satz: *„Kleine Stuben oder Wohnungen bringen den Geist auf den rechten Weg und große führen in die Irre"*[19] gemeint haben, je größer die Distanz zwischen menschlichem Körper und den wahrgenommenen Raumgrenzen desto verlorener fühlt sich der Mensch, weil ihm die Orientierung verloren geht?

---

19 da Vinci, L.: in Fischer, F.: Der Wohnraum. Zürich und Stuttgart. 1964, S. 19

Einführung

Ankommen – der Zugang zum Haus

Wir Menschen bekommen meist schon ein Gespür dafür, was uns erwartet, wenn wir uns auf ein Gebäude zu bewegen. Zuerst wirkt der Zugang oder – so ausgeprägt vorhanden – die Zufahrt, dann kommt der Eindruck der Fassade mit ihrer Dimension und den Proportionen: Wird uns zu Vorsicht geraten oder fühlen wir uns eingeladen, neugierig drauf loszugehen?

Die Erschließung eines Objektes kann bereits ein Maß für den Charakter einer Liegenschaft sein. Die Zufahrt zu einem Gebäude interpretieren wir als Symbol für den Kontakt zur Umwelt. Was nimmt ein Besucher, eine Besucherin beim Zugehen auf ein Gebäude wahr? Ist der Weg lang und breit, kurz und abrupt, gepflegt oder ungepflegt, frei oder verwachsen – welche Botschaften werden bewusst oder meist unbewusst vermittelt?

Die fast immer monumentalen Zugangsmerkmale zu Regierungsgebäuden und Rathäusern lassen sich so durchaus als Zeichen des Machtanspruchs interpretieren. Breite, oft gewaltige Treppenaufgänge zu ebensolchen Portalen sollen die Stellung der dort Residierenden im Verhältnis zum Normalbürger/zur Normalbürgerin darstellen.

Abbildung 3:
Stiegenaufgang Regierungsgebäude Linz

Die Botschaft heißt: Du bist klein, ich bin groß, sei also ehrfürchtig, wenn du diesen Aufgang erklimmst. Eine ähnliche Botschaft vermittelt der großzügige Raum vor dem öffentlichen Gebäude. Der Platz ist das archetypische Überbleibsel der früheren Versammlungsplätze (agora = Markt und politischer Versammlungsplatz der altgriechischen Stadt, ähnlich das „Forum" in römischen Städten).

Dieser „Macht"Raum wird heute vor modernen Regierungsgebäuden genau so großzügig und weiträumig umgesetzt, wie er vor historischen Bauten zu entdecken ist. Unser Beispiel des Landhausplatzes in Innsbruck zeigt das eindrücklich.

Abbildung 4:
Platz vor dem Regierungsgebäude in Innsbruck

Herrschaftliche Anwesen werden oft mit einer lang gezogenen Allee aus Bäumen erschlossen. Sie führt meist schnurgerade auf die Mitte des Objektes zu und leitet die Besuchenden ab dem Betreten des Grundstücks direkt auf den Eingang des Hauses zu. Die Allee hat eine fokussierende Wirkung. Die Bäume links und rechts schirmen den Blick gegenüber den übrigen Grundstücksteilen ab. Sie erhöht den perspektivischen Effekt, baut mehr Spannung auf, der Weg erscheint länger. Die Neugierde auf das, was sich am Ende der Allee in die Breite auftut, steigt. Unser Bildbeispiel zeigt ein frei in der Landschaft errichtetes Portal, das signalisiert: Hier darfst du nicht durch. Die dahinterliegende Allee führt ins Leere – das Haus selbst fehlt nämlich. Irritiert fragt man sich im Vorbeigehen, was wohl der Besitzer mit dieser Machtsymbolik ausdrücken möchte.

Das Prinzip der Fokussierung durch eine Allee wurde und wird auch bei Siedlungen angewandt. Die Allee ist ein Hinweis auf die ursprüngliche Haupterschließungsrichtung einer Gemeinde. Gibt es in einem Dorf mehrere Zufahrten und wird eine davon durch eine solche doppelte Baumreihe begleitet, kann das bedeuten, dass die Verbindung zu der an dieser Straße nächstgelegenen Gemeinde wichtiger ist. Von dort her wird die Siedlung erschlossen, die Allee führt zur „Eintrittspforte". Die Ankömmlinge wissen dann, wie die Siedlung orientiert und strukturiert ist, wo vorne und hinten, wo links und rechts ist.

Abbildung 5:
Allee zum Anwesen eines Industriellen

Wie im Großen die Siedlung und der Monumentalbau, so sendet auch im Kleinen das Einfamilienhaus Botschaften und Hinweise an die Umwelt. Der Zugang scheint den Besuchenden etwas mitzuteilen. Wirkt der Weg gepflegt oder ungepflegt, verschlossen oder offen, ist er gerade oder verwinkelt? Ist der Charakter eher öffentlich oder mehr privat, werde ich lang gezogen auf das Haus zugeführt oder stehe ich abrupt vor der Haustüre? Die Wege können uns etwas darüber erzählen, wie die Bewohner und Bewohnerinnen im Kontakt zu ihrer Umwelt stehen.

Abbildung 6:
Allee einer Ortseinfahrt

Führt ein ordentlich gepflasterter, gepflegter, vielleicht sogar rechts und links von ebenmäßig geschnittenen Buchsbäumen oder andern Sträuchern gesäumter Zugang zur Eingangstüre, dann treffen wir dort mit hoher Wahrscheinlichkeit auf Menschen, denen Struktur und Klarheit wichtig ist. Das äußerliche, das Image könnte im Kontakt zur Umwelt im Vordergrund stehen.

Ist der Übergang zwischen Grundstücksgrenze und Haus fließend, ohne eine eindeutige Abgrenzung, weist das auf Offenheit zur Nachbarschaft hin. Ein freier Platz wirkt öffentlich, ein Zaun signalisiert Privatheit.

Wird das Grundstück von Mauern oder dichten Hecken gesäumt, weist das auf Zurückgezogenheit hin, der Kontakt zur Umwelt wird vielleicht nicht wichtig genommen, ja ist sogar manchmal unerwünscht. Je massiver der Zaun, desto größer ist wahrscheinlich das Bedürfnis nach Sicherheit und Abgrenzung. Ein gerader direkter Zugang kann ein Hinweis auf eine gewisse Direktheit sein, ohne Umschweife kommen die hier Wohnenden „zur Sache". Ein verwinkelter Weg führt beim Zugehen auf das Haus zu Unsicherheit. Abwartendes beobachtendes Verhalten und ein langsames Tempo im Kontakt könnte ein Charakterzug der Menschen sein.

Der Vorgarten ist ein Empfangsraum und kann mitteilen, was mich als Besucher oder Besucherin erwartet. Wie werde ich empfangen?

Wahrscheinlich bildet sich jeder Mensch seine Hypothesen, wenn er auf bestimmte, ihm neue Häuser zugeht. Unbewusst entstehen Bilder im Kopf über jene Menschen, die am Ende des Zugangs, in ihren Häusern wohnen. Wichtig ist, dass im Kontakt mit den Bewohnern und Bewohnerinnen diese Annahmen überprüft werden, sie dürfen nicht zu Schubladen werden. Die inneren Bilder können aber Grundlage für interessierte Fragen sein.

So würden wir z. B. vor der Planung der Außengestaltung folgende Fragen stellen: Welchen Eindruck wollen Sie nach außen vermitteln? Welches Bild soll die Nachbarschaft, sollen Besucher und Besucherinnen schon vor dem Betreten des Hauses von Ihnen gewinnen? Und wie könnten Sie das gestalterisch zum Ausdruck bringen? Die beste Lösung kommt dann immer von den betroffenen Menschen selbst.

Sie können auch Ihre diesbezügliche Wahrnehmung schulen, wenn Sie einmal bewusst durch Ihre Nachbarschaft gehen und sich dabei fragen: *Welche unterschiedlichen Qualitäten an Zugängen sind in meinem Wohnumfeld zu entdecken? Welche Gefühle lösen diese Zugänge bei mir aus? Bei welchen Hauszugängen fühle ich mich eingeladen, wo eher abgewiesen?*

Häuser haben Gesichter

Wer einmal offenen Auges durch die Straßen geht oder neugierig beobachtend durch die Ortschaften und den bebauten Raum fährt, wird rasch feststellen, dass Häuser auch unterschiedliche „Gesichter" haben. Manche lachen fröhlich vor sich hin, ein anderes zwinkert dem Besucher oder der Nachbarin zu, ein drittes hat ein schmerzverzerrtes Gesicht. Was haben sich die Erbauer wohl dabei gedacht? Wohl kaum etwas bewusst, außer dass das Haus Fenster und Türen, vielleicht einen Balkon und/oder einen Erker haben soll. Und doch, die Kombination daraus macht das Gesicht, es strahlt aus, wirkt in seine Umgebung.

Die Assoziation Haus und Gesicht ist weit verbreitet. Die Urform, so wie auch Kinder sie zeichnen, Tür als Mund, zwei Fenster als Augen, vielleicht ein Balkon als Nase, das Dach als Hut oder Haube, auch als Haar – das ist die (arche)typische Form, wie Häuser dargestellt werden.

Sehen wir uns zuerst einmal die Verwandtschaft in den Sprachbegriffen an: Die Fassade, das Angesicht eines Hauses – in der technischen Sprache heißt das Ansicht – ist der erste Eindruck, den wir vom Haus selbst gewinnen. Das Wort Fassade kommt aus dem Französischen und bedeutet Außenansicht, Vorderfront, Schauseite, leitet sich jedoch aus dem lateinischen Wort *facies* ab, was übersetzt Gesicht bedeutet. Hier kommt der unmittelbare Zusammenhang zwischen Haus und menschlichem Körper zum Ausdruck, eine Analogie von Haus und Mensch. Wir sprechen oft auch von einem Menschen, dessen Gesicht nur Fassade sei, wenn das Äußere das Innere zu verdecken versucht. Der erste Eindruck von außen – das ist das Gesicht des Hauses.

Ein Haus empfängt vielleicht freundlich, ein anderes signalisiert Abweisung. Manchmal vermögen wir sofort ein symbolisches Gesicht zu erkennen, manchmal lässt sich, wie beim Menschen, erst auf den zweiten Blick ein Eindruck gewinnen. Das Gesicht vermittelt jedenfalls eine Botschaft, wie der Zugang, so verrät auch das Gesicht eines Hauses etwas über die darin Wohnenden.

Je größer ein Bauwerk ist, je mehr Menschen es in sich aufnehmen kann, desto unschärfer wird meist sein Gesicht. Die Fassade, das Gesicht reduziert sich auf bestimmte wenige Merkmale, aufgrund derer der Inhalt aber meist von weitem erkennbar ist. Viele kleine gleichartige Fenster in einem großen monumentalen Bau können ein Hinweis darauf sein, dass dahinter viele emsige Mitarbeiter und Mitarbeiterinnen nach einer uniformen Struktur ihren Dienst versehen. Die mo-

Abbildung 7:
Gesicht eines Hauses

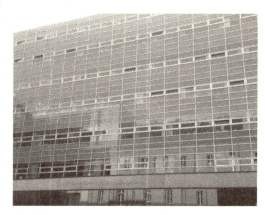
Abbildung 8:
Amtsgebäude der Tiroler Landesregierung

Abbildung 9:
Scharfe Kante eines Universitätsgebäudes

dernen Glasfassaden bei öffentlichen Gebäuden spiegeln in gewisser Weise das Bemühen der Verwaltung zu mehr Transparenz wider.

Wie fügt sich ein Haus in die Nachbarschaft? Ordnet es sich unter? Hebt es sich hervor? Passt es sich an? Weist es mit Spitzen und Kanten, sozusagen mit Waffen, wie unser Beispiel (Abb. 9) zeigt, alle Berührung von sich oder kuschelt es sich wohlig in die Gruppe und vermittelt Geborgenheit?

Das alles sind Fragen, die man sich stellen kann, wenn man sich bewusst beobachtend durch den bebauten Raum bewegt.

Abbildung 10:
Symbolarchitektur: Autowerkstätte

Wir laden Sie ein, beim nächsten Spaziergang die Gesichter von Häusern zu erkennen und zu deuten – machen Sie sich einen Spaß daraus zu erraten, wer dahinter wohnt.

In der Symbolarchitektur greift der Architekt/die Architektin ganz bewusst den Inhalt, die Aufgabe und die Bestimmung des Gebäudes auf und setzt diese gestalterisch um. Wenn z. B. eine Autowerkstatt als überdimensionales Auto gestaltet ist, wird über das Gesicht die Identität ganz bewusst zum Ausdruck gebracht.

Vielleicht haben Sie sich beim Lesen dieses Abschnittes schon gefragt:

Welches Gesicht hat das Haus, in dem ich wohne? Welchen Eindruck könnte ich damit machen?

Sonne, Raum und eigener Körper – Bezugspunkte der menschlichen Orientierung

Nasreddin unterhielt sich bei hereinbrechender Dunkelheit mit einem Freund. „Zünde eine Kerze an", sagte der Mann, „es ist schon dunkel. Gleich zu deiner Linken liegt eine." – „Du Narr", sagte der Mullah, „wie soll ich im Dunkeln rechts von links unterscheiden?"

Sprechen wir Menschen immer vom Gleichen, wenn wir uns im Raum bewegen und über ihn austauschen? Oft genug führen die Begriffe „vorne und hinten", „links und rechts", „oben und unten" zu Verwirrung, wenn wir sie nicht mit unseren Mitmenschen abgleichen. In unserer inneren Ausrichtung sind wir Menschen immer noch am Lauf der Sonne „orientiert", wie unsere Vorfahren. Der Begriff „Orientierung" leitet sich auch vom Begriff Osten (lat. *oriens*) ab, der Richtung, in der die Sonne aufgeht. Bis zur Erfindung von Kompass und ähnlichen Geräten zur Orientierung fanden sich die Menschen dadurch zurecht, dass sie sich den Sonnenlauf (nachts die Sterne) zu Hilfe nahmen.

Bis heute bildet die Ausrichtung nach dem Sonnenlauf die Basis der (geistigen) Orientierung. Auch in der Architektur versteht man unter dem Begriff Orientierung die Ausrichtung eines Baukörpers nach den Himmelsrichtungen und damit vor allem zur Sonne.

Der Mensch ist körperlich auf ein Vorwärtsgehen ausgerichtet. Das, worauf ich mich natürlicherweise zu bewege, wird im Denken unseres Kulturkreises üblicherweise als vorne, das, was ich hinter mich gebracht und schon erledigt habe und in meiner Wahrnehmung nur mehr durch Erinnern und Umdrehen fassbar wird, als hinten definiert. In Anlehnung an diese Bewegung ist es möglich, den Begriffen vorne und hinten zugleich einen zeitlichen Sinn zu geben. Vorne ist, was in der Zukunft als eine noch zu durchlaufende Lebensspanne vor mir liegt, hinten ist die zurückgelegte Strecke des Lebenswegs. Der Blick zurück wäre so ein Blick in die Vergangenheit. Das natürliche Streben des Menschen ist die Richtung der Bewegung nach vorne. Wenn wir es in der Analyse eines Objektes mit mehreren Menschen zu tun haben, ist es dennoch nötig, nach der persönlichen Orientierung zu fragen. Bei allen Ähnlichkeiten kann es selbst bei einem sehr vertrauten Paar zu unterschiedlichen Orientierungskonzepten und damit sogar häufig zu Kommunikationsmissverständnissen kommen. Auch das Vorne und Hinten eines Gebäudes ist nicht immer eindeutig, gravierende Missverständnisse im Gespräch können die Folge sein.

Zur weiteren Verständigung in diesem Buch einigen wir uns darauf, dass wir das Vorne dort definieren, wohin sich unser gerader Blick beim Betreten des Hauses bzw. der Wohnung oder des Wohnraums wendet.

Die Polarität Oben und Unten ist durch die aufrechte Stellung des Menschen bedingt und durch die Schwerkraft natürlich bestimmt. Unten ist die Erde, der Boden unter den Füssen, das Feste, das, wohin die Schwerkraft wirkt. Unten ist der Keller, oben das Dach. In unserer Entwicklung streben wir nach oben, in Anlehnung an die Natur, wo pflanzliches Wachstum nach dem Licht strebt. Spirituell führt die tiefste menschliche Sehnsucht zum Licht. Der Mensch will eins werden mit dem Licht des Himmels. So gesehen kann der hohe Raum eines Gebäudes, aber auch die hohe Position beim Sitzen eine Höherstellung, oder den Wunsch danach, anzeigen. Einerseits im Sinne einer höheren geistig-spirituellen Entwicklung, andrerseits als Zeichen der weltlichen Stellung. An Höhe gewinnen bedeutet nämlich auch Zuwachs an Überblick, damit an Macht. Die symbolische Entsprechung hat sich historisch entwickelt, und wir finden den Ausdruck dieser Macht bei Podesten, Kanzeln und dem Thron, aber auch beim Vorstandsbüro im letzten Stock eines Firmengebäudes. Wir werden darauf bei den Beispielen zur Bedeutung von Sitzpositionen (S. 80) näher eingehen. Nicht zuletzt findet dieses Streben auch beim Wettlauf um die höchsten Gebäude der Welt seinen Ausdruck. Wer oben „thront", zeigt seinen Einfluss. Hierarchische Höhenunterschiede bringen Unterschiede der Macht zum Ausdruck. Souterrain-Wohnungen sind am billigsten, Penthousewohnungen am teuersten, auch in Geldwerten wird das Gefälle von oben und unten ausgedrückt. Nur wer es sich leisten kann, darf auch oben wohnen und den Überblick genießen.

Am schwierigsten scheint uns die Einigung auf eine gemeinsame Konstruktion von links und rechts zu sein. Der Sozialwissenschaftler und Philosoph Gregory Bateson sagt: „Rechts und links sind Worte einer inneren Sprache, während oben und unten Teile einer äußeren Sprache sind."[20] Oben und unten sind Fixpositionen im Außen, unabhängig von der Position des Individuums. Links und rechts, aber auch vorne und hinten sind variabel und jeweils völlig vom Standort des Individuums abhängig. Demnach bezeichnen wir mit links die Seite, auf der sich im Körper (von wenigen Ausnahmen abgesehen) das Herz befindet, rechts wäre dann die Seite der gegenüberliegenden Körperhälfte.

Der Schweizer Mediziner F. Fischer beschäftigte sich in den Sechzigerjahren des vergangenen Jahrhunderts intensiv mit der Orientierung des Menschen im Wohnraum.[21] Ihm zufolge sucht der Mensch links den Schutz, dort, wo sich der verletzlichste Körperteil, das Herz, befindet. Bewegt sich der Mensch im Raum, so sucht er diese verletzliche Seite intuitiv mit einer Wand abzudecken. Daher bewegen sich Menschen, die einen Raum betreten, mehrheitlich entlang der linken Wand. Diese Aussage Fischers konnten wir in zahlreichen Experimenten bei unseren Seminaren nachvollziehen, wenngleich es dafür noch keinen wissenschaftlichen Beweis gibt. Daraus ergäbe sich im Begehen eines Raumes eine Drehung im Uhrzeigersinn. Diese Drehung sollte daher Basis für die Erschließung von Räumen sein, weil sie der verbreiteten menschlichen Bewegung entgegenkommt. Im individuellen Wohnbau jedoch macht es Sinn, die zukünftigen Bewohner und Bewohnerinnen in ihrer Orientierung genau zu befragen und die Erschließung nach ihren Bedürfnissen zu entwickeln. Denn wenn sich Menschen analog

---

20 Bateson, G.: Geist und Natur. Frankfurt 1982, S. 106
21 Fischer, F.: Der Wohnraum. Zürich und Stuttgart 1964, S. 21

ihrer inneren Orientierung auch im Raum bewegen können, fühlen sie sich wohler und energievoller.

Wie sich Menschen im Raum orientieren, ist eine elementare Frage im menschlichen Zusammenleben. Deshalb fragen wir immer alle in einer Wohnung wohnenden Menschen nach ihren individuellen Sichtweisen und Wahrnehmungen in der Orientierung. Wenn nur zwei davon unterschiedliche Ansichten haben, kann das schon zu Missverständnissen und Konflikten führen. Potenzielle Konfliktlinien werden durch die Fragen sofort bewusst beleuchtet und können entschärft werden. Große Bedeutung erfährt dabei die Orientierung über die Zugangstüre als Startpunkt der Begehung einer Wohnung/eines Raumes. Wie liegt die Wohnung/der Raum vor mir, wenn ich durch die Türe trete? Wenn Familienmitglieder durch unterschiedliche Türen das Haus betreten, z. B. die Eltern durch den Garagenzugang, die Kinder durch den um 90° verdrehten Haupteingang, so kann diese unterschiedliche Sicht auf die Räume zu eklatanten Missverständnissen führen. Diese unterschiedliche Sicht und Wahrnehmung kann sogar Basis und Auslöser von Konflikten sein.

Am schwierigsten scheint die Orientierung beim Lesen von Grundrissplänen zu sein, weil Laien hier oft große Schwierigkeiten haben. Der Plan wird meist so in die Hand genommen, wie es das Schriftbild vorgibt. Die Sprache der Architektur und das Schriftbild orientieren sich in der Regel an der Nordrichtung des Grundstückes. Auf dem Plan ist diese Richtung immer oben – der Plan ist genordet. In der Realität orientiert sich der Mensch aber am Eingang, weil das dem intuitiven Erleben einer Raumerkundung entspricht. Raumerleben, auch das in der Vorstellung, geschieht grundsätzlich immer über den ersten Schritt in einen Raum hinein. Eine verdrehte Sicht auf den Plan erschwert die Raumwahrnehmung enorm, das Gehirn muss immer umschalten. Laien kommen jedoch ganz selten auf die Idee, sich einen Plan so zu drehen, dass die visuelle Wahrnehmung dieser inneren Orientierung entspricht. Wir Menschen sind einfach zu sehr visuell am Schriftbild ausgerichtet und übergehen damit unsere ursprünglichen Gefühle. Daraus ergibt sich der Konflikt aus zwei unterschiedlichen Landkarten. Die innere intuitive Sichtweise steht in Konflikt mit der äußeren vorgegebenen. Wovon spreche ich, wenn ich von oben oder vorne spreche? Wo ist links, wo ist rechts?

So kann es zu ziemlichen Schwierigkeiten in der Verständigung kommen, wenn zwei Personen sich mit dem Plan auseinandersetzen und im 90-Grad-Winkel zueinander sitzen. Jede hat einen anderen Blickwinkel auf den Plan, ein anderes Oben, Vorne oder Unten. Um diesen Problemen aus dem Weg zu gehen, ist als erster Schritt immer der Abgleich der Sichtweise notwendig. Hier empfiehlt es sich in jedem Fall den Plan so aufzulegen, dass der Eingang unmittelbar vor der Person liegt, die der Plan betrifft, oder sich beide Personen nebeneinander vor den Plan setzen. Der Plan bildet nämlich das momentane Lebensmuster der Bewohner und Bewohnerinnen im Zusammenspiel der Räume ab.

Stellt man sich vor, auf dem gezeichneten Plan durch die Türe einzutreten, liegen die Wohnung oder der Raum auf eine ganz bestimmte Art vor einem, genauso wie real im bebauten Raum – man blickt durch die Türe und sieht die Räume in einer Struktur vor sich. Die Struktur zeichnet Wege vor, die vorgegeben Wege setzen Räume mit ihrer Nutzung in lebendigen Bezug zueinander. Menschen wissen durch diesen ersten Blick meist intuitiv, was sie erwartet. Sie erkennen Ähnlichkeiten und Vertrautes. Wiederkehrende Abläufe und ähnliche Situationen filtert das Gehirn und verdichtet sie in der menschlichen Wahrnehmung zu Mustern. Je häufiger bestimmte ähnliche Muster als Signale vom Gehirn aufgenommen und verarbeitet werden, desto größer und intensiver wird die Repräsentanz dieser Muster. Unser menschliches Gehirn ist auf Musterwahrnehmung und Mustererkennung angelegt. Dies erleichtert es dem Menschen, in neuen Situationen ein bekanntes Muster zu erkennen und immer wieder zu etwas sinnhaftem Ganzen zusammenzufügen. Darauf gehen wir beim Thema Kreativität in Bezug auf das kreative Gehirn noch näher ein (S. 116).

Je klarer und vorhersehbar die so entstandenen Ordnungen gestaltet sind, desto leichter fällt die Orientierung. Wir Menschen wissen, was, wo zu geschehen hat. Das gibt Sicherheit. Im Wohnen haben sich solche Ordnungen schon sehr früh herausgebildet. In der Höhle der Steinzeitmenschen hatte das Leben genauso seine Ordnung wie heute, nur mit dem Unterschied, dass das Wohnen in einem Raum stattfand. In den indogermanischen Wohn-Stallhäusern war selbst das Vieh mit in einem Raum, nur durch einfache Abgrenzungen getrennt. Trotzdem war schon in Urzeiten – wie wir aus Ausgrabungen wissen – jedem Aufgabenbereich, jeder Verrichtung im Tageslauf ein bestimmter Platz zugeordnet. Es machte Sinn, den Schlafplatz in weitester Entfernung zum Eingang zu positionieren, um einen Eindringling auch im Schlaf noch rechtzeitig wahrnehmen zu können, und es war klug, das Feuer in der Mitte zu entzünden, wo der Rauch durch die höchste Stelle im Dach abziehen konnte und den Raum vom Zentrum heraus gleichmäßig erwärmte.

Seit der Mensch sesshaft wurde, hat sich eine bestimmte Struktur in der Organisation des Hauses entwickelt, haben sich die Handlungsräume um einen zentralen Bereich angeordnet. Wir entwickeln unser Konzept aus der Annahme, dass sich diese einfachste Struktur der Aufteilung der Räume um einen Zentralbereich, wie wir sie z. B. aus römischen Atriumhäusern kennen und wie sie auch heute noch in alten Bauernhäusern zu entdecken ist, sich durch Überlieferung von Generation zu Generation als ein Grundmuster im menschlichen Gehirn eingeprägt hat. Wir haben diese „Ur-Handlungsräume" in Anlehnung an die Überlieferungen des Fengshui mit neun essentiellen Lebensthemen überschrieben und daraus das Novagramm entwickelt, welches uns in der Kombination mit individuellen Wohnungsmustern die Möglichkeit gibt, lebensrelevante Gedankenbezüge herzustellen. Die äußeren Muster, wie das eines Wohnungsgrundrisses, werden so in einen Bezug zu inneren Lebensmustern gesetzt und können dann vom jeweiligen Menschen in einen Sinnzusammenhang gebracht werden.

Werte-Reichtum	Ziel-Erfüllung	Beziehung-Hingabe
innerer Reichtum Werthaltungen	Erfolg Vision	Liebe Partnerschaft Kooperation
Zukunft	Zukunft	Zukunft
Familie-Sicherheit	Selbst Identität	Kreativität Entwicklung
wirtschaftliche existenzielle Versorgung Gesellschaft Regeln	meine Mitte	Das Spiel Ideen
Gegenwart	Gegenwart	Gegenwart
(Ur)-Wissen Erfahrung	Weg-Orientierung	Sozialer Austausch Geben und Nehmen
(Ur)-Vertrauen	Wie gehe ich meinen Weg	soziales Netz
Vergangenheit	Vergangenheit	Vergangenheit

Abbildung 11:
Die Themen in den Archetypen

Wir möchten hier in einem kurzen Überblick stichwortartig die neun Lebensthemen in der Novagramm-Matrix skizzieren. Bei den einzelnen Abschnitten soll näher darauf eingegangen werden.

Wie wir bei unseren Recherchen feststellten, schien es über Jahrtausende eine bevorzugte Positionierung von Räumen mit einer bestimmten Nutzung in den Häusern zu geben. Nachstehender Grundriss eines Bauernhauses steht stellvertretend für eine bevorzugte Struktur, wie sie auch schon im antiken Griechenland und anderen frühen Hochkulturen in ähnlicher Form ausgeprägt war. Unsere Hypothese zur Entwicklung der Wohnstruktur hin zu diesem Grundmuster wollen wir im Abschnitt zur historischen Entwicklung des Wohnens untermauern (S. 51). Die Symbolik, die hinter den einzelnen Nutzungsräumen steht, werden wir bei den dazugehörigen Themenabschnitten behandeln.

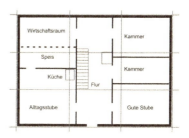

Wir haben uns nun soweit an unser „Haus" angenähert, dass wir in das Essentielle eintreten können. Wir treten durch die Türe, und diese hat in unserem Gesamtkonzept große Bedeutung.

Abbildung 12:
Raumnutzung in einem Bauernhof in der Steiermark

Einführung

An der Haustür zeigt sich das Thema des Hauses

Natürlicherweise orientiert sich der Mensch beim Zugehen auf ein Haus am Eingang.

Der Eingang ist wie ein Fokus, auf den sich alles bezieht. Er eröffnet eine ganz bestimmte Sichtweise. So ist der Blickwinkel jeweils ein völlig anderer, wenn man von links das Haus betritt, als wenn dies von der Mitte oder von rechts geschieht. In der Folge zeigt sich im Erleben des Raumes ein jeweils anderer Weg.

Werden das Haus, die Wohnung, der Raum in der Mitte der Vorderfront betreten, dann stehen zumindest drei Möglichkeiten zur Entscheidung an – wird der Weg gerade fortgesetzt, führt er nach rechts oder links weiter? Der weitere Weg

Abbildung 13:
Türe als Focus

obliegt ganz der freien Entscheidung, man muss sich zuerst orientieren und dann nach eigenem Gutdünken weitergehen.

Beim Eingang rechts oder links von der Mitte gibt es nur eine eingeschränkte Wahl, entweder den Weg gerade der jeweiligen Wand entlang oder nach einer Seite. Das lässt den Schluss zu, dass diese Einschränkung über einen längeren Zeitraum auf Wahrnehmung, Denken und Handeln einen selektiven Einfluss hat. Der Raum prägt. Er prägt umso mehr, je öfter er auf dieselbe Weise betreten wird.

Der Position der Haus- bzw. Wohnungstür kommt daher die wesentlichste Bedeutung zu, weil der Mensch hier in seinem täglichen Aus- und Eingehen immer dasselbe Muster und äußere Ordnungsprinzip vorfindet. Die Haustüre steht daher auch als Repräsentantin zwischen äußerer, materieller und innerer, psychischer Welt. Das außen Wahrgenommene bildet sich im Innen ab. Das im individuellen Wohnen Erlebte verfestigt sich als inneres Persönlichkeitsmuster, es wird vertraut und als solches auch im Außen wirksam. Nämlich immer dann, wenn einem dasselbe Wohnmuster begegnet. Dann werden im Gehirn Erinnerungen wachgerufen: Es wird als vertraut erkannt. Möglicherweise resultiert aus diesem Umstand auch die Häufigkeit der Mitnahme von Wohnmustern (vgl. dazu das Beispiel S. 188) in neue Wohnungen, sogar über Generationen hinweg. Das Elternhaus als prägendste Struktur des menschlichen Lebens wird auch im Wohnen „mitgeschleppt". Sehr häufig haben die im Laufe eines Lebens bezogenen Wohnungen sehr ähnliche oder sogar identische Eingangssituationen wie das Elternhaus oder die prägende Wohnung der Kindheit.

Beim späteren Abschnitt zur Achse der inneren Prägung (S. 185) werden wir Ihnen ein Beispiel vorstellen, bei dem die Eingangssituation in den verschiedenen Wohnungen jeweils ähnlich ist und dadurch einen starken Bezug zu essentiellen Lebensthemen der Bewohnerin aufweist.

Wie wir bereits im Überblick dargestellt haben, bildet das Novagramm links alle jene Bereiche ab, die im Leben eine Basis der Sicherheit und Erkenntnis geben. Links sucht der Mensch eher den Schutz. Bei einer linksseitigen Eingangssituation stehen eher die kognitiven Themen und das Sicherheitsdenken stärker im Vordergrund als bei anderen Eingangssituationen. Von einer solchen Eingangssituation werden eher Menschen angezogen, bei denen das rational-kognitive Denken im Vordergrund steht, analog zur Funktion der linken Gehirnhälfte, wo mehrheitlich digitale Informationen verarbeitet werden.

Wird der Raum rechts betreten, ist die Wahrnehmung eher über die emotionale Empfindungsebene geprägt, analog zur Verarbeitung emotionaler, bildhafter, vernetzter Eindrücke in der rechten Gehirnhälfte. Das Denken und Handeln wird eher von einer sozialen, interaktiven Komponente geleitet. Beziehung steht im Vordergrund.

Im Novagramm befinden sich rechts jene Urthemen, die Qualitäten der Interaktion beschreiben. In einem Haus mit rechter Eingangstüre werden eher soziale und kommunikative Menschen leben und solche, die sich von diesem Thema angezogen fühlen.

Führt der Weg ins Innere des Hauses durch die Mitte, sind alle Möglichkeiten offen. Es geht um die Synthese von links und rechts im ureigenen Lebensweg, hingerichtet auf ein persönliches (Lebens-)Ziel. Der Eingang in der Mitte erleichtert die Selbstbestimmung, weil alle Möglichkeiten in der eigenen Entscheidungsgewalt stehen. Die Wahrnehmung, und damit der Weg, ist nach vorne auf das Ziel ausgerichtet. Grundschwingung in einem solchen Haus ist wahrscheinlich Selbstbestimmung und die Ausrichtung auf den Lebensweg.

Über tausende von Jahren hat diese einfache Orientierung der Eingangssituationen, nämlich Mitte, rechts oder links, gegolten. Erst im letzten Jahrtausend entwickelten sich, durch immer stärkere Individualisierung, vorwiegend in den Städten neue ausgefallene Eingangssituationen.

Ausgehend von der Basis der Rechts-Links-Mitte-Orientierung, welche die Grundschwingung des Hauses vorgibt, beeinflusst die genaue Position des Eingangs in der Struktur des Novagramms das Generalthema der wohnenden Menschen. Das Haus, die Wohnung wird immer durch das gleiche Urthema betreten, es ist der markante und prägende Beginn eines Entwicklungsweges.

Einführung

Um festzustellen, in welchem Themenbereich des Novagramms ein Haus, eine Wohnung oder ein Raum betreten wird, ist der Abgleich der Sichtweisen durch die gleiche Orientierung im Grundrissplan wichtige Voraussetzung. Dazu legen wir den Grundrissplan so vor uns auf, dass die Eingangstüre vor uns liegt, als würden wir durch sie eintreten und in den Raum schauen. Dann zeichnen wir über den gesamten Grundriss ein Quadrat bzw. Rechteck mit neun gleichen Teilen.

Der Eingang muss immer innerhalb des Novagramms liegen. So können sich ganz unterschiedliche Sichtweisen auf den Grundriss und, daraus folgend, differenzierte Wirkungen ergeben.

Es hat eine Bedeutung, ob ich jahraus, jahrein durch den Themenbereich *Wissen–Erfahrung* eintrete oder durch das Thema *Beziehung–Hingabe* spaziere. Befindet sich nämlich der Eingang in einem der im Novagramm weiter vorne liegenden Themen, fehlen Teile des Grundrisses auf eine vollständige Struktur. Auch das kann eine Bedeutung haben, die es zu hinterfragen gilt. Wir werden bei jedem Thema auf die spezifische Bedeutung der Eingangssituation eingehen.

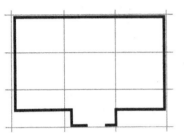

Abbildung 14:
Einzeichnen des Novagramms

Tür, Tor und Schwelle – ein Übergang

Kulturgeschichtlich betrachtet definiert das Symbol der Türe in den meisten Kulturen und Religionen einen Übergang. Nach altorientalischer Auffassung haben Himmel und Unterwelt Tore. Scheintüren in ägyptischen Gräbern und Totentempeln waren Sinnbild für die Verbindung zwischen dem Reich der Lebenden und der Toten. In Japan ist das *Torii* Zugang zum und zugleich Symbol für den Shinto-Schrein. Es wird durch zwei senkrechte Holzpfeiler und zwei Querbalken symbolisiert. Viele überlieferte Bräuche um Geburt, Hochzeit und Tod hängen unmittelbar mit der Symbolik von Tür und Schwelle zusammen. Der Bräutigam trägt z. B. die Braut über die Schwelle, der Übergang ins Eheleben und die gemeinsame Wohnung ist vollzogen.

Im übertragenen Sinne bedeutet die Türe auch die Öffnung zum SEIN, dahinter befindet sich die Erfahrung der eigenen Mitte, die Freiheit des Seins und des Friedens im weitesten Sinne. In der christlichen Überlieferung würde das der Aussage Jesu entsprechen: „Ich bin die Tür, wer durch mich hindurch geht, wird Heil erfahren."[22]

---

[22] Joh 10,7 ff

Was geschieht beim Durchschreiten eines Tores? Worum geht es beim Öffnen einer Türe, beim Überschreiten einer Schwelle? Wir schauen hinein in eine andere Welt, eine räumlich umschlossene Welt. Hinter der Tür erschließt sich ein neuer Mikrokosmos. Er ist von Gestalt und Charakter ein ganz anderer als jener vor der Tür. Schwelle, Tür und Tor dienen als Grenze und bezeichnen den scharfen Übergang in einer Polarität, den Übergang von außen nach innen, von öffentlich zu privat, von Land zu Stadt. Schwellen, Tür und Tor sind daher Symbole der Abgrenzung und des Übergangs. Türen und Tore haben auch eine wichtige Schutzfunktion, die durch Schlösser verstärkt wird. Die Haustür ist die Grenze zwischen öffentlich und privat, Zimmertüren signalisieren: „Hier beginnt etwas Anderes." Die Haustür ist jene Öffnung des Hauses, die es erlaubt, zwischen zwei polaren Bereichen, dem Außen und dem Innen zu wandern und den Kontakt zur Umwelt nach eigenem Ermessen zu gestalten. Türen dienen als Kommunikatoren zwischen den Räumen. Was geschieht beim Überschreiten der Schwelle? Amerikanische Wissenschaftler haben in einem Experiment nachgewiesen, dass der Gang durch eine Tür wie eine Art Ereignisgrenze auf das Gehirn wirkt. Wie bei einem Computer werden temporäre Dateien gelöscht. Das Gedächtnis zieht beim Durchschreiten der Tür einen Schlussstrich unter das gerade vorher Gedachte.[23] Sie haben es wahrscheinlich auch schon einmal erlebt: Sie gehen durch eine Türe oder über eine Schwelle in einen anderen Raum, stehen dann dort und wissen nicht mehr, was Sie hier wollten.

Die Türe wirkt auf das Gehirn und steuert das Verhalten bewusst und unbewusst. Den fremden, nicht zum Haus gehörigen Menschen, signalisiert die Tür eine Grenze. Sofern man nicht zur Berufsgruppe der Einbrecher zählt, wird man automatisch vor dem Eintreten ein Signal geben, klopfen oder anläuten oder auf andere Art um Einlass bitten. Auch wenn die Tür offen steht, werden wir Menschen wahrscheinlich durch Rufen um die Erlaubnis bitten. Alleine das Vorhandensein von Tür und Schwelle ruft dieses Verhalten von Achtung und Demut bei uns hervor. Die Haltung von Demut kann durch die Gestaltung des Türrahmens noch unterstrichen werden.

Beobachten Sie sich einmal selbst: Was passiert mit Ihnen, wenn Sie durch eine kleine Türe in ein Haus oder einen Raum eintreten? Sie werden sich automatisch bücken und den Kopf nach unten senken.

In diesem Sinne ist auch die niedrige Höhe von Türen in den nordeuropäischen Blockhäusern zu interpretieren. Die eintretende Person

---

23 Radvansky, G.: University of Notre Dame, et al.: The Quarterly Journal of Experimental Psychology, DOI: 10.1080/17470218.2011.571267

muss sich bücken, sie muss sich in eine Haltung der Demut begeben, sie ist in gebückter Haltung auch wehrlos. Auch eine Schwelle ohne Tür kann diese Haltung hervorrufen. Man muss nach unten blicken, um nicht zu stolpern. Der gesenkte Blick entspricht einer Demutsgeste.

Das Tor hingegen hat etwas Großes, oft Erhabenes und ruft Ehrfurcht hervor. Der Mensch fühlt sich im Vergleich zur Größe des Tores klein.

Was empfinden Sie beim Durchschreiten großer schwerer Tore?

Die Tür ist auch Rechtssymbol für Besitz und Eigentum. Früher war es üblich, dass die Übergabe des Hofes rechtskräftig wurde, sobald die neuen Besitzer die Haustüre berührten. Auch heute ist es noch so, dass der Architekt/die Architektin bis zur Fertigstellung eines Hauses das Hausrecht ausübt. Mit dem Brauch der Schlüsselübergabe wird das Hausrecht übertragen.

Schwellen definieren die Grenze. Sie tun dies in einem noch stärkeren Maß als die Türe selbst. Schwellen wirken meist unbewusst und können vielerlei Gestalt haben. Täglich überschreiten wir Schwellen, sei es nur der Übergang von einem Bodenpflaster zu einem anderen. Wir bemerken dies häufig erst, wenn sich der Boden unter den Füßen anders anfühlt als noch kurz zuvor. Wer kennt nicht die Eigenart der Fernsehfigur Monk, die sich aufgrund einer psychischen Erkrankung äußerst schwer tut, solche Pflasterschwellen zu überschreiten. Auf einer psychisch-philosophischen Ebene sprechen wir von sogenannter Schwellenerfahrung oder auch von Grenzerfahrung und meinen damit jene Erfahrungen, die wir beim Übergang von Bekanntem zu Unbekanntem erleben. Der Mensch passiert beim Durchschreiten unterschiedlicher Lebensräume, im realen und übertragenen Sinne, immer wieder Schwellen, die ihn dazu veranlassen, sich neu zu identifizieren und zu definieren.

„So gesehen sind Schwellen wichtig für die Herausbildung unserer Identität, die von Grenzziehungen und Grenzüberschreitungen zugleich geprägt ist", meint der Architekt Nikolaus Kuhnert in seinem Aufsatz „Schwellenerfahrung."[24] Betrachten wir die Schwelle unter diesem architekturpsychologischen Aspekt, schließt sich wieder der Kreis zur spirituellen Bedeutung der Schwelle. Jemand, der die Schwelle eines Hauses übertritt, betritt damit den intimen Lebensbereich eines anderen Menschen. Die Schwelle bedeutet somit die Grenze zu einem heiligen inneren Raum.

---

24 vgl. Kuhnert, N.: Schwellenerfahrung. In Magazin ARCH+, Nr. 194, S. 10

Im Sakralbau wird über die Schwelle der Machtbereich Gottes betreten. Die Schwelle als Grenze zwischen dem Heiligen und dem Profanen. Diese Wichtigkeit wird in vielen Religionen und Kulturen durch so genannte Tür- und/oder Schwellenwächter noch betont. Sie sollen das Haus, den Tempel, die Kirche vor dem Eindringen fremder Mächte schützen.

Generell verstärken Wächterpflanzen oder Symbole, paarweise vor dem Zugang angeordnet, die Tor- und Schwellenfunktion. Der Blick wird auf den Durchgang fokussiert, der Mensch muss hindurch schreiten.

Wie stark solche Wächterpflanzen wirken, durften wir selbst an einem Beispiel erleben. Bei der Besichtigung eines Unternehmens beobachteten wir, wie die Kunden auf die straßenseitige, reich mit Eingangssymbolen versehene Schaufenster-Front des Geschäftslokals zusteuerten, um dann irritiert nach dem eigentlichen Eingang zu suchen. Die meisten Menschen vermuteten

Abbildung 15: Irrtum: Das war einmal der Eingang – geblieben sind die Symbole

hier die Eingangstüre ins Lokal und mussten lange suchen, bis sie diese hofseitig entdeckten. Solch eine Irreführung kann dann oft das Gegenteil von dem bewirken, was man als Geschäftsinhaberin möchte.

Im Alpenraum wird häufig der Buchsbaum als heilige Schutzpflanze rechts und links vor dem Eingang eines Hauses oder Gebäudes gepflanzt. Dieser alte Brauch ist in neuerer Zeit wieder sehr modern geworden. Zwei Buchsbäume vor dem Geschäftseingang sollen die Kundschaft locken. Die alte Bedeutung des Schutzes ist aber hier nicht mehr bewusst. Man will signalisieren, dass an dieser Stelle für den Menschen etwas Bedeutendes, Wichtiges, ja beinahe Sakrales beginnt. In unserer modernen Gesellschaft ist anstelle des Kirchgangs das Shoppen getreten. Wir besuchen jetzt Einkaufstempel.

Sowohl im asiatischen wie auch im zentraleuropäischen Raum bewacht gerne ein Löwenkopf den Eingang. Der Löwe steht für Macht und Stärke und signalisiert dies auch den Ankommenden.

Im Mittelmeerraum sind es zwei große Säulenzypressen, die speziell vor Friedhofseingängen, aber auch bei herrschaftlichen bzw. landwirtschaftlichen Gebäuden Wache stehen. Diese schlanken und hohen Bäume symbolisieren die Verbindung zwischen Himmel und Erde, zwischen Irdischem und Überirdischem. Dieselbe Bedeutung haben die Bäume rechts und links einer Kapelle oder eines Bildstockes, im süddeutschen Raum und Österreich *Marterl* genannt. In Mitteleuropa werden dazu oft Linden oder Birken gepflanzt.

Mehrere Wächterpaare, hintereinander angeordnet, lassen eine Allee entstehen. Sie kommt einer Verstärkung des Schutzes gleich und fokussiert auf den Ortseingang bzw. den Hauseingang, wie wir schon im Kapitel Zugang beschrieben haben. (siehe Seite 27)

Abbildung 16: Alte Hoftüre mit Sternsymbolik

Weil der Übergang so wichtig ist, war die Türe auch immer Gegenstand besonderer Gestaltung. Dabei ist die Sonne eines der häufigsten auf Türen dargestellten Symbole. Sie wird gleichgestellt mit dem Licht Gottes. Der häufig an Türen zusätzlich befindliche Willkommensspruch „Willkommen, tritt ein, lass Licht und Sonne herein" ist in diesem Zusammenhang zu sehen. Auch der Spruch „Tritt ein, bring Glück herein" hat eine ähnliche Bedeutung. Der Stern als Türdekoration ist ebenfalls mit der Symbolkraft des Lichtes verbunden. Vierstern oder Sechsstern sind somit uralte Sinnbilder für das Heil des Lichtes.

Rautensymbolik in der Türgestaltung bedeuten hingegen Erdreich und gefurchten Acker und steht für Fruchtbarkeit des Weiblichen. Der an der Tür angebrachte Löwenkopf mit einem Ring im Maul als Türklopfer besitzt eine doppelte Symbolik. Einerseits ist er der starke Wächter, dessen Mähne ebenfalls mit der Sonnensymbolik in Verbindung gebracht wird. Andererseits muss ein um Eintritt Bittender den Mut aufbringen, dem Löwen ins Maul zu greifen, um mit dem Ring anzuklopfen.

Der Haustüre entgeht nichts, sie weiß über alle(s) Bescheid, wer und was da über ihre Schwelle geht. Sie ist das ungeschriebene Geschichtenbuch des Hauses, voller Leben und selbst lebendig, geht auf und zu, tagaus, tagein. Sie ist sensibel und verlangt danach, auch *richtig* benützt zu werden. Der rechtshändige Mensch nutzt üblicherweise die rechte Hand zur Aktion, somit auch zum Öffnen einer Türe, die linke Hand dient der Unterstützung bzw. dem Schutz. Die Händigkeit ist also wichtig dafür, ob die Öffnungsrichtung einer Türe als natürlich empfunden wird oder als sperrig.

Die Türe kann zum Eintreten oder auch zum Draußenbleiben veranlassen, kann zum Gehen motivieren, oder sich in den Weg stellen. Der Mensch hat das Bedürfnis, die Türe möglichst schnell zu passieren, ohne dass sein Gehfluss gestört wird. Hier ergeben sich oft Widersprüche zwischen dem psychologisch erklärbaren Bedürfnissen und modernen Bauvorschriften.

Psychologisch gesehen ist das Haus schutzgebender Zufluchtsort. Früher ging es darum, möglichst schnell und zügig und ohne Unterbrechung in diesen Zufluchtsort zu gelangen. Dabei durfte sich die Türe nicht entgegenstellen. Sie musste daher in die Flucht- bzw. Bewegungsrichtung öffnen. Einmal drinnen, sollte sie Schutz vor Eindringlingen bieten. Gegen eine Tür, die nach außen aufgeht, kann ich mich aber von innen nicht stemmen. Sie bietet daher weniger Schutz gegen ungebetene Gäste. Diese Bedeutungen sitzen auch heute noch als archetypisches Muster in unserem Unterbewusstsein, weil der Mensch in seinem natürlichen Streben von außen nach innen flüchtet. Es ist wie der Weg zurück ins verlorene Paradies des Mutterleibes, sagen manche Psychoanalytiker. Menschen tragen ein intuitives Empfinden für die förderliche Richtung in sich. Das natürliche Sicherheitsbedürfnis geht ursprünglich vom freien Raum in den geschlossenen Raum. Wir spüren vielleicht ein Unbehagen, wenn wir vor Situationen stehen, die dem natürlichen Bedürfnis widersprechen, also die Tür anders aufgeht als erwartet – auch wenn uns nicht bewusst ist, woher dieses Unbehagen wirklich kommt.[25]

Aus einem permanenten Handeln wider den inneren Fluss entsteht oft ein destruktives psychologisches Verhaltensmuster, wie das Beispiel einer Klientin zeigt. Sie erreicht über mehrere Stufen ihre Wohnungstüre und muss diese von links nach rechts an sich heran ziehen. Um sie zu öffnen, muss sie zwei Schritte zurücktreten und läuft dabei Gefahr, über die Treppe hinunter zu stürzen. Dreizehn Jahre hat sie so gehandelt. Auf die Wirkung aufmerksam gemacht, meint sie: „Jetzt weiß ich, warum ich in meinem Leben immer das Gefühl habe, zwei Schritte vor und einen zurück zu gehen."

Warum öffnen sich aber dann in Geschäften und öffentlichen Gebäuden fast immer die Türen in die, so gesehen falsche Richtung, nämlich nach außen? Die Ursache liegt nicht nur in einem technokratischen Verständnis bei unseren Bauvorschriften. Über zehntausende von Jahren lagen die Hauptgefahrenquellen für den Menschen im außen, seine vier Wände boten Schutz und Sicherheit. Das hat sich als archetypisches Muster eingeprägt. Instinktiv reagiert der Mensch meist immer noch so wie vor 10.000 Jahren. Vergleichsweise kurz ist der Zeitraum, wo die Gefahren im Innenraum größer scheinen als außen. Erst seit es Gebäude gibt, die z. B. bei Feuer oder Erdbeben zur Gefahrenquelle

---

25 vgl. Bachelard, G.: Die Poetik des Raumes. Frankfurt 2007, S. 211 ff

werden, aus denen Menschenmassen evakuiert werden müssen, hat sich die Fluchtrichtung verändert. Die Sicherheitsvorschriften in Gebäuden gehen jetzt von einer Fluchtrichtung *hinaus* aus. Die Türen in öffentlichen Gebäuden, in Häusern, wo oft hunderte, ja manchmal tausende Menschen wohnen oder arbeiten, müssen sich nach außen öffnen. Im Katastrophenfall muss solch ein Gebäude möglichst rasch geräumt werden können.

Andererseits ist es aber dem Geschäft abträglich, wenn die Türe nach außen aufgeht, weil sich Kunden und Kundinnen eher abgewiesen als angezogen fühlen. Automatische Schiebe- und Drehtüren kommen daher der natürlichen Gehrichtung des Menschen entgegen und machen gleichzeitig auch eine Flucht von innen nach außen möglich.

Für die Schutzfunktion im Haus ist auch von Bedeutung, ob die Türschnalle mit der rechten oder der linken Hand ergriffen werden muss. Das Türblatt ist wie ein Schild, und es ist nicht egal, ob der Schild mit der starken oder der schwachen Hand gehalten wird.[26] Wenn ich einem mir Unbekannten die Türe öffne, brauche ich in der schwachen Hand das Türblatt als Schutz, um mit der starken Gefahr abwehren zu können. Daraus folgt, weil mehrheitlich Rechtshänder bestimmen, als bevorzugte Anschlagseite, von innen gesehen, die linke. Linkshänder schildern das häufig als unangenehm. Daher sollten in der Planung von privaten Gebäuden die Präferenzen der zukünftigen Wohnenden auch in diesem Punkt bewusst gemacht und berücksichtigt werden.

Gehen wir von der Annahme aus, dass Energie der Aufmerksamkeit folgt, dann gibt die Aufgehrichtung der Türe auch den Fluss der Wahrnehmungsenergie in einem Raum vor. Die Abfolge der Wahrnehmungen wird über die von der Tür ermöglichte Blickrichtung bestimmt. Der Blick schweift in einem Bogen von links nach rechts oder von rechts nach links, je nach Öffnungsrichtung der Tür, dem größten visuellen Reiz folgend. Alle anderen Sinne gehen mit. Eine Türe, die sich dem Körper entgegenstellt, blockiert den Fluss der Bewegung und damit auch der Sinne. Fällt beim Betreten des Hauses der Blick in einen geraden Gang mit einem Fenster als Abschluss, so wird sich der Blick sofort nach dem Licht des Fensters orientieren. Meine Aufmerksamkeit schweift wieder nach draußen. Befinden sich in diesem Gang zu beiden Seiten abwechselnd Objekte oder Pflanzen, welche die Aufmerksamkeit auf sich ziehen, werden meine Sinne länger im Raum gehalten. Die Bewegung wird verlangsamt. Dazu noch mehr beim Kapitel über die Lebensachse (S. 196).

---

26 Fischer, F.: Der Wohnraum. Zürich und Stuttgart 1964, S. 42

Das soeben über Türen und Schwellen Gesagte können Sie selbst leicht in kleinen Experimenten nachvollziehen und sich zudem vielleicht noch fragen: *In welche Richtung fällt es mir leichter, eine Tür zu öffnen?*

Wenn ich mich selbst beobachte – wie nehme ich verschiedene Schwellen wahr?

In diesem Kapitel haben wir wichtige Basics zusammengetragen, die uns in der bewussten Wahrnehmung unseres Lebensraumes unterstützen. Die beschriebenen Prinzipien sind in großen Gefügen wie Dörfern und Städten genauso gültig wie in kleineren Einheiten. Der Zugang auf ein Haus unterliegt denselben Gesetzmäßigkeiten der Wahrnehmung wie das Hingehen zu einer Wohnung oder darin zu einem bestimmten Raum.

In der Planung und Gestaltung kann man das Wissen um die Schutzfunktion des Hauses und die Botschaft einer Türe bewusst einsetzen. Was soll zum Beispiel ein Altenheim den Menschen vermitteln? „Hier bist du willkommen, gut aufgehoben und sicher", wäre z. B. eine gute Botschaft. Ein freundlicher Zugang und lebensfrohes Gesicht des Gebäudes würde diese Botschaft unterstreichen. Eine massive Holztüre, die nach dem Betreten des Gebäudes schwer ins Schloss fällt, verstärkt zwar vielleicht das Sicherheitsgefühl der hier Wohnenden und Arbeitenden, als Besucher oder Besucherin fühlt man sich aber von dieser Schwere abgewiesen. Es könnte dadurch auch der Eindruck einer „geschlossenen Anstalt" entstehen. Achtsamkeit ist also geboten im Umgang mit den Wirkungen.

Im Gegensatz dazu signalisiert die Transparenz einer Glastür die Botschaft, eintreten zu dürfen – bei Vollglastüren wird die Barrierefunktion nahezu aufgehoben. Dies führt naturgemäß manchmal auch zu gefährlichen Situationen. Wir achten lediglich auf die Schwelle und übersehen dabei das Glas der Türe und spüren das schmerzhaft.

Die unterschiedlichen Wirkungen in der Durchlässigkeit von Übergängen machen wir uns in der Planung zunutze. Wo das Einladende stärker wirksam sein soll, dort werden wir transparente Materialien einsetzen. Wo die Schutz- und Barrierefunktion größer sein soll, dort werden massivere Materialien zum Zug kommen.

In einem Altenheim haben wir ein lustiges, aber sehr wirksames Beispiel für die Veränderung von Wahrnehmung gefunden. In der Pflege von Demenzkranken gibt es das Problem des sogenannten Ausreißens. Um dem entgegenzuwirken, hatte das Personal die Türe innen in der Wandfarbe gestrichen, sodass die Türe als solche nur mehr schwer erkennbar war. Dazu war in Kurrentschrift das Wort „Direktion" geschrieben. Die alten Menschen erkennen die alte Schrift, in der sie noch als Kinder geschrieben hatten, erinnern sich an die Autorität der Direktion und meiden diesen Ausgang. Seither gibt es einen eklatanten Rückgang an sogenannten Ausflügen.

Jetzt sind wir also durch die Tür getreten, und das Haus liegt in seiner Ordnung vor uns. Im Hauptkapitel befassen wir uns mit den neun archetypischen Lebensthemen.

B. Lebensthemen und erste Verknüpfungen

Auf der Wanderung durch die neun archetypischen Lebensthemen beginnen wir mit den Ursprüngen aller Erfahrungen – dem links situierten *(Ur-)Wissen–Erfahrung*, setzen rechts im Archetypus *Sozialer Austausch* fort und führen in der Mitte beim Lebensthema *Weg–Orientierung* zusammen. Sind diese drei Themen durchwandert, setzen wir uns mit der Beschreibung der Bezüge und den Gemeinsamkeiten dieser Felder auseinander und ordnen das Bezugssystem der zeitlichen Ebene der Vergangenheit zu. Wir schreiten nach vorne, setzen rechts im Thema *Kreativität–Entwicklung* fort, springen nach links zum Lebensthema *Familie–Sicherheit* und führen in der Mitte, im Thema *Selbst–Identität,* zusammen. Die Verbindung zur Ebene des aktiven gegenwärtigen Handelns wird im nächsten Schritt erläutert. So arbeiten wir uns weiter auf die Zukunftsebene, zu den Themen *Werte–Reichtum, Beziehung–Hingabe* und *Ziel–Erfüllung;* sie werden in der Beschreibung der Ebene des Lebenssinns zusammengeführt. Im Teil C beschreiben wir dann Bezüge in den Vertikalachsen und, mit praktischen Beispielen untermauert, die kreuzweisen bzw. diagonalen in Wechselwirkung stehenden Themen.

Am Anfang jedes Abschnittes erläutern wir die symbolischen Bedeutungen des jeweiligen Lebensthemas. Darauf folgen theoretische Hintergründe, die inhaltlich zum jeweiligen Lebensthema passen. Wir erörtern die Bedeutung des Haus- bzw. Wohnungseingangs im jeweiligen Themenfeld und setzen uns mit den symbolischen Zuordnungen der dazugehörigen räumlichen Repräsentanten auseinander. Dazwischen erfahren Sie anhand konkreter Beispiele aus unserer Praxis, was es bedeutet, wenn wir das Urmuster mit den räumlichen Repräsentanten in einen Bezug zueinander bringen. Mit eingestreuten Fragen laden wir Sie ein, sich persönlich mit ihren eigenen Themen und Wohnräumen auseinanderzusetzen.

1. Die drei Felder der Ressourcen

Wenn wir die Schwerpunkte der drei Themenfelder auf dieser Ebene, nämlich Urwissen und Erfahrung, den sozialen Austausch und die Begleitung durch hilfreiche Menschen sowie die Aspekte der Orientierung auf dem eigenen Lebensweg, näher

Abbildung 17:
Die drei Felder der Ressourcen

Lebensthemen

betrachten, können wir unschwer erkennen, dass es sich hier allesamt um sehr ressourcenorientierte Inhalte handelt. Der junge, durch Geburt in die Welt gekommene Mensch bedarf des Urvertrauens in seine Lernfähigkeit, um die Erfahrung des Lebens in Wissen zu verwandeln (Thema links *Wissen–Erfahrung*); er braucht den sozialen Austausch mit den Menschen seines Umfelds (Thema rechts *Sozialer Austausch*), um dann beides auf seinem eigenen Weg (Thema mittig *Weg–Orientierung*) zusammenzuführen und zu seiner persönlichen Lebensorientierung finden zu können. Als Erwachsener kann er dann auf die Ressourcen zurückgreifen, die er in seinem zurückliegenden Leben gesammelt hat.

Beim Thema *Wissen–Erfahrung* greifen wir selbst auch auf altes Wissen zurück. Wir versuchen, mit Erkenntnissen aus der Archäologie und Architekturgeschichte die Entwicklung des Wohnens hin zu bestimmten Wohnmustern nachzuzeichnen und in einem zweiten Schritt Sie dem Urwissen schlechthin, nämlich der Intuition, näherzubringen. Beim Themenfeld *Sozialer Austausch* beschäftigen wir uns mit dem soziologischen Begriff des sozialen Raumes und seinen speziellen Ausprägungen im Gebauten. Bei den theoretischen Grundlagen im Lebensthema *Weg–Orientierung* stellen wir ein psychologisches Neun-Feld-Modell vor und setzen uns mit dem Prinzip der Polarität auseinander.

Was bedeutet es, durch das Lebensthema *Wissen–Erfahrung*, durch das Thema *Sozialer Austausch* oder durch das mittlere Feld *Weg–Orientierung* seine Wohnung oder sein Haus zu betreten? Welche räumlichen Repräsentanten ordnen wir symbolisch den einzelnen Themen zu? Diesen Fragen gehen wir jeweils nach theoretischen Inputs nach, indem wir mit vielen praktischen Beispielen versuchen, für Sie, lieber Leser, liebe Leserin, immer mehr Klarheit in die Komplexität zu bringen. So wie eingangs angekündigt, tasten wir uns Schritt für Schritt durch das komplexe „Haus".

Am Ende des Kapitels setzen wir alle drei Themen zueinander in Bezug. Wir bilden daraus die Ebene der Ressourcen mit ihren, von uns zeitlich der Vergangenheit zugeordneten Bedeutungen und weisen darauf hin, welche Möglichkeiten damit entstehen, auf einer psychologischen Ebene zu arbeiten.

Zu den Quellen – Erfahrungen sammeln und anwenden

Zu wissen, was man weiß, und zu wissen, was man tut, das ist Wissen.
Konfuzius

Am Anfang des Lebens steht die Leere und das Vertrauen darauf, die Leere durch Lernen füllen zu können. Wer jemals ein Baby oder Kleinkind bei seiner Entwicklung und seinen Lernfortschritten beobachtet hat, der kann eigentlich alle Aspekte des Archetypus *Wissen–Erfahrung* erfassen. Ein Kind ist voll des Urvertrauens in seine Umgebung. Schaut man in die Augen eines Babys, hat man manchmal den Eindruck, eine tiefe Weisheit zu erblicken. Die Neugier, mit der ein Kind allem Neuen begegnet, und das geduldige Wiederholen bis zur Perfektion lassen einem als erwachsener, „verbildeter" Mensch manchmal in Ehrfurcht erstarren. „Lernen macht glücklich", sagt der Gehirnforscher Manfred Spitzer. Wer Kleinkindern beim Lernen zusieht, kann diese Aussage bestätigen. Leider führt unser Bildungswesen häufig dazu, dass Wissenserwerb zur Pflicht und damit zur Qual und der Zugang zu intuitivem Wissen verbaut wird.

Abbildung 18:
Das Feld *Wissen–Erfahrung*

Das Lebensthema: Wissen–Erfahrung

Dieser linksseitige Quadrant hat sich aus dem öffentlichen Raum heraus entwickelt. Wie wir gleich im anschließenden Abschnitt zur historischen Entwicklung zeigen werden, nutzten an dieser Stelle schon unsere Vorfahren ihr Wissen, ihre Erfahrungen und Kompetenzen, richteten ihre Werkstätten ein und boten ihre Erzeugnisse feil (S. 38). Wir situieren daher an dieser Stelle der Novagrammstruktur das Lebensthema *Wissen–Erfahrung*.

Erkenntnisfähigkeit ist eine dem Menschen innewohnende, treibende Kraft. Er tut sein ganzes Leben nichts Anderes als gesammelte Erfahrungen in Wissen umzuwandeln und durch ständige Reflexion zu verdichten. Die Erkenntnisfähigkeit ist die wichtigste menschliche Fähigkeit, ohne sie ist eine Weiterentwicklung nicht möglich. Sie steht dem Neugeborenen vom ersten Atemzug an zur Verfügung. Vom ersten Augenblick startet das Baby seinen Weg des Lernens.

Wir gehen zudem von der Annahme aus, dass wir Menschen bereits bei der Geburt mit einem Grundwissen, das wir als Urwissen bezeichnen, ausgestattet sind. Die Psychoanalyse bezeichnet dieses Urwissen auch als kollektives, allen Menschen zur Verfügung stehendes Wissen. Darauf kann jeder Mensch vertrauen. Wir nennen es daher auch Urvertrauen. Jedes Neugeborene ist damit ausgestattet, es bildet die Basis eines lebenslangen Erfahrungsprozesses. Ohne dieses Urvertrauen in das kollektive Wissen wäre es dem Menschen unmöglich, sich den ständigen Herausforderungen des Lebens zu stellen. Leider verlieren viele Menschen im Laufe ihres Lebens den Kontakt zu dieser Quelle. Dann braucht es immer wieder Impulse, damit Weiterentwicklung und Wachstum geschehen, damit Erfahrungen zu Erkenntnissen werden. Wie oft führt uns erst eine Krise zu einem weiteren Entwicklungsschritt? In der Struktur des chinesischen I Ging würde das dem Bild des Donners entsprechen. Das I Ging beschreibt den Donner als Impulsgeber. Er kündigt etwas an, so wie wir Menschen oft intuitiv in der Tiefe unseres Bewusstseins schon die nächsten Schritte wissen, auch wenn sie uns noch nicht bewusst sind. Geht dieses Grundvertrauen, dass wir intuitiv wissen und die Antworten des Lebens in uns parat haben, dass Krisen dazu da sind, um zu wachsen, auch nur teilweise verloren, wirkt sich dies hemmend auf die Entwicklung aus.

Denn ohne (Ur-)Vertrauen ist Lernen schwer möglich. Die Aufnahmefähigkeit ist eingeschränkt, der Mensch ist ohne Vertrauen nicht zur Reflexion fähig. Damit fehlen ihm aber die Einsicht und so auch jegliche Grundlage für weiteres Wachstum. Aus diesem Grund erscheint es uns auch essentiell, dass Lernräume, beginnend beim Kindergarten, über Schule bis hin zu Universität und Räumlichkeiten der Erwachsenenbildung derart gestaltet sind, dass sich die Lernenden wohl und im Raum sicher und geschützt fühlen.

Wir platzieren dieses Thema auch deshalb links unten, weil wir innere Prozesse auf der geistigen Ebene der linken Seite zuordnen, analog der Verarbeitung kognitiver Prozesse in der linken Großhirnhälfte.

Zusammengefasst ordnen wir dem Themenkomplex *Wissen–Erfahrung* weiters die folgenden Begriffe zu: Fähigkeiten und Fertigkeiten, Spiritualität, Intuition, (Ur-)Wissen, Urvertrauen, Aufnahmefähigkeit, Lern- und Entwicklungsfähigkeit und Reflexionsfähigkeit. Mit diesen Begriffen arbeiten wir dann, um im Zusammenhang mit realem Wohnraum Hypothesen in Bezug auf den Umgang mit Wissen, Vertrauen und Erfahrung zu erstellen und, daraus resultierend, Fragen zur Bewusstwerdung zu formulieren.

Bezogen auf die Funktionen im Wohnen ist z. B. der Arbeitsraum jener Bereich, der Wissen und Erfahrung am ehesten symbolisch repräsentiert. Im Arbeiten setzt der Mensch seine Fähigkeiten ein, verwertet er seine Erfahrung und entwickelt sich in seinen Potenzialen weiter. Dazu später mehr.

Befindet sich in einer Wohnung, was sehr häufig vorkommt, an dieser Stelle des Novagramms das WC mit seiner Bedeutung des Loslassens, könnte es heißen, dass tradiertes Wissen, alte Glaubenssätze, Erfahrungen und Überzeugungen transformiert und losgelassen werden sollen.

Vielleicht mögen Sie nachspüren, wie Lernen, als Aneignung von Wissen und Erfahrung, durch das räumliche Umfeld beeinflusst wird: *Was brauche ich, und welches Umfeld tut mir gut, um mir Erfahrungen und Wissen anzueignen? An welchen Orten konnte ich leicht lernen, an welchen mich nur schwer entwickeln?*

Historische Entwicklung des Wohnens

Auf der neugierigen Suche nach den Grundlagen des von uns vermuteten archetypischen Wohnmusters begaben wir uns zu den Erkenntnissen der Archäologie. Wir haben u. a. in der Archäologie und in der Kulturgeschichte europäischer und orientalischer Hochkulturen Hinweise dafür gefunden, dass die Entwicklung bestimmter Wohnmuster einander ähnelnden Schritten folgte. Von der Höhle hin zum Rundhaus, vom Einraumhaus zum Mehrstreifenhaus bis hin zu einer einfachen, rechteckigen neungliedrigen Struktur. Der vordere Orient, insbesondere aber der gesamte mesopotamische Raum bis in die heutige Osttürkei gilt als Wiege der Architektur. Dort wurden die bedeutendsten archäologischen Funde gemacht, aus denen wir heute noch wertvolle Informationen zur Entwicklung des Wohnens erhalten können.

Strukturen festigen sich über Generationen und werden weitergegeben, wenn sie für das Überleben wichtig sind. So wussten schon die urzeitlichen Höhlenbewohner instinktiv, dass es nicht sehr sinnvoll wäre, den Schlafplatz unmittelbar hinter oder neben dem Eingang zu positionieren. Das Risiko, von einem Eindringling überrascht und im Schlaf überwältigt zu werden, wäre zu groß. Die Position des Schlafplatzes im hintersten Teil der Höhle war die logische Folge. Später, als die Menschen sesshaft wurden und Häuser errichteten, schliefen sie im zum Eingang entferntesten Raum des Hauses. Das erhöhte naturgemäß die Chance, einen Eindringling rechtzeitig wahrzunehmen. Das ist eines der wichtigsten Urprinzipien, dem der heutige Mensch noch immer unbewusst folgt.

Die Entwicklung der Struktur von Häusern folgte fast einem Prinzip ähnlich der Zellteilung bei Lebewesen. Nach der Höhle als Schlaf- und Aufenthaltsplatz unserer nomadisierenden Vorfahren gelten Rundhäuser und Ovalhäuser als die älteste künstlich errichtete Wohnform, wobei sich zweitere aus ersteren entwickelten, um mehr Platz unter dem Dach zu schaffen.

Lebensthemen

Rund um das Herdfeuer bauten sich die Urmenschen einen Schutzwall und ein Dach über dem Kopf. Je nach verfügbarem Baumaterial und Lebensweise bildeten sich regional unterschiedliche Typen heraus. Zeltformen wie die Jurte der Mongolen werden noch heute von Nomaden benutzt.

Im Laufe der Entwicklung wurde der ovale Grundriss von einem rechteckigen abgelöst, nicht zuletzt deshalb, weil sich Rechteckhäuser besser organisieren ließen. Ähnlich wie beim Rundhaus gruppieren sich die verschiedenen Aufgabenbereiche rund um das Feuer als Raummittelpunkt. Alles Leben wickelt sich in einem Raum ab. Das Einraumhaus als einfachste Organisationsform ist bei verschiedenen Naturvölkern auch heute noch gebräuchlich.

Abbildung 19:
Einraumbau mit zentraler Feuerstelle ca. 3. Jtsd. v. Chr. – Scara Brae, Orkney Island, GB

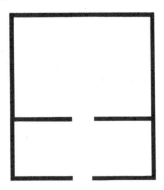

Abbildung 20:
Prinzip eines Zweiraumhauses

Abbildung 21:
Haus in Karakou (GR)

Aus den archäologischen Funden z. B. von Feuerstellen und Vorratsgefäßen können wir schließen, dass schon im Einraumhaus über Generationen bestimmte Bereiche spezifischen Nutzungen, z. B. der Lagerhaltung, dem Schlafen, dem Kochen und Essen, vorbehalten waren. Daraus wurden später zwei spezielle, abgetrennte Nutzungsräume, einerseits der Wohn- und Lebensbereich für die Menschen, andrerseits der Stall als erste Form der Vorratshaltung. Es ergaben sich so, wie infolge einer Zellteilung, zwei hintereinander liegende Räume.

In der nächsten Entwicklungsstufe schufen sich die Menschen, zeitversetzt in den verschiedenen Kulturkreisen, vor diesen zwei Räumen einen ummauerten Hof als geschützten Zugangsbereich und schließlich Häuser mit mehreren quasi aufgefädelten Räumen.

Unser Beispiel (Abb. 21) stammt aus der mykenischen Kultur (ca. 1300 v. Chr.)[27]

---

27 Lang, F.: in Höpfner, W. (Hg.): Geschichte des Wohnens. Band 1. Stuttgart 1999, S. 114

Die drei Felder der Ressourcen – Zu den Quellen

In weiterer Folge dürften aus den vorgelagerten, öffentlichen Höfen feste, überdachte Räume entstanden sein. Diese dienten als Vorraum bzw. Arbeits- und Lagerraum und stellten die Verbindung nach außen dar. Das folgende Beispiel stammt aus dem neuen Reich Ägyptens, 1300 v. Chr.[28] In der Archäologie wird diese Entwicklungsstufe als Dreistreifenhaus bezeichnet. Der Streifen (1) hat öffentlichen Charakter wie ein Vorraum; der Mittelstreifen (2) war zentraler Familienbereich mit halböffentlichem Charakter; die hinteren Räume im Streifen (3) waren die intimsten Räume und dienten dem Schlafen. Diese räumliche Abfolge, der Übergang von öffentlich zu halböffentlich und zu privat, entspricht auch heute noch den tiefsten, aber meist unbewussten Bedürfnissen der meisten Menschen. Dieser (arche-)typischen Dreigliederung folgen viele Planer und Architektinnen auch heute noch in der Gestaltung von Bauten jeglicher Art.

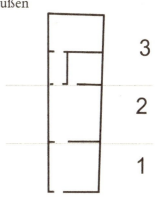

Abbildung 22: Drei-Streifen-Haus, Ägypten, ca. 1300 v. Chr.

Das Intimste und/oder Schützenswerteste, der Schlafraum im Privaten, das Chefbüro, der Tresorraum in Wirtschaftsbetrieben, sollten sich vom Eingang am weitesten entfernt befinden. Hingegen wird der Empfang, jener Ort, wo die erste Begegnung stattfindet, natürlicherweise dem Eingang am nächsten gut positioniert sein.

Werden diese Prinzipien auf den Kopf gestellt, was wir in unserer Praxis immer wieder vorfinden, führt das in aller Regel zu erheblichen Irritationen, sowohl bei den Wohnenden selbst als auch bei Besuchern und Besucherinnen.

Mit der menschlichen Entwicklung stiegen auch die Bedürfnisse. Dies führte zu strukturellen Veränderungen in der Anordnung von Räumen. In den unterschiedlichen Funden aus den ersten Hochkulturen lässt sich die Entwicklung komplexerer Strukturen nachweisen. Es kam zur Herausbildung einer Erschließungsachse in der Mitte als Korridor. Die Anordnung von drei nebeneinander liegenden Achsen erlaubte weitere Differenzierungsmöglichkeiten in der Nutzung der Räume.

So gruppierten sich im ägyptischen Mittelsaalhaus die einzelnen Räume um einen Hauptraum, in der Mitte entstand ein Zentrum.

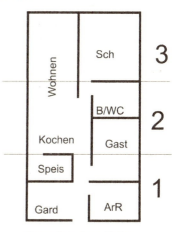

Abbildung 23: Modernes Drei-Streifen-Haus, 20. Jhdt.

Bei den griechischen Peristylhäusern, den römischen Atriumhäusern,[29] bei asiatischen Gehöften, sowie den Vierkanthöfen im Voralpenraum kennen wir die Gruppierung der

---

28 Kose, A.: in Höpfner, W. (Hg.): Geschichte des Wohnens. Band 1. Stuttgart 1999, S. 68
29 vgl. http://www.antikefan.de (Stand 2014)

Lebensthemen

Räume um einen freien Hof. Andere landwirtschaftliche Gebäudeformen gruppieren die Räume um eine großzügige freie Diele. Die Anordnung von Häusern, die, um einen Hof geordnet, miteinander verbunden sind, stellen auch eine Grundstruktur der städtischen Siedlungsentwicklung bis in neueste Zeit dar. Als Beispiel dafür stehen die öffentlichen Wohnbauten des so genannten „Roten Wien" aus den 20er Jahren des letzten Jahrhunderts. Das Zentrum des Gemeindebaus als sozialer, identitätsstiftender Mittelpunkt stellt einen wichtigen Treffpunkt für Jung und Alt dar. Das Prinzip, die Anordnung der Räume um ein Zentrum, ist in allen Fällen das gleiche.

Diese Teilung eines Quadrates in neun annähernd gleiche Felder um ein Zentrum als Fokus, scheint uns die letzte Stufe einer Entwicklung zu einem allumfassenden Archetypus des Wohnens zu sein, weil diese Struktur sich nun schon über tausende von Jahren bis in heutige Zeit erhalten hat. Einfache Beispiele von derartigen Strukturen können schon seit der Frühzeit (9000 bis 6000 v. Chr.) nachgewiesen werden. Ein bemerkenswertes Beispiel wurde in der osttürkischen Stadt Cayönü [30] ausgegraben, eine neungliedrige Struktur ist schon sehr deutlich erkennbar.

In einer solchen neungliedrigen Struktur baut sich alles aus dem Zentrum heraus auf und ist gleichzeitig auf dieses bezogen. Wenn ich z. B. in der Mitte eines Atriumhauses stehe und mich einmal um meine Achse drehe, habe ich das gesamte Haus wahrgenommen. Ich bin orientiert, weiß, was sich links und rechts befindet, weiß, wie Räume miteinander verbunden sind, weiß, wie das System funktioniert. Wie wir schon im Kapitel zur Orientierung (S. 30) festgestellt haben, hilft Ordnung dem Menschen, sich zurechtzufinden. Das menschliche Gehirn liebt einfache Strukturen. Hier liegt auch die Erklärung dafür, dass sich solche einfachen Muster der Architektur über viele Generationen fortgetragen haben, und Menschen dazu immer noch in Resonanz gehen.

Wir gehen in unserer Arbeit davon aus, dass die oben beschriebene Neun-Feld-Struktur ein Urmuster des Wohnens darstellt. Diese Verteilung und die Bezüge der Nutzungsbereiche zueinander bilden das Muster, zu dem die Menschen sich intuitiv immer noch hingezogen fühlen.

Abbildung 24:
Systemskizze eines römischen Atriumhauses

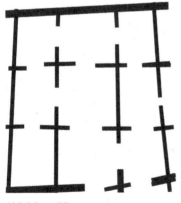

Abbildung 25:
Ausgrabungen in Cayönü

---

30 Vgl.: http://dome.mit.edu (Stand Juli 2014)

Zusammengefasst heißt das folgendes: Die Struktur, nämlich die Anordnung von acht Feldern um ein Zentrum, nehmen wir als archetypisch an. Die Belegung der Felder mit aus der über Jahrtausende lang fast gleichartigen Nutzung abgeleiteten Themen und die Art und Weise ihrer Verknüpfung machen das Urmuster aus. Die Grundrisse alter, über Generationen unveränderter Bauernhäuser bestätigen die Mitnahme eines solchen (Ur-)Organisationsmusters, zu dem sich auch der moderne Mensch scheinbar immer noch magisch angezogen fühlt. Viele Stadtbewohner träumen vom Erwerb eines derartigen Hauses. Sie fühlen sich trotz der Einfachheit in diesen Häusern meist wohl und geborgen.

Aus dieser Grundannahme heraus haben wir also unser eingangs kurz vorgestelltes Neun-Feld Modell entwickelt, das wir „Novagramm" nennen. In der Planungspraxis hat die Erfahrung gezeigt, dass Menschen sich immer dann von einem Grundriss besonders angesprochen fühlen, wenn der Entwurf diesem Urmuster folgt.

Wir haben, wie schon erläutert, aus den über Jahrtausende gleich gebliebenen Nutzungsbereichen im Abgleich mit verschiedenen Überlieferungen, wie z. B. dem asiatischen I Ging oder Fengshui, so genannte Ur- oder Lebensthemen abgeleitet. Weil sich die meisten Menschen intuitiv davon angesprochen fühlen, nehmen wir an, dass die Positionierung der Lebensthemen im Novagramm offensichtlich einem kollektiven inneren Bild folgt.

Die (Ur-)Themen im Novagramm bieten zudem eine wunderbare Basis für die Entwicklung fördernder Fragen zur Reflexion von psychischen Lebensthemen.

Durch das Herstellen von Beziehungen zwischen Lebensthemen und konkreten Räumen können wir Annahmen und Hypothesen zu inneren Prozessen bilden. Dadurch können unbewusste Bedürfnisse, Konstruktionen und Verhaltensmuster sichtbar und bewusst gemacht werden.

Vom Wissen leiten lassen – die Intuition

The intellect has little to do on the road to discovery. There comes a leap in consciousness, call it intuition or what you will, and the solution comes to you and you don't know how or why.
Albert Einstein

Um Raumwahrnehmung verstehen zu können, müssen wir uns auch mit der Intuition auseinandersetzen. Etwas intuitiv erfassen heißt, etwas ganzheitlich erfassen. So gesehen ist die Intuition eine Information, die aus einer Bewusstseinsebene kommt, in der es keine Begrifflichkeiten gibt, sondern nur mehr Bilder, oder aus einer noch tieferen Schicht der Gefühle bzw. Ahnungen aufsteigt. Der Theologe und Psychotherapeut Siegfried Essen nennt diese nicht-begriffliche Wahrnehmung „intuitives Gewahrsein". Das, was in uns einströmt, wenn wir gesammelt und leer sind, nimmt Gestalt an. Die inneren Sinne teilen sich uns dabei in Bildern und Begriffen der äußeren Sinne mit. In Bezug auf das Haus baut sich schon beim ersten Eindruck ein intuitives Netz von Wahrnehmungssplittern auf, das etwas über den Charakter des Hauses und das Wesen der hier Wohnenden erahnen lässt. Blitzgedanken, wie der Volksmund auch zur Intuition sagt, passieren jedem Menschen immer wieder auch einmal in Alltagssituationen.

C. G. Jung, der Gründer eines Zweigs der Psychoanalyse, meint, Intuition wird als „Ahnung" wahrgenommen und als solche sei diese nicht willkürlich, sondern ein unwillkürliches Geschehen, das von inneren und äußeren Umständen abhängig ist, aber unabhängig von zeitlichen und räumlichen Distanzen. Für ihn ist Intuition demgemäß eine Wahrnehmung von Synchronizitäten, von Gleichzeitigkeiten, die im Unbewusstsein Bilder auf Symbolebene und dazugehörige Emotionen aufsteigen lassen.[31]

Wir können nur lernen, diese Form der Wahrnehmung anzunehmen und ihre Sprache zu verstehen. Intuition nährt sich aus der Menge aller gemachten Erfahrungen, der eigenen und auch jener unserer Vorfahren.

Aus diesem Grund meinen wir, dass Intuition immer so etwas wie Demut verlangt. Wir müssen uns ständig der Unterschiede zwischen begrifflicher und nicht-begrifflicher Wahrnehmung, die die Intuition darstellt, bewusst sein. Und weil wir uns in den Erklärungen von intuitiven Blitzgedanken immer nur begrifflicher Bezeichnungen bedienen können, müssen wir uns ständig bewusst sein, dass es sich nur um Übersetzungen und Interpretationen handeln kann. Aufmerksam hinterfragt können sie uns aber Wege und Lösungsansätze eröffnen. Intuition ist eine Fähigkeit, die jeder Mensch besitzt. Um sie aber auch als Werkzeug zu benutzen, bedarf es eines hohen Maßes an Training, an Erfahrung und, vor allem im Umgang mit anderen Menschen, eines ethischen Verantwortungsbewusstseins, damit wir nicht unsere eigenen Interpretationen anderen Menschen überstülpen.

Unserer Erfahrung nach kommt in der Analyse und Interpretation von Grundrissen der Intuition ein hohes Maß an Bedeutung zu. Das Erkennen von komplexen Zusammenhängen geschieht sehr häufig

---

31 vgl. Jung, C. G: Synchronizität, Akausalität und Okkultismus. München 2001

über Intuition und kann so bei schwierigen Raumkonstellationen mögliche Erklärungsmodelle auf einer psychologisch wirksamen Ebene liefern.

Intuitives Handeln wird häufig als Gegenpol zu rationalem Tun gesehen. Es bedarf jedoch beider Zugänge, um das Leben erfolgreich zu meistern, wie die Geschichten erfolgreicher Menschen zeigen. Die erfolgreichsten Erfinder, Manager und Regierenden waren auch immer diejenigen, die es verstanden, ihren „Sechsten Sinn" einzusetzen und ihm in ihrem Tun auch zu vertrauen. Albert Einstein sagt am Beginn dieses Abschnittes eindrücklich was mit Intuition gemeint ist.

Übung: Intuition kann man trainieren

Bitten Sie einen Freund, eine Freundin, einen Gegenstand auszuwählen und diesen an einen guten neutralen Platz zu stellen, an einen Platz, der frei ist von anderen Einflüssen anderer Gegenstände im Umkreis von mindestens einem Meter. Sie wissen weder Platz noch Gegenstand. Sie bekommen lediglich die Zeit mitgeteilt, ab der der Gegenstand bereitsteht. Ab diesem Zeitpunkt können Sie jederzeit mit der Übung beginnen.

Versetzen Sie sich in einen Zustand der Leere. Am besten funktioniert das über Meditation und oder die Konzentration auf den eigenen Atem. Es kann aber auch ein einfaches „in die Leere Starren" sein. Sobald Sie im Zustand der Leere sind, stellen Sie sich selbst auf Empfang. Nehmen Sie einfach wahr, was an Bildern und Farben, Gedanken und Gefühlen in Ihnen auftaucht. Bleiben Sie frei von Bewertung. Alles, was hochkommt, wird wertfrei wahrgenommen. Nach einer Phase der Aufnahme machen Sie sich Notizen, eventuell auch eine Zeichnung. Bleiben Sie frei von jeder Einengung. Alles soll notiert werden. Farben, Strukturen, Gegenständliches, aber auch die Gefühle und eventuelle Gedankenfetzen.

Manchmal kann es auch sein, dass sich bei der bewussten Übung nichts ergibt, aber so im Tagesablauf plötzlich aus dem Nichts ein Bild oder Gedanke auftaucht. Merken und notieren Sie sich auch das.

Beim nächsten Besuch bei Freund oder Freundin sehen Sie sich den Gegenstand an. Vergleichen Sie Ihre inneren Bilder mit dem äußeren Bild. Fragen Sie auch nach eventuellen Hintergründen und Symbolcharakter des Gegenstandes. Finden Sie Analogien und Identitäten?

Wenn Sie diese Übung immer wieder mal trainieren, werden Sie feststellen, dass Ihre Wahrnehmung schärfer wird, Ihr Vertrauen in die eigene Intuition wächst.

Lebensthemen

„Ich nutze meinen Erfahrungsschatz" – der Eingang im Urthema *Wissen–Erfahrung*

Wie wir schon sagten, aus der Eingangssituation erkennen wir eine Grundstimmung, eine Grundausrichtung, die Herausforderungen und Lernthemen der Menschen, die in diesem Haus oder dieser Wohnung leben. Dem Eingangsthema gilt daher immer unsere erste Aufmerksamkeit, wenn wir Menschen in ihrem Wohnen und in ihrer damit verbundenen Lebensthematik begleiten. Der Eingangsbereich ist auch jener Teil des Musters, der sich aus dem Elternhaus am intensivsten einprägt. Die Resonanz zu einer ähnlichen Eingangssituation wie der des Elternhauses scheint bei vielen Menschen sehr groß zu sein, wie wir aus Befragungen und Vergleichen immer wieder feststellen.

Abbildung 26:
Der Eingang im Feld
Wissen–Erfahrung

Liegt der Eingang in eine Wohnung oder ein Haus im Bereich von *Wissen–Erfahrung*, werten wir das als deutlichen Hinweis darauf, dass den Menschen in diesem Haus der Erwerb von Wissen überaus wichtig ist. Sie nutzen dabei individuelle Fähigkeiten und intuitives Grundwissen ebenso, wie im Laufe des Lebens gemachte Erfahrungen. Fragen des Vertrauens spielen möglicherweise eine gewichtige Rolle. Lernen und die Entwicklung der Persönlichkeit sind zentrales Thema. Wissen wird in bekannten Strukturen geordnet und abgelegt und in der Folge ganz bewusst angewandt. In einem solchen Haus leben mit hoher Wahrscheinlichkeit Menschen, denen Struktur und Ordnung, Erwerb und Weitergabe von Wissen, aber auch Spiritualität ganz besondere Anliegen sind, oder die sich mit der Thematik auseinandersetzen müssen oder wollen.

Der Schatten, und damit meinen wir die problembehaftete Ausprägung des Musters, in einem solchen Haus könnte die Rechthaberei sein. Das eigene Wissen als dogmatische Wahrheit in den Mittelpunkt zu stellen und damit auch Macht auszuüben, könnte zum Problem vor allem in den Beziehungen werden. Die Herausforderung und damit die Lernaufgabe in einem solchen Haus wäre damit die Entwicklung von Urvertrauen und Spiritualität, zu vertrauen und anzuerkennen, dass es auch Wirklichkeiten jenseits des eigenen Wissens gibt.

Arbeitsraum und Arbeitsplatz, Bad und WC – räumliche Repräsentanten für *Wissen–Erfahrung*

„Arbeit ist zielgerichtete, planmäßige und bewusste menschliche Tätigkeit, die unter Einsatz physischer, psychischer und mentaler (geistiger) Fähigkeiten und Fertigkeiten erfolgt."[32] So definiert die Soziologie den Begriff des Arbeitens. Im Altertum wurde Arbeit als etwas Minderwertiges empfunden – für Aristoteles war sie etwas Erniedrigendes, wofür es im alten Griechenland auch keinen Begriff gab. Die Arbeit wurde von Sklaven verrichtet. Ab dem Mittelalter entwickelte sich dagegen zunehmend ein Bild von Arbeit als Ausdruck von Fertigkeiten und Fähigkeiten, die einen Menschen in die Lage versetzten, auf dem Markt als selbständig Handelnde/r aufzutreten. Qualifikation verlieh der Arbeit Würde.[33] In der Arbeit werden hiermit das persönliche Wissen und die Erfahrungen sichtbar.

Wohnen und Arbeiten waren bis zum Zeitalter der Industrialisierung meist in einem Haus vereint. Für das Verrichten handwerklicher Tätigkeiten bzw. des Handels mit Produkten gab es bereits in den Häusern des Altertums klar definierte Plätze im Haus, später sogar eigene Räume. Sie waren meist zur Straße ausgerichtet, links vom Eingang, wie archäologische Funde nachgewiesen haben.[34] So wurden die eigenen Produkte sichtbar den Passanten präsentiert. Das Arbeiten war damit der Öffentlichkeit am nächsten und doch mit dem Privaten eng verbunden. Es war Teil des ganz natürlichen Lebens. Auch die Alltagstube der Bauern in unserem Kulturkreis repräsentiert diese Verbindung. Hier traf sich das Gesinde zum Essen, der Bauer mit dem Holz- oder Viehhändler zur Preisverhandlung, hier wurde gesponnen und gestrickt.

Mit der zunehmenden Auslagerung der Arbeit aus dem Privaten begann auch der Kreislauf der Entfremdung; Arbeit wurde für viele Menschen zum reinen Broterwerb und zur Pflichterfüllung, abgekoppelt vom Sein des Wohnens.

Der heutige Arbeitsraum im eigenen Haus kehrt mit seiner Symbolik wieder zu den Ursprüngen zurück. Das moderne „Home Office" bringt den öffentlichen Charakter zurück ins private Wohnen. Arbeit wird als etwas Lebenserfüllendes gesehen. Das Arbeitszimmer zeigt symbolisch die Fähigkeiten im

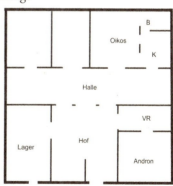

Abbildung 27:
Systemskizze Reihenhaus – Olynth (GR), ca. 500 v. Chr.

---

32 Lankenau, K.: „Arbeit" in: Schäfers, B. (Hg.), Grundbegriffe der Soziologie. Opladen 1986, S. 24–28
33 Sennet, R.: Fleisch und Stein. Berlin 1995, S. 339
34 Höpfner, W. (Hg.): Geschichte des Wohnens. Band 1. Stuttgart 1999, S. 563

Meistern des Lebens. Es symbolisiert mit seiner Beschaffenheit und seiner Ausgestaltung die Einstellung der Bewohner und Bewohnerinnen zur Arbeit.

Das Vorhandensein eines eigenen Arbeitszimmers im Haus kann daher als Hinweis gesehen werden, dass Arbeit als essentiell und sinnstiftend verstanden wird. Auch die Werkstatt und der Bastelraum können uns Hinweise in diese Richtung liefern. Etwas selbst herzustellen und/oder zu reparieren, zeigt die Tendenz zu einer gewissen nachhaltigen Wertorientierung an.

Für einen persönlichen Bezug können Sie sich folgenden Fragen beantworten:

Wie sicher bin ich mir meiner Kompetenzen? Wie setze ich diese in meiner Arbeit ein? Und wie repräsentiert mein Arbeitsplatz in seiner Gestaltung diese meine Einstellung und Haltung?

Vom Home Office zu unterscheiden ist jener Arbeitsraum, der in erster Linie der Verrichtung hauswirtschaftlicher Tätigkeiten dient. Er ist historisch gesehen aus der so genannten Waschküche entstanden. Das war der Platz, wo die Frauen die Wäsche wuschen, bügelten und ausbesserten. Meist war dieser Raum eher im Keller oder Hinterzimmern untergebracht, also etwas stiefmütterlich behandelt. Ist dieser Wirtschaftsraum auch heute modernst ausgestattet, hell und freundlich, so weist er doch meist auf eine Ausgrenzung des Hauswirtschaftlichen aus dem alltäglichen Wohnen hin. In seiner Wertigkeit den anderen Räumen gegenüber wird er meist nicht gleich wahrgenommen. Die „Backgroundarbeit" des Waschens und Bügelns, im metaphorischen Sinne des Reinigens und Regenerierens, soll im Wohnen nicht sichtbar sein. Ausgebessert, um etwas nachhaltig zu erhalten, wird in unserer Welt des Überflusses heute sowieso kaum mehr. Meist ist es immer noch die Frau, die diesen Arbeitsraum „bewirtschaftet". Häufig bezeichnen Frauen diesen Raum aber auch als einzigen Rückzugsbereich für sich – dem traditionellen Rollenverständnis folgend darf sich Frau nur eine Auszeit von der Familie nehmen, wenn sie dabei wenigstens Versorgungs- und Regenerationsarbeit für eben diese leistet.

Über die Repräsentanz des Wirtschaftsraumes sind wir hier beim Thema Regeneration gelandet. Zur Reinigung und Regeneration dienen auch Bad und WC. Niemand möchte in unseren Wohnungen diese Räume missen, wenngleich es noch genügend Weltgegenden gibt, in denen diese keine Selbstverständlichkeit sind.

Die Couch des Psychoanalytikers ist das Klo für die Seele.
Dr. Sigbert Latzel

Die drei Felder der Ressourcen – Zu den Quellen

Der Mensch macht Erfahrungen und eignet sich Wissen an. Durch einen inneren Transformationsprozess, in einem Bereinigungsprozess wird in Nützliches und wenig Brauchbares gefiltert, das nicht Benötigte wird wieder vergessen, quasi losgelassen. Bad und WC symbolisieren auf einer räumlichen Ebene diese Umwandlungsprozesse und repräsentieren daher in sehr anschaulicher Form das Lebensthema *Wissen–Erfahrung*.

Die Tätigkeiten des Reinigens und des Ausscheidens sind die wichtigsten menschlichen Verrichtungen. Daher schufen sich die Menschen schon sehr früh dafür eigene und besondere Plätze bzw. Räumlichkeiten. Bereits im antiken Griechenland und bei den Römern genoss die Badekultur einen hohen Stellenwert. Schon etwa 2000 Jahre vor unserer Zeitrechnung gab es auf Kreta private Baderäume und eine Kanalisation. Ausgrabungen aus Akrotiri (auf der Insel Santorin) belegen eindeutig Installationen für Bäder und Toiletten mit abführenden Abwassersystemen.

Die Römer entwickelten die Badekultur der Griechen weiter. Man sprach dem Bad nicht nur reinigende, sondern auch heilende Wirkung zu. Tatsächlich trägt Hygiene wesentlich zur Gesundheit bei. Reiche Römer besaßen schon ein eigenes Badezimmer. Die öffentlichen römischen Bäder wurden von Angehörigen aller Klassen besucht; für die ärmere Bevölkerung gab es sogar kostenlose Badestuben. So wichtig wurde in dieser Zeit das Bad als Quelle von Gesundheit und Regeneration genommen.

Mit dem Niedergang des römischen Reiches ging in Mitteleuropa auch die Badekultur verloren. Erst in der zweiten Hälfte des 20. Jahrhunderts erfolgte in Europa wieder eine allgemeine Verbreitung von Badezimmern. Bis dahin diente das Bad nicht mehr der täglichen Hygiene, sondern vielmehr nur mehr dem Heilen von Krankheiten, die sich aber durch die mangelnde

Abbildung 28:
WC-Schale Akrotiri – Santorin (GR)

Hygiene wesentlich rascher verbreiteten. Der Bader war, neben den Hebammen und Kräuterfrauen, im Mittelalter der wichtigste Heilkundige.

Bis vor wenigen Jahren waren Bäder immer auf engstem Raum mit spartanischer Ausstattung minimalistisch definiert, diente das Badezimmer im allerengsten Sinne doch lediglich dem Waschen des Körpers. Erst in letzter Zeit bekam das Thema Reinigung auch im privaten Bereich den erweiterten Aspekt der Regeneration. Aus der Nasszelle wurde die Wellnessoase, die Badewanne zum Rückzugsort einer Wohnung.

Dem lange Zeit geringen Wert steht gegenüber, dass Wasser und Reinigung in allen Religionen eine essentielle Rolle spielen. Die meisten archaischen Kulturen kannten schon rituelle und sakrale Bäder, Waschungen und Besprengungen. Wasserrituale reinigen vom Schmutz des Vergangenen und schenken den Beginn eines neuen Lebens. Das Wasser ist Sinnbild für Leben, Tod und Wiedergeburt, womit wir bei der Analogie zwischen dem Lebensthema *Wissen–Erfahrung*, dem Urvertrauen und den Reinigungsräumen wären. Wir kennen das Urbild der Sintflut, sie brachte nicht nur den Untergang, sondern sie führte mit Hilfe von Noahs Arche zu neuem Leben.

Im Christentum entwickelte sich die Taufe, den Tod und die Wiedergeburt Christi symbolisierend. Im Judentum schreibt die Thora ein rituelles Tauchbad nach bestimmten Krankheiten vor, für Frauen nach der Geburt eines Kindes und nach der Menstruation. Wasser dient dazu, nach Übergangs- und Krisensituationen, um Erfahrungen reicher, neu beginnen zu können. Auch in islamischen Ländern und ähnlich im Buddhismus ist die Badekultur eng mit dem Glauben verknüpft. Bei beiden Religionen besteht eine Verbindung von körperlicher und seelischer Reinheit bzw. Unreinheit. *„Allah liebt die sich Bekehrenden und die sich Reinigenden"*, heißt es im Koran. Der Islam kennt daher zahlreiche rituelle Bäder zu bestimmten Anlässen.

Jedes Bad ist also auch ein Ritual. Wasser als Symbol für den Ursprung des Lebens, für den Ursprung des Wissens, der Erfahrungen und der Weisheit bedeutet Bewegung und Entwicklung. Es spült Altes weg und bringt Neues zutage.

Symbolisch wird das Eintauchen in ein Becken dem Weiblichen zugeordnet und das Besprengen mit Wasser dem Männlichen.[35] Wenn wir uns an dieser symbolischen Interpretation orientieren, können wir so die Badewanne dem weiblichen, die Dusche dem männlichen Prinzip zuordnen.

Das WC, das Klo(sett), der Abort (abgeleitet vom lat. *aboriri* = abgehen), noch früher auch Abtritt genannt, ist der Ort oder die Vorrichtung zur Aufnahme bzw. Ableitung der menschlichen Exkremente. Stuhlgang und Urinieren bedeuten eine noch tiefer gehende Reinigung als eine Waschung. Altes Verdautes wird losgelassen, um Platz für Neues zu schaffen. In der Traumsymbolik wird die Toilette als ein Symbol der Befreiung beschrieben.[36] Der Träumende befreit sich vom alten Bal-

---

35 Lurker, M.: Wörterbuch der Symbolik. Stuttgart 1991
36 Drews, G.: Traumsymbole von A bis Z. Rastatt 1990

last, von allem, was nach dem Verdauungsprozess der Vergangenheit an Unverdaulichem übrig geblieben ist.

War früher die öffentliche Bedürfnisanstalt durchaus ein Ort der Geselligkeit, so hat sich das sogenannte stille Örtchen in der Neuzeit zum intimsten Raum des Hauses entwickelt. Dies könnte auch damit zusammenhängen, dass in unserer modernen Gesellschaft innere Prozesse wie z. B. Gefühle, Loslassen und Trauern nicht nach außen gezeigt werden. Der „coole" Typ macht das mit sich selber aus. Möglicherweise gibt es auch gerade deshalb so viele Verdauungsstörungen, im körperlichen und geistigen Sinne.

Vielleicht sind Ihnen in Bezug auf Ihre Erfahrungsverarbeitung folgende Fragen hilfreich:

Welchen Stellenwert räume ich der Reinigung und dem Loslassen ein? Körperlich? Und seelisch? Wie drücke ich diesen Stellenwert in der Ausstattung meines Bades aus?

Das Bad und WC im realen Sinn als Räume der Reinigung und des Loslassens wirken im übertragenen Sinne als Orte der Erfahrungsverarbeitung, der Reflexion und Bereinigung von Unverdaulichem und Schädlichem. Das führt uns, wie am Anfang dieses Abschnittes erwähnt, zur Analogie mit dem Urthema *Wissen–Erfahrung* im Novagramm.

In Bezug auf welches Lebensthema bzw. Erfahrungsfeld gibt es etwas zu bereinigen bzw. loszulassen? Über welchem Urthema sind Bad und WC positioniert? Eine Frage, die sich am Beginn einer Beratung und Wohnungsanalyse in jedem Fall stellt und fast genauso wichtig ist, wie die Frage nach dem Eingang und dem damit verbundenen Entwicklungsthema.

Wir legen Urthema und symbolischen Raum übereinander, können damit Bezüge herstellen und Annahmen entwickeln, durch deren Hinterfragen wir Antworten auf die Lebenssituation von wohnenden Menschen bekommen. Von welchem Urthema werden Bad und WC eingefärbt?

Wir nutzen die Überlagerung von Mustern in der Analyse

An dieser Stelle wollen wir klären, wie wir durch das Übereinanderlegen von Urthemen und Nutzungsräumen zu Hypothesen und darauf aufbauenden Fragestellungen kommen.

In einem modernen Grundriss sind die Räume in ihrer Nutzung nicht nach dem archetypischen Muster entsprechend verteilt, sondern

Lebensthemen

sehr individuell. Um in der Analyse Aussagen treffen zu können, brauchen wir aber ein fixes Bezugssystem. Wir verwenden als Bezugssystem das Novagramm mit den archetypischen Lebensthemen als Grundmuster. Wie verhält sich der individuelle Grundriss, das individuelle Muster zum archetypischen Grundmuster? Wir stellen so die Überlagerungen zwischen den Themen und damit das ganz persönliche Muster der Wohnenden fest.

Wie das funktioniert, ist vielleicht an einem Bild besser erklärt: Es ist ähnlich wie bei Wasser. Fließt es über weißen Kalkstein, hat es in unserer Wahrnehmung eine andere Farbqualität als bei rotem Porphyr. Bei Wasser in einem grün gefliesten Becken nehmen wir nicht nur eine andere Färbung wahr, sondern es erscheint uns sogar eine andere Qualität des Empfindens zu bekommen als in einem rot gefliesten Becken. So verhält es sich auch mit den Muster- bzw. Themenüberlagerungen von Wohnungen. Wir Menschen können uns diesen Wirkungen nicht entziehen, haben wir doch das archetypische Wohnmuster in uns als eine Art kollektives Wissen unlöschbar gespeichert. Es wirkt immer noch unter den längst völlig anders gewordenen Wohnstrukturen unbewusst wie die Fliesen unter dem Wasser wirken.

Bildlich gesprochen schieben wir in der Analyse dem individuellen Lebensbild, das durch den Grundriss der Wohnung repräsentiert wird, das archetypische Muster in Form eines Novagramms unter. Jeder Raum im Grundriss entspricht aufgrund der ihm innewohnenden Nutzung und damit verbundenen Symbolik ebenfalls einem bestimmten Lebensthema. Aus dessen Position über dem Novagramm lassen sich Bezüge zwischen den übereinander liegenden Themen herstellen und interpretieren.

Welche Qualität bekommt das jeweilige (durch den Raum und seine Nutzung repräsentierte) Thema durch den darunter liegenden archetypischen Aspekt? Welche Auswirkungen hat das auf die Befindlichkeit und das Verhalten des Menschen? Wir bedienen uns zur Vereinfachung einer Bildsprache und nutzen den Raum als Stellvertreter für das ihm symbolisch innewohnende Thema. Wir fragen zum Beispiel: „Welche Rolle spielen die Qualitäten des Grundthemas *Wissen–Erfahrung* in dem vom jeweiligen Raum repräsentierten Lebensbereich?"

Zum Beispiel: Die Küche mit ihrer Symbolik *Familie, Versorgung, Ernährung, Wirtschaften* überlagert das Grundthema *Wissen–Erfahrung*. Die Frage: Welche Rolle spielen die Qualitäten von *Wissen und Erfahrung* im täglichen Wirtschaften, Kochen und Versorgen? Welche Qualität bekommt die Küche? Befindet sich im Grundthema auch der jeweilige räumliche Repräsentant für dieses Thema, z. B. der Arbeitsraum im Thema *Wissen–Erfahrung*, dann kann dies als Verstärkung oder Verharren im Urmuster angesehen werden. Welche Qualität bekommt das Arbeiten in diesem Raum, wenn *Wissen–Erfahrung* als Urmuster Einfluss nehmen? Eine Möglichkeit könnte sein, dass Arbeiten stark von einem Routineaspekt beeinflusst wird. Eine andere wäre ein Verhaften in traditionellen Beschäftigungsmustern, wo z. B. ganz selbstverständlich die Tätigkeit der Eltern übernommen und weitergeführt wird.

Eine Gesamtschau in einer Wohnung ergibt sich dann über das Hinterfragen und die Hypothesenbildung zu solchen Überlagerungen. Vor Interpretationen ohne genaues Hinterfragen sei aber dringend gewarnt. Es gibt keine objektiven Wahrheiten, sondern nur subjektive Bedeutungen, die Betroffene diesen Zusammenhängen geben.

Bei der Analyse geht es vor allem darum, dem Menschen mögliche Wege zur Lösung seiner Fragestellungen aufzuzeigen.

Indem man alle Räume in ihren Überlagerungen betrachtet, erhält man ein komplexes Netz an Bezügen. Fragen leiten weiter. Die Menschen werden angeregt, sich die Hintergründe dieser Bezüge bewusst zu machen und für sich selbst Bedeutungen abzulesen.

Dazu wird das Novagramm so über den Plan gelegt, dass die Felder *Wissen–Erfahrung*, *Weg–Orientierung*, *Sozialer Austausch* an jener Grundrisskante liegen, an der sich der (Haupt-)Eingang zum Objekt, zur Wohnung oder zum Raum befindet. Das Novagramm variiert seine Größe analog zum analysierten Objekt. Das Novagramm ist nicht zwingend ein Quadrat, es kann jede beliebige Rechteckform annehmen. Wie wir schon beim Thema Eingang (S. 38) erwähnten, ist bei der Arbeit mit dem Novagramm zu beachten, dass der Eingang innerhalb des Novagramms liegen muss.

Damit können sich bei vorgezogenen Eingängen wie in obigem Beispiel, z. B. bei Windfängen, Fehlbereiche in den benachbarten Feldern ergeben. Aber auch bei zurückspringenden Eingängen ergeben sich Fehlbereiche in bestimmten Lebensthemen. Das definieren wir dann als Lernthema.

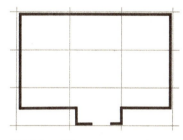

Abbildung 29:
Der Eingang muss innerhalb des Novagramms sein

Die einzelnen Themen ziehen sich im dreidimensionalen Bild eines Hauses wie Säulen über die Geschoße des Gebäudes durch. Bei Geschoßwohnbauten wird das Novagramm an der Eingangstüre der jeweils zu betrachtenden Wohnung angelegt. Bei der Analyse von Einzelräumen wird das Novagramm an jener Wand angelegt, in der sich die Türe in den Raum befindet. So wandern wir mit unserer Analyse nach demselben System vom Großen ins immer Kleinere.

Wir haben uns in diesem Abschnitt mit dem Lernen aus inneren Erkenntnissen beschäftigt; das ist wichtig für jede menschliche Entwicklung. Doch ohne Beziehungen und sozialen Austausch bliebe der Mensch in seinen inneren Gedankenkonstrukten stecken.

Die gute Stube – Raum für Beziehungen

In seiner Stube ohne Menschen eingeschlossen sein, auch wenn man Bücher zu Gesellschaftern hat, bringt doch auf die Länge eine gewisse Leerheit und Trockenheit des Geistes hervor.
Christian Garve, deutscher Philosoph

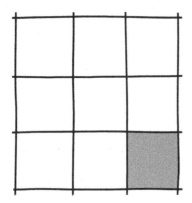

Abbildung 30:
Das Feld *Sozialer Austausch*

Die neurobiologische Forschung der letzten Jahre weist es nach: Menschen sind auf soziale Kooperation und Resonanz angelegte Wesen. Joachim Bauer, Medizinprofessor und Psychotherapeut, hat diese Erkenntnis in zahlreichen Büchern eindrücklich dargelegt. Er sagt: „Kern aller menschlichen Motivation ist es, zwischenmenschliche Anerkennung, Wertschätzung, Zuwendung oder Zuneigung zu finden und zu geben."[37] Genau um dieses essentielle Lebensthema geht es im folgenden Abschnitt. In den Bereichen, die der rechten Seite des Novagramms zugeordnet sind, entwickeln wir Menschen uns in Bezug zu unseren Mitmenschen und zu unserer Umwelt. Der Austausch mit anderen steht im Mittelpunkt. Als Ausdruck dieses Themas wollen wir den sozialen Raum beschreiben und wie räumliche Strukturen Beziehungen zwischen den Menschen zum Ausdruck bringen.

Historisch gesehen haben wir den Andron[38] des antiken griechischen Hauses mit seinem Zweck, Gäste zu empfangen, als Ursprung für das Lebensthema des sozialen Austauschs ausgemacht. Dort wurden vom Hausherrn Gäste empfangen und bewirtet, dort wurden Erfahrungen ausgetauscht und wurde über Politik diskutiert.

An den Andron grenzte im antiken griechischen Haus das Xenon genannte Gästezimmer für die Übernachtung an. Von diesem leiten wir das heutige Gästezimmer als symbolischen Repräsentanten für das Thema des sozialen Austauschs ab.

---

37 Bauer, J.: Prinzip Menschlichkeit. Hamburg 2007, S. 34
38 Der Andron bezeichnete das Männergemach als festen Bestandteil des antiken griechischen Hauses. Es war der öffentliche, repräsentative Teil des Hauses.

Das Lebensthema *Sozialer Austausch*

Bereits den Urmenschen wurde bewusst, dass sie sich mit Austausch und Kooperation das Leben leichter machen konnten. Nicht jeder hatte die gleichen Ressourcen zur Verfügung; für das Überleben war ein Miteinander nötig. Gemeinsam sammeln, jagen und dann mit allen teilen: So lautete das Überlebensprinzip. Dies gilt auch für den Austausch von Erkenntnissen und Wissen.

Um den Hintergrund dieses Urthemas auch innerlich nachvollziehen zu können, mag vielleicht folgende Frage hilfreich sein: *Was oder wen benötigte ich von klein auf zum Meistern des Lebens?* Um das Überleben zu sichern, braucht das Kind die Eltern, die es rundum versorgen, das pubertierende Kind den „Reibebaum", der erwachsen werdende Mensch Vorbilder und Führungspersönlichkeiten. Der erwachsene Mensch wiederum braucht freundschaftlich Gesonnene, Menschen, die Arbeit geben, herausfordern und mit Rat zur Seite stehen. Der alte Mensch benötigt jemanden, der ihn betreut und pflegt. Kooperation ist mehr als alles andere in uns angelegt, Wertschätzung und Anerkennung zu bekommen und auch zu geben das größte Bedürfnis. Dies weist die moderne Hirnforschung mit bildgebenden Verfahren auf eindrückliche Weise nach.

Überleben können wir also nur in diesem ständigen (sozialen) Austausch emotionaler, geistiger und materieller Ressourcen. Je besser wir geben und auch nehmen können, je mehr Austausch zwischen uns erfolgt, desto tiefer wird das gegenseitige Verstehen. Wertschätzendes Verständnis und Akzeptanz des Anderen, auch des Fremden ist Voraussetzung für die Ausgewogenheit von Geben und Nehmen im sozialen Austausch. Gastfreundschaft als heiliges Prinzip und hoher gesellschaftlicher Wert sicherte unseren Vorfahren das Überleben und das Fortkommen. Es galt in vielen Gesellschaften, auch in der griechischen Antike, als höchstes Gut. *Sozialer Austausch*, das ist das Urbild dieses Feldes im Novagramm.

Wer seine Hand nicht öffnet, an den Dingen und an Menschen zu sehr festhält, sich schwer tut mit dem Loslassen, wer Angst hat, etwas zu verlieren oder herzugeben, wird starr. Durch das Festhalten wird der Austausch unterbrochen, es fließt nichts mehr. Wer xenophobisch Angst vor allem Fremden und Neuem entwickelt, unterbricht ebenfalls den Austausch, wer immer nur in seinem Vertrauten verharrt, behindert das Entstehen von Neuem. Diese negativen Aspekte nennen wir die Schattenseite dieses Lebensthemas; sie ist gleichzeitig aber auch die Entwicklungschance. Im bewussten Erkennen und achtsamen Reflektieren der eigenen Schatten kann der Mensch wachsen.

Das moderne Leben wird immer mehr individualisiert. Dabei weisen z. B. Studien zu Stress und Burnout regelmäßig darauf hin, dass ein großes soziales Netz einer der wichtigsten Gesundheitsfaktoren des modernen Menschen ist. Das Netz wirkt wie ein Sprungtuch, in das man sich fallen lassen kann und von dem man aufgefangen wird. Wer genügend andere Menschen zum Austauschen von Belastungen, zum „Jammern" hat, ist wesentlich weniger gefährdet, in eine Burnoutspirale zu geraten. Wer alleine ist und nur mit dem Computer kommuniziert, kein Feedback erhält, ist gefährdet, in destruktiven Verhaltensweisen zu erstarren. Dass das Bedürfnis nach sozialem Austausch nach wie vor groß ist, zeigen uns die so genannten social networks wie facebook und Co. mit ihrem enormen Zulauf.

Austausch und die Spiegelung im Anderen ist vom Beginn des Lebensweges essentiell. Durch frühkindliche Spiegelung in Betreuungspersonen werden die in der neurobiologischen Forschung Spiegelneurone genannten Nervenzellen herangebildet. Sie sind wichtig und notwendig für das menschliche Zusammenleben. Die Begleitung durch andere Menschen stellt eine Grundvoraussetzung des Überlebens dar; ohne zugewandte Begleitung kann der kleine Mensch nicht überleben. Daher ist dieses Thema des sozialen Austauschs sowie des Gebens und Nehmens an vorderster Stelle des Novagramms positioniert, auf derselben Ebene wie das Urbild des Urvertrauens und der Erfahrungsverarbeitung. Erfahrungen werden schwerpunktmäßig kognitiv in unserer linken Gehirnhälfte, emotionale Begegnungen und soziale Eindrücke eher rechts verarbeitet. Dieses Urbild beschreibt als soziale Themen Begleitung und Unterstützung, Ausgewogenheit und Harmonie im Austausch, Geben und Nehmen, das soziale Netz, die guten Freunde und hilfreiche Menschen sowie jede Art von Kommunikation.

Wenn Sie sich jetzt fragen: *Wie ausgewogen ist sozialer Austausch und wie wichtig ist er in meinem Leben? Wie ist es um mein soziales Netz bestellt?* Dann könnten Sie eventuell einen ersten Versuch unternehmen, aus der Symbolik der Räumlichkeiten, die sich über diesem Lebensthema befinden, Antworten und Zusammenhänge zu finden.

Häufig befindet sich in Wohnungen an dieser Stelle Bad und WC. Wie wir schon klärten, repräsentieren diese die Themen Regeneration, Bereinigung und Loslassen. Daraus lässt sich nun die Frage formulieren: Welchen Einfluss auf Regeneration und Bereinigung hat das Urthema *Sozialer Austausch*? Was gilt es im sozialen Netz zu bereinigen und loszulassen? Vielleicht gibt es im Geben und Nehmen ein Ungleichgewicht, das bereinigt werden muss? Vielleicht gilt es, Menschen loszulassen, die mehr Energie kosten als geben?

Jedenfalls beeinflusst die Art und Weise, wie ein Raum gestaltet ist, auch die Weise des sozialen Zusammenseins, des Austauschs und der

Kommunikation. Wer hat wo seinen Platz und wie ist dieser gestaltet? Sitzordnungen und Größenverhältnisse drücken die Qualität von Beziehungen aus. Wie ermöglicht und beeinflusst öffentlicher und/oder bebauter Raum die Kommunikation und das Zusammenleben von Menschen? Wie entstehen daraus Kulturen und Muster des Zusammenlebens? Mit diesen Themen im weitesten Sinne beschäftigt sich die Soziologie in ihren Analysen des so genannten sozialen Raumes.

Gebautes und sozialer Raum

Der soziale Raum, wie er in der Soziologie erforscht wird, bezeichnet das Gemeinsame im Denken und im Tun, die Dorf- oder Hausgemeinschaft, Menschen einer bestimmten Kultur oder Gesellschaft. Es geht um den sozialen Austausch, um die Aspekte der gegenseitigen Anerkennung und Wertschätzung. Sozialer Raum: Dazu gehören Aspekte der Macht, des Status, der Hierarchie, der Verfügbarkeit von Ressourcen (arm und reich), Weltanschauung, gesellschaftliche Normen, berufliche Zugehörigkeiten, Bildung etc. Diese sozialen Räume spiegeln sich unserer Meinung nach in den gebauten, also den physischen Räumen wider. Menschen bringen die Aspekte von Macht und Status, von arm und reich z. B. in der Größe der Gebäude zum Ausdruck. Aber nicht nur dadurch! Es gibt eine Vielzahl von Prädikaten, die soziale Unterschiede und Verbundenheiten im Baulichen zum Ausdruck bringen. Der Mensch beeinflusst, macht den Raum.

Umgekehrt beeinflusst und prägt aber auch das Umfeld die sozialen Strukturen und Beziehungen, genauso wie den individuellen Menschen. Der Soziologe Georg Simmel zeigte z. B. auf, dass sich der Raum sogar in der Gestik von Menschen niederschlägt – räumliche Bedingungen wie Beengtheit führen zu engeren Gesten. Der Raum beeinflusst den Menschen.[39] Wenn dem so ist, dann bedeutet dies, dass alle jene, die Lebensraum und Wohnraum planen, eine sehr hohe Verantwortung haben. Um dieser Verantwortung gerecht zu werden, müssten die psychosozialen Raumvorstellungen der wohnenden Menschen in Planungsprozesse ständig mit einbezogen werden. Individuelle Bedürfnisse und Wirkungen auf Psyche und Zusammenleben müssten stärker mit betrachtet werden. Das würde aber – zumindest fürs Erste – die Aufgabe üblicher (Bau-)Vorschriften und Normen bedeuten, vielleicht eine Provokation für das Planungspersonal. Planende Berufsgruppen hätten sich in verstärktem Maße mit den psychologischen Wirkungen

---

39 Simmel, G.: Untersuchungen über die Formen der Vergesellschaftung. Gesamtausgabe Bg. 2. Frankfurt 1992, S. 688

ihres Tuns auseinanderzusetzen, die technische Machbarkeit alleine würde nicht mehr reichen.

Betrachten wir dem gegenüber, wie auch Schroer, die prägende Aussage des Soziologen Pierre Bourdieu: „Es ist der Habitus, der das Habitat macht." Körper und soziale Strukturen (Habitus) und Raum (Habitat) sind bei Bourdieu die zentralen Instanzen im sozialen Raum. Der Körper und die in ihm eingeschriebene soziale Struktur beeinflusst den Raum – das würde heißen: Der Mensch gestaltet seine Räume. Folgerichtig lässt sich aus der Gestaltung des Raumes auch ablesen, was in der sozialen Welt nicht sofort sichtbar ist; wir würden sagen: oft unbewusst ist. Soziale Zugehörigkeit und Beziehungen finden ihren Ausdruck im Gebauten.[40]

Erlebter Raum wiederum ist nicht eine vom konkreten Bezug zum Menschen losgelöste Wirklichkeit: Es handelt sich vielmehr dabei um den Raum, wie er für den Menschen da ist, und um das menschliche Verhältnis zu diesem Raum; beides ist für den Philosophen Otto Friedrich Bollnow nicht voneinander zu trennen.[41] Im Gegensatz zu jenem Raum, der lediglich durch seine Maße, seine Proportion und seine Dimension bestimmt, durch Vorschriften und Normen definiert wird, bekommt der Raum, wie ihn Menschen erleben, erst durch das Wohnen und Erleben seine Atmosphäre.

Wenn der Mensch also sich und seine Beziehungen im Bauen ausdrückt, und Simmel nachweist, dass die Umwelt den Menschen und seine Beziehungen prägt, dann können wir mit dem Soziologen Markus Schroer feststellen: „Zwar ist es der Habitus, der das Habitat macht, aber ersterer verdankt sich auch seinerseits bestimmten sozialen und damit auch räumlichen Strukturen, die sich in ihm manifestieren."[42] Wo Menschen aufgewachsen sind oder sich lange Zeit aufgehalten haben, das hat einen wesentlichen Einfluss auf gesellschaftliche Strukturen, auf den einzelnen Menschen, ja bis hinein in die individuelle Körperhaltung und Gestik. Schroer meint, „ ... dass sich aus der Wahl des Wohnorts, der Größe des bewohnten Hauses oder der Innenausstattung einer Wohnung Rückschlüsse auf die Stellung eines Akteurs im sozialen Gefüge ziehen lassen, ebenso wie sich aus der Art und Weise der körperlichen Verrichtungen ... Hinweise auf die Positionierung des Akteurs im sozialen Raum ergeben."[43]

Versuchen wir, anhand eines Beispiels, diesen Ansatz praktisch zu erläutern: Nehmen wir ein Unternehmen als eigenständigen sozialen

---

40 Schroer, M.: Räume, Orte, Grenzen. Frankfurt 2006, S. 87
41 Bollnow, O. F.: Mensch und Raum. Stuttgart, Auflage 2004, S. 17f
42 Schroer , M.: Räume, Orte, Grenzen. Frankfurt 2006, S. 89
43 Schroer , M.: Räume, Orte, Grenzen. Frankfurt 2006, S. 88

Raum, als soziale Struktur. Diese Struktur drückt sich im äußeren Auftritt aus, findet Ausdruck in Unternehmensnamen, Arbeitskleidung, dem Logo, dem Internetauftritt und auch dem Firmengebäude. Die Summe dieser Aspekte des körperlichen, sichtbaren Raums lässt Rückschlüsse auf den Habitus des Unternehmens zu. Wird dieses äußere Erscheinungsbild mit Verhalten und Kommunikation abgestimmt und auf der Basis eines sich dadurch mit Leben füllenden Unternehmensleitbilds nach innen und außen transportiert, sprechen wir von einer Firmenidentität. Diese Identität ist also die Persönlichkeit bzw. der Charakter, das Habitat einer Organisation, die als einheitlicher Akteur im Sinne eines sozialen Raumes – mit sozusagen menschlichen Eigenschaften – handelt und wahrgenommen wird.

Innerhalb dieses Systems Unternehmen gibt es wiederum Subsysteme (kleinere soziale Räume): die Arbeiter und Arbeiterinnen, die Angestellten, das Verkaufspersonal, den Putztrupp, das Management, die Kunden und Kundinnen. An der Kleidung und am konkreten Arbeitsort kann man möglicherweise die Zugehörigkeit zur sozialen Gruppe sofort erkennen. Der Habitus macht das Habitat. Die Summe all dieser Faktoren prägt den Habitus des einzelnen Mitarbeiters/der einzelnen Mitarbeiterin. Die Putzfrau wird bis in die Körperhaltung und Stimme anders auftreten als der Generaldirektor, beide haben aber vielleicht doch ein Gemeinsames: „Ich bin bei der Fa. XY." Ob jemand in der Chefetage oder in der lauten Maschinenhalle arbeitet – es beeinflusst seine/ihre Entwicklung als Mensch auf unterschiedliche Art und Weise. Gleichzeitig hat es auch Einfluss auf das Unternehmen, ob eine einzelne Person motiviert oder schlampig arbeitet, ob jemand angepasst oder rebellisch ist, vor allem wie jemand seinen eigenen Arbeitsplatz und seine Beziehungen zur Kollegenschaft gestaltet und wie er oder sie das Unternehmen nach außen repräsentiert.

Ein solches Denken in Zusammenhängen verstehen wir als systemischen Zugang. Mit Fritjoff Capra gesagt, ist systemisches Denken „ … das Verständnis eines Phänomens innerhalb des Kontextes eines größeren Ganzen. Dinge systemisch zu verstehen heißt also, sie in einen Kontext bringen und das Wesen ihrer Beziehungen feststellen."[44] Das ist es, was wir tun, wenn wir den Menschen im Kontext seines Lebensraumes, seines Arbeitens und Wohnens verstehen wollen.

Räume sind demgemäß offene Systeme, egal ob gebaute Räume, wie Häuser und Wohnungen, Dörfer und Städte, oder soziale Räume, die

---

44 Capra, F.: Lebensnetz. München 1966. S. 81

Lebensthemen

Beziehungen bezeichnen wie Haus- und Dorfgemeinschaften. Sie werden gespeist durch Energie und Lebendigkeit der Menschen und anderer Lebewesen, von Naturphänomenen und Naturereignissen. Erst die sozialen Bezüge geben dem Gebauten die Atmosphäre, wie wir schon oben sagten. Die sozialen Bezüge im Spiegel des Lebensumfeldes sind Inhalt unserer Analysen.

Wir setzen in unserer Arbeit Menschen und ihre Räume in Bezug zueinander, wir betrachten den inneren Raum des Menschen, seinen psychischen Raum im Spiegel seines physischen, gebauten Raums, nämlich seines Wohn- und Arbeitsraums.

Um die Wirkungen von (sozialen) Räumen nachvollziehbar zu machen, können Sie, wenn Sie möchten, sich mit den folgenden Fragen auseinandersetzen:

Welche Eigenschaften und Eigenarten würde ich entwickeln, wenn ich mit vielen Menschen auf engstem Raum zusammenlebte?

Welche würde ich entwickeln, stünde mir sehr viel Raum alleine zur Verfügung?

Gastfreundschaft – der Andron der Antike

Gastfreundschaft galt in der Antike als einer der höchsten Werte, und so wurde im Haus auch ein besonderer Raum diesem Zweck gewidmet. Der repräsentative Raum für Gastfreundschaft war der Andron, ein fester Bestandteil des antiken griechischen Hauses (S. 59). Der Andron bildete den öffentlichen Teil des Hauses, war meist rechts des Eingangs situiert, gedacht, um Gäste zu empfangen und zu unterhalten. Hier trafen sich die Männer zu festlichen Trinkgelagen, so genannten Symposien, Besprechungen oder zum Essen. Im Feiern wurden Nachrichten und Erfahrungen ausgetauscht und wurde philosophiert. Der Austausch, das Gespräch, der Dialog standen im Mittelpunkt. Die Gäste konnten gleich im Anschluss an die Gelage sich hier zur Ruhe begeben und nächtigen. Zahlreichen archäologischen Ausgrabungen zufolge ist der Andron meist rechts vom Eingang, straßenseitig situiert. Die Andrones waren die am reichsten ausgeschmückten Räume der griechischen Häuser. Bei Ausgrabungen wurden zahlreiche Beispiele von Mosaiken, Wandmalereien oder Statuenschmuck gefunden. Das Herrenzimmer des europäischen Bürgertums setzte die Tradition des Andron bis in die Mitte des 20. Jhdts. fort. Dieses war von bequemer Einrichtung geprägt, war Rückzugsraum des Hausherrn und diente zugleich auch dem Austausch bei einem oder mehreren Gläsern Wein mit Freunden. Heute wird das Fehlen von Rückzugsmöglichkeiten für den Mann in Wohnung oder eigenem Haus häufig beklagt. Die Werkstatt, der Stammtisch dient als Ersatz. Bei Neuplanungen steht der Wunsch nach Rückzug auch bei den Männern oft weit oben in der Bedürfnispyramide.

Ein Pendant zu den Andrones stellen die Stuben in den Bauernhäusern des Alpenraumes dar. Meist befinden sich links und rechts des Eingangs so genannte Stuben. Das Wort „Stube" bezeichnet sprachgeschichtlich einen warmen Wohnraum (das Wort ist verwandt mit engl. *stove*, Ofen). Im Winter war die Stube oft das einzige beheizbare Zimmer und somit der Hauptaufenthaltsort der Menschen (s. Abb. 12). Links war und ist heute noch die Alltagsstube. Hier geht es um die tägliche Existenzsicherung, das gemeinsame Alltagsessen, um Tagesabläufe, Schulaufgaben und alles Geschäftliche. Die rechte Stube wurde und wird häufig immer noch *Gute* oder *Schöne Stube* genannt. Diese wurde nur an Sonntagen, an besonderen Feiertagen oder wenn besondere Gäste kamen benutzt. Die gute Stube war, wie auch der Andron der Antike, ein besonders schönes Zimmer, gut und heimelig eingerichtet. Es war und ist der Raum zum Feste feiern, für Taufe, Hochzeit und Geburtstage. Gespräche verlaufen hier auf einer sehr persönlichen Ebene, abseits des Alltäglichen und sind von Neugier geprägt. Gespräche gehen in die Tiefe, es entsteht Beziehung.

Die Tradition der zwei Stuben lässt sich heute auch noch in alten ländlichen Gasthäusern nachvollziehen.

Links befinden sich häufig die Schank und der Stammtisch, auf der rechten Seite wird in ruhiger Atmosphäre, in der Guten Stube, gut gespeist.

Sowohl im Andron als auch in der guten Stube ging es um Austausch, um Kommunikation, um das Entwickeln von Beziehungen zu einem sozialen Netz. Die über tausende von Jahren überlieferte Positionierung dieses Raumes mit seinem Thema ließ den Archetypus entstehen, den wir im Novagramm *Sozialer Austausch* nennen.

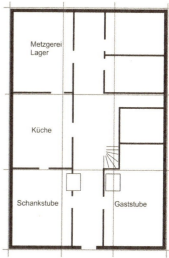

Abbildung 31:
Typischer Grundriss eines oberösterreichischen Landgasthauses

Abbildung 32:
Schankstube Landgasthaus

Lebensthemen

Ich achte auf Ausgleich und Wertschätzung – der Eingang im Urthema *Sozialer Austausch*

Beim Betreten des Hauses über das rechte vordere Feld wird die innere Aufmerksamkeit in erster Linie auf den Themenkreis „Austausch" und „soziales Netz" gelenkt. Der Eingang und damit der Empfang durch die Wohnung werden von diesem Thema gefärbt, d. h. beeinflusst. Was bedeutet es, wenn ich mit dem Gefühl, wertschätzend empfangen zu werden, ein Haus betrete? Wenn das Thema Austausch mir schon mit der Haustüre präsentiert wird? Im besten Fall kann bei Menschen, die in Resonanz zu einer solchen Eingangssituation stehen, eine Haltung der Wertschätzung gegenüber den Mitmenschen zum Ausdruck kommen, die stark von einem Bemühen um Ausgleich getragen ist. Der Austausch im Freundeskreis, mit Familienmitgliedern und Nahestehenden, aber auch mit fremden Kulturen und der Umwelt generell, hat einen besonders hohen Stellenwert und fällt möglicherweise Menschen in einem solchen Haus auch leicht. Sie bemühen sich um ein Eingebundensein in ihr soziales Umfeld; das soziale Netz ist wichtig. Die Menschen handeln wahrscheinlich auch respektvoll gegenüber der Natur und fühlen sich mit dieser besonders verbunden. Entwicklung geschieht im Austausch mit dem Umfeld, im Austausch von geistigen und materiellen Ressourcen.

Da aber jedes Thema auch eine Polarität in sich enthält, gibt es auch Schattenseiten. Der Schatten in einer solchen Konstellation könnte ein einseitiges Abrutschen in das Geben oder in das übermäßige Nehmen sein. Die Gefahr des Ausnutzens oder Ausgenutztwerdens ist groß. Genau in dieser Spannung liegt in einem Haus mit dieser Eingangssituation die Entwicklungsaufgabe. Die Herausforderung und Lernaufgabe sind Abgrenzung und das Wahren von Balance in den sozialen Beziehungen.

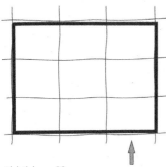

Abbildung 33:
Der Eingang im Feld Sozialer Austausch

Gästezimmer und Essplatz – Repräsentanten für Kommunikation

„Ein gütiger Herr tut seine Pforten auf für alle Gäste, keinen schließt er aus."
Friedrich Schiller

Das Gästezimmer wie auch der Gästebereich bringen als symbolischer Raum das Thema des sozialen Austauschs in besonderem Maße zum Ausdruck.

Das Wort *Gast* bedeutete ursprünglich Fremdling. In der griechischen Antike stand der (fremde) Gast (*xénos*) unter dem Schutz des obersten Gottes Zeus. Die Gastfreundschaft war und ist ein essentielles Wesensmerkmal vieler Gesellschaften. Die Gegenseitigkeit des Gastrechts und der Austausch waren die Grundprinzipien der Gastfreundschaft seit alters her. Der Gast war Überbringer von Neuigkeiten und nahm seinerseits wieder Neues mit auf seine weitere Reise. Eine großzügige Praxis der Gastfreundschaft führte zu mehr Sicherheit und größerem Informationsreichtum und damit zu einer rascheren Entwicklung der Gesellschaft. Dem Gastgeber oblag es, den Gast aufzunehmen und mit dem Nötigsten zu versorgen, aber auch diesen im Notfall mit vollem Einsatz zu verteidigen bzw. zu rächen, falls dieser während seines Gastaufenthaltes Opfer eines Angriffs wird. Gastfreundschaft sicherte somit das Überleben der Individuen und damit der Gesellschaft. Man könnte sagen, das Zimmer für den Gast, das Gästezimmer wurde so zum Symbol für Unterstützung, Offenheit und Austausch.

Zeugnisse für die Existenz von eigenständigen Gästezimmern reichen bis in die Zeit der griechischen Klassik (400–300 v. Chr.) zurück. Das Xenon, das Gästezimmer war in den Häusern dieser Zeit zwischen öffentlichem Bereich und privatem Wohnbereich im Erdgeschoß angesiedelt.[45] Jede/r Reisende konnte sicher sein, unterwegs jederzeit und überall freundlich aufgenommen zu werden und einen Platz zum Übernachten zu finden.

Heute ist das Gästezimmer oft ein Raum mit Mehrfachnutzung. Sehr häufig wird sogar die eigene Couch zum Gästebett. In unserer Gesellschaft lassen wir unsere Gäste sehr nahe in unseren Privatbereich herein, selektieren aber auch sehr streng und nehmen nur die nächsten Freunde und Freundinnen als Gäste auf. Fremde müssen Quartier in einem Gasthaus nehmen und dafür bezahlen. Wirklicher Austausch wird aber vorzugsweise nur mit Menschen aus dem Freundeskreis betrieben. Den Fremden stehen viele in der heutigen Gesellschaft ziemlich skeptisch, manchmal sogar xenophobisch gegenüber: Man hat Angst vor allem Fremden.

Wird, wie so häufig, das Gästezimmer zur Abstellkammer, stellt sich die Frage, ob Gäste wirklich willkommen sind. Welche Botschaft wird dem Gast vermittelt, wenn der Raum mit allen möglichen, das in der Wohnung keinen Platz hat, zugeräumt ist?

Die rituelle Gastfreundschaft, die früher das (soziale) Überleben sicherstellte, wurde in unserer Gesellschaft lange nicht mehr gelebt,

---

45 Höpfner, W. (Hg.): Geschichte des Wohnens. Band 1. Stuttgart 1999, S. 303

verdient doch die Tourismuswirtschaft mit den *Gästen* gutes Geld. In den letzten Jahren jedoch erfährt die Gastfreundschaft mit Hilfe des Internet eine Renaissance. „Couchsurfing" (www.couchsurfing.org) und ähnliche Initiativen finden immer neue Anhänger, vor allem wird die Jugend angesprochen, das (billig) Reisen und damit der kulturelle Austausch werden weltweit dadurch gefördert.

Wie werden Gäste bei Ihnen aufgenommen?

Was im antiken Andron sich in einem Raum verband, nämlich essen, feiern, philosophieren und dann entweder gleich hier oder im angrenzenden Xenon schlafen, das hat sich in der moderneren Zeit getrennt und wird separaten Räumen zugeordnet. Hier der Schlafbereich, das Gästezimmer oder -bett als Symbol der Gastfreundschaft, dort der Essbereich, das extra Esszimmer als Symbol für den sozialen Austausch.

Das gemeinsame Mahl schafft Verbindung und Austausch

„Allein zu essen ist für einen philosophierenden Gelehrten ungesund."
Immanuel Kant

Das Ritual, sich zu einer Mahlzeit zu versammeln und gemeinsam zu essen, zieht sich durch Kulturen und Zeitalter. Das gemeinsame Essen nimmt eine wichtige Funktion im Gefüge einer Familie ein. Wir laden Freunde zum Essen oder Trinken ein und pflegen damit Freundschaften. Der Ort, an dem dies geschieht, ist das Esszimmer bzw. in einem offenen Wohnumfeld der Essbereich.

Vorläufer des heutigen Esszimmers war im klassischen Griechenland das schon beschriebene Andron. Gesellschaftlich hat in unserer mitteleuropäischen Kultur diese Funktion der Stammtisch im dörflichen Gasthaus übernommen. Hier wird geredet, gemeinsam getrunken, politisiert und philosophiert.

Könige oder große Herrscher hatten meist riesige Esszimmer, an deren Tafeln, so wurden die großen Tische genannt, hunderte von Leuten Platz fanden. An diesem Tisch traf man sich, um gemeinsam zu essen. Auch heute „tafeln" wir noch, wenn wir bei einem üppigen Mahl zusammensitzen.

In modernen Zeiten werden auch viele geschäftliche Verbindungen mit so genannten Geschäftsessen geknüpft oder erhalten. Analog zum Esszimmer im Privaten wird das Stüberl im Gasthaus als Ort eines solchen geschäftlichen Austausches reserviert.

Beim gemeinen Volk jedoch waren Essen und Kochen lange in einem Raum vereint. Erst mit dem Aufkommen des Bürgertums erfolgte eine Trennung von Küche und Essbereich. Das eigene Zimmer zur Einnahme der Mahlzeit wurde zu einem Symbol des aufstrebenden Bürgertums. Das Esszimmer wurde der Raum, sich zu präsentieren, es entwickelte sich zum Symbol von Reichtum. Signifikant für diese Symbolik spricht auch, dass das separate Esszimmer während des so genannten Wirtschaftswunders nach dem Zweiten Weltkrieg auch bei der unteren Mittelschicht in Mode kam. Der Essbereich wurde bewusst vom Kochbereich getrennt, um ohne Küchengeruchsbelästigung mit Gästen speisen zu können. Gleichzeitig blieb aber in der Küche häufig ein Essplatz auch für das Alltagsfamilienessen erhalten. Nur wenn Gäste eingeladen waren, nutzte man das Esszimmer oder speiste am höhenverstellbaren Multifunktionstisch im Wohnzimmer. In der bäuerlichen Bevölkerung wurde das Mahl fast immer in jenem Raum eingenommen, wo auch gekocht wurde, zumindest in enger Verbundenheit mit der Küche. Aber auch überall dort, wo größere Wohnungen nicht leistbar waren, ist das Gemeinsame von Kochen und Essen bis heute sichtbar erhalten geblieben.

Die so genannte Wohnküche kommt in den letzten Jahren wieder verstärkt in Mode. Die moderne Technologie, wie der Dunstabzug, machte es in der Wohnkultur der letzten zwanzig Jahre wieder möglich, die beiden Bereiche Kochen und Essen stylisch zusammenzuführen. Jetzt mutieren Küche und Herd zum Kommunikationsmittelpunkt. „Die Feuerstelle", der Herd rückt in modernen Wohnungen wieder in die Mitte. Um diese Mitte, den Küchenblock, kommen die Gäste zusammen, sie stehen an der Küchenbar, bewundern die hochtechnisierten Gerätschaften und das durchdesignte Mobiliar und plaudern mit den Gastgebern, während diese das Essen zubereiten. Der Herd als Ort des Zusammenkommens erhält so wieder seine ganz ursprüngliche Bedeutung.

Wichtigstes Mobiliar für die Kommunikation ist und bleibt jedenfalls der Esstisch!

Tisch und Sessel – die Ordnungen des Austauschs

Verglichen mit dem Esszimmer ist der Essbereich mit dem Tisch als repräsentierendes Möbel das kleinere Symbol für Gemeinschaft und Kommunikation. Der Tisch ist ein Objekt mit einem relativ festgelegten Ort. Das heißt, dass man sich zu einem Tisch begibt und sich an einem Tisch zusammensetzt. Wer sich niedersetzt, geht in einen Zu-

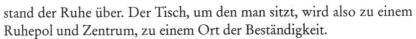

Lebensthemen

stand der Ruhe über. Der Tisch, um den man sitzt, wird also zu einem Ruhepol und Zentrum, zu einem Ort der Beständigkeit.

Jemanden an den Tisch zu bitten bedeutet, diese Person in die Gemeinschaft aufzunehmen. Für diese Person ist es eine Einladung zur Kommunikation, gleichzeitig aber auch der Auftrag, sich in eine gegebene Struktur (bei Tisch) unterzuordnen. Bei Tisch konzentriert man sich auf etwas Gemeinsames, gemeinsam mit anderen den Hunger stillen oder mit Familie, Freunden, Geschäftspartnern über ein bestimmtes Thema reden. Oft geschieht beides gemeinsam.

Der Tisch hebt sich vom Erdboden ab, er ist erhaben und hebt damit etwas, was von Bedeutung ist, hervor. Das kann ein Gegenstand sein, aber auch etwas, das zur Entscheidung ansteht. Es kann auch nur die Gemeinschaft sein. Der Tisch gibt der Sache, dem Ding, dem Gespräch, dem Austausch Rahmen und Plattform. Der Familientisch ist Treffpunkt und Mittelpunkt des Familiengeschehens. Hier werden die Rahmenbedingungen für das familiäre Zusammensein entwickelt. Hier entstehen allgemeine Werthaltungen und gesellschaftliche Benimmregeln. Der Tisch wirkt zentrierend. Er ist mit den ihn umgebenden Stühlen auch Spiegel der Rollenverteilung.

Die Form des Tisches bestimmt die Ordnung. Diese beeinflusst das Geschehen am und um den Tisch. Niemand kann sich diesem Muster entziehen. Rund oder eckig – wie steuert die Form die Kommunikation? An welchem Tisch werden leichter Entscheidungen getroffen?

Welchen Unterschied macht es, ob das Familienoberhaupt oder eine Führungskraft am schmalen Ende des Tisches sitzt oder in der Mitte der Längsseite oder irgendeinen Platz am runden Tisch einnimmt?

Können wir davon ausgehen, dass Entscheidungen an Tischen mit deutlich rechteckiger Struktur leichter getroffen werden?

Durch seine eindeutige Orientierung durch Längsseite und Schmalseite unterstützt der eckige Tisch Struktur und strukturiertes Denken. Durch die Position im Raum kann es sein, dass der Tisch ganz klar eine Wertigkeit zwischen den Positionen vorgibt. Wer hat den besten Platz am Tisch? Ein Problem könnte auch darin bestehen, dass das Rechteck immer eine Opposition in sich birgt. Die Gefahr einer Eskalation von Konflikten ist groß, weil immer jemand in „Opposition", d. h. gegenüber sitzt. Möglicherweise dominiert eine Person oder eine Personengruppe die anderen.

Werden an runden Tischen die konstruktiveren Gespräche und Verhandlungen geführt? Der runde Tisch birgt in sich weder Orientierung noch Hierarchie. Beides muss von den am Gespräch Teilnehmenden erst definiert werden. Hier ist jeder gleich viel wert. Die einzelnen Meinungen unterliegen á priori keiner Wertigkeit. Aus diesem Grund kann das Thema eine breitere Basis finden. Beim runden Tisch besteht allerdings die Gefahr, ein Thema zu lange zu diskutieren, möglicherweise dreht sich das Gespräch im Kreis.

Der Tisch, egal ob rund oder eckig, wird in Reviere unterteilt, jeder Mensch erhält seinen spezifischen Platz. So bekommt ein Tisch Richtung und Orientierung. Symmetrie und Blickrichtung spielen eine wichtige Rolle. Der Ort, an dem jemand an einem Tisch sitzt, lässt Rückschlüsse auf sein Verhältnis zu den anderen anwesenden Personen zu.

Eine Sonderform des Tisches ist der Arbeitstisch. Er hat immer eine Vorder- und eine Hinterseite, eine bevorzugte Seite der Nutzung. Häufig könnte man sogar sagen, eine Besitz- und eine Besuchseite. Das Verhältnis der beiden Seiten ist maßgeblich für Gespräche und Verhandlungen verantwortlich. Soll an einem Tisch etwas verkauft werden, dann wird die Besuchseite in der Regel komfortabel ausgestattet sein. Kommt der Besuch als Bittsteller oder Bittstellerin, wie z. B. in einem öffentlichen Amt, so wird man sich in der Regel auf weniger Komfort einstellen, ja vielleicht sogar stehen müssen. Häufig wird der Arbeitstisch, vor allem die Sonderform Schreibtisch, als (Schutz-)Barrikade verwendet.

Ein besonderes Beispiel erlebten wir in einer Behörde – wir ließen die Bedienstete die Seiten wechseln. Kaum saß sie auf der Besuchseite, erkannte sie unvermittelt, wie niedrig und klein sie sich dabei empfand. Das Entsetzen war groß, hatte sie doch jahrelang den gleichen Arbeitsplatz eingenommen und so von oben mit den Bürgerinnen und Bürgern kommuniziert.

Der Schreibtisch, aber auch der Arbeitstisch im Handwerk ist ein für den bestimmten Zweck des Organisierens, Strukturierens, des Arbeitens gedacht. Sein Grundwesen unterstützt den Nutzer, die Nutzerin daher in der Konzentration. Von seiner Bestimmung ist der Schreib- bzw. Arbeitstisch einer einzelnen Person zugewiesen und grenzt den Arbeitsbereich ab. Er schützt diese vor zu großer Ablenkung durch äußere Einflüsse.

Auch das Material sagt vieles aus. Der gläserne Tisch signalisiert eher Transparenz und Modernität, der wuchtige Eichentisch Bestimmtheit und Beharren.

Der Tisch kann auch als Symbol der Erhabenheit und hierarchischen Ordnung gesehen werden. Er wird selbst zum Symbol einer hierarchischen Ordnung durch seine Größe, seine materielle Beschaffenheit und Gestaltung. Der Schreibtisch der Führungskraft ist aus

Lebensthemen

edlem Material, ist größer als alle anderen und zeichnet sich oft gegenüber den Mitarbeitertischen durch eine außergewöhnliche Position im Raum aus, wie die folgende Abbildung zeigt.

Das Signal: „Ich stelle mich außerhalb der gewohnten Struktur", vermittelt dann dem Besuch die Botschaft: „Ich bin etwas Besonderes." Diese Sitzposition im Raum erlaubt zudem auch den größtmöglichen Überblick.

Der Tisch hat viel mit Beziehungen zu tun. Die unterschiedlichen Redewendungen in unserer Sprache weisen auf diese Bezüge hin. Wir bitten „*Zu Tisch!*" und meinen damit die Aufforderung zur Versammlung und zum Hinsetzen. „*Jemanden über den Tisch ziehen*" meint, jemanden zu übervorteilen. „*Wir machen reinen Tisch*", wenn wir eine Sache klären, die Voraussetzung für einen Neubeginn der Kommunikation schaffen. „*Wir hauen auf den Tisch*", wenn wir uns energisch durchsetzen wollen. Wenn wir etwas „*unter den Tisch kehren*", wollen wir dieses Thema nicht zum Gegenstand der Kommunikation machen. Ist es „*vom Tisch*", dann ist das Problem beseitigt. An der Symbolik des Tisches sehen wir am allerdeutlichsten die enge Beziehung zwischen Gegenstand und Mensch. Der Tisch ist immer Partner in der Kommunikation. Er redet mit, lenkt und beeinflusst das Gespräch. Der Tisch ist selbst Kommunikator. Wann schafft ein Tisch Nähe, wann Distanz?

Abbildung 34: Diagonalposition des Tisches

Eine Übung:

Der Tisch des Chefs steht lang und breit, aus schwerem Eichenholz im Raum. Als Mitarbeiter oder Mitarbeiterin sehe ich die Führungskraft in den mächtigen ledernen Bürostuhl versunken, kaum hinter den Aktenbergen. Der Stuhl davor, auf den ich eingeladen werde, mich niederzulassen, ist klein, niedrig und aus Holz. Ich kann kaum über den Tisch blicken, sitze hart.

Wie fühle ich mich, was erzählt mir der Tisch?

Der Platz gehört mir – die geheimen Mächte des „Markierens"

„*Di edos it zensit zenim merdo*" – (*Die do sitzen, sitzen immer do!*)
Stammtisch-Spruch in einem oberfränkischen Gasthaus

Haben Sie sich schon einmal bewusst gefragt: *Welche bevorzugten Plätze habe ich an einem Besprechungstisch, beim Plausch in einem*

Cafe, in einem Seminar, bei einer Feier in der Großfamilie? Wie reagiere ich, wenn sich jemand ohne zu fragen auf „meinen" Platz setzt?

Am Familientisch hat meist jeder seinen angestammten Platz. Gäste gehen davon aus, dass es in einem Haus schon eine vorgegebene Sitzordnung gibt. Die Plätze sind sozusagen „markiert". Das mag zu Hause in der eigenen Wohnung noch verständlich sein, wir markieren aber Plätze in unterschiedlichen Kontexten. Wer jemals als Fremde oder Fremder an einem Stammtisch Platz genommen hat, weiß davon ein Lied zu singen. In einem Seminar belegen die Teilnehmenden den Platz mit Jacke oder Tasche, ja sogar das eigene Schreibgerät soll als Abschreckung von Platzkonkurrenz fungieren. Kaum drauf gesessen, wird der Platz verteidigt. „Hier sitze ich!" Was Tiere mit Duftmarkierungen machen, das tun wir Menschen mit persönlichen Gegenständen. Und wir wählen in der Folge immer wieder den gleichen Platz, es wird ihn uns auch kaum jemand streitig machen. Habe ich meinen Platz (mehrfach) eingesessen, bekommt er, so scheint es, eine feinstoffliche Markierung. In Gruppen ist zu beobachten, dass sich oft ein fixes Beziehungsmuster zwischen den Gruppenmitgliedern herauskristallisiert. Wechseln auch die Örtlichkeiten, die Sitzordnung der Personen zueinander bleibt gleich. Durchbricht eine Person diese Regel, reagiert das Gruppensystem mit Verstörung. Die Sitzplätze sind wie Repräsentanten einer systemischen Strukturaufstellung. Sie zeigen die Beziehung der Systemteile untereinander auf.

Den Vorsitz hat, wer vorne sitzt. Wer den Vorsitz hat, muss von allen gut gesehen werden, er oder sie muss sich auch ins rechte Licht setzen. Das verlangt die Fähigkeit, die Aufmerksamkeit aller auf sich zu lenken. Der Vorsitz an einem Tisch vereint mehrere Faktoren. Gewöhnlich bezeichnet der Vorsitz die Position am schmalen Tischende. Um aber ein wirklicher Vorsitz zu sein, muss er auch Qualitäten einer sogenannten Kontrollposition in sich bergen.

Das heißt, den Vorsitz hat, wer mit dem Rücken geschützter ist und gleichzeitig auch den Überblick über das Geschehen hat. Bin ich im Rücken geschützt, können mir die anderen nicht so leicht in den Rücken fallen. Oft wird der Platz für den Vorsitz auch noch durch einen besonderen Stuhl (z. B. mit Armlehnen) signalisiert.

Die Stellung in der Gemeinschaft wird durch Nähe und Ferne zum Vorsitz definiert. Wer vorne sitzt ist wichtiger. Davon leitet sich auch der Begriff *Hinterbänkler* für die weniger einflussreichen Positionen ab.

Wie archäologische Funde aus Ägypten (mittleres Reich, 2000 bis 1500 v. Chr.) zeigen, bildete sich die Erhabenheit einer Person auch

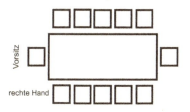

Abbildung 35:
Tischordnung bei einer Besprechung

Lebensthemen

damals schon in einer erhöhten Sitzposition ab. Das gemeine Volk musste aufschauen. Die Funde zeigen an der Rückwand eines zu Repräsentationszwecken genutzten Saales Podeste, die für den Stuhl des Familienoberhaupts vorgesehen waren. Diese erhabenen Positionen wurden nicht nur in Herrschaftshäusern, sondern auch in antiken bürgerlichen Häusern entdeckt.[46]

Die erhöhte (Sitz-)Position wurde und wird überall dort eingesetzt, wo Menschen Führerschaft und Kontrolle beanspruchen.

Im übertragenen Sinne gilt das auch für den „Sitz" von Plätzen und Gebäuden in der Landschaft. Richtplätze, Burgen und Kirchen sind gute Beispiele dafür. Sie wurden häufig auf Hügeln und damit erhöht errichtet. Hinter allem steht der Wunsch nach Erhabenheit und Überblick. Diese Struktur der Erhebung findet sich bis heute im Gerichtssaal, im Parlament, am Podium und in klerikalen Einrichtungen. Es ist noch nicht lange her, da saß die Lehrkraft auch in den Schulen auf einem erhöhten Podest. Der Überblick in der Erhöhung ermöglicht eine bessere Kontrolle, genauso wie man auch durch größere Distanz den Überblick gewinnt.

Mit dem Begriff Kontrollposition bezeichnen wir jene (Sitz-)Position, von der aus jemand seinen Handlungsraum bestmöglich überblicken kann, und zwar mit allen zur Verfügung stehenden Sinnen.

Der wichtigste Aspekt ist dabei die Kontrolle des Zugangs zum Raum, zum Gebäude. Wer die Türe real oder symbolisch im Blick hat, hat die Kontrolle.

Ein Beispiel: Sie gehen in ein Gasthaus, es ist ziemlich leer. Welchen Platz steuern Sie wahrscheinlich automatisch an?

Die Burgherren des Mittelalters wussten genau, wo sie ihre Burg positionieren mussten, um den Zugang zu ihrem Herrschaftsgebiet und ihre Untertanen gut kontrollieren zu können.

Analog zu einem solchen Burgsitz positioniert sich der Mensch gerne so, dass er oder sie wie auf der Burg eine optimale Rückendeckung und den besten Überblick hat.

Im übertragenen Sinne entspricht das auch der Position eines Firmenchefs, der mit seinem Büro im letzten Stock des Verwaltungshoch-

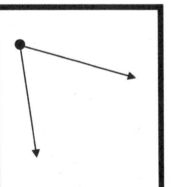

Abbildung 36:
Kontrollposition – bester Überblick

---

46 Kose, A.: in Höpfner, W. (Hg.): Geschichte des Wohnens. Band 1. Stuttgart 1999. S. 69

hauses, in einer schräg gedachten Linie gegenüber dem Haupttor sitzt. Um zu seiner Kontrollposition zu kommen, muss er zuerst den gesamten Raum durchschreiten. Bei diesem Durchschreiten kann er alles mit allen Sinnen wahrnehmen, was sich hier abspielt. Um aber wirklich den Überblick und damit die Kontrolle zu haben, muss er sich am Ende dem Geschehen zuwenden. In seinem Rücken darf keine Ablenkung sein, damit er konzentriert das Geschehen beobachten und lenkend eingreifen kann. Die Führungskraft, die am weitesten entfernt von der Tür, Blickrichtung zu eben dieser, gut geschützt in der Eckposition oder mit einer starken Wand im Rücken sitzt, hat diesen Überblick. Denn die Wirkung ist gedanklich und funktioniert auch durch Wände hinweg.

Wir laden jede Führungskraft ein, es einmal auszuprobieren, welchen Unterschied es macht, mit dem Rücken zu den Mitarbeitenden zu sitzen oder sich ihnen zuzuwenden. An einem Beispiel aus unserer Praxis möchten wir die Wirkungen veranschaulichen:

Eine Teilnehmerin in einem Konfliktmanagementseminar bringt ein Beispiel aus ihrem Arbeitsumfeld ein. In ihrem Team, sie ist Teamleiter-Stellvertreterin, schwelt ein ständiger Konflikt zwischen zwei Gruppen, Außendienst und Innendienst. Bei der Raumzuteilung haben alle im Außendienst vom Teamleiter die schlechteren Büros, hofseitig und dunkel, zugewiesen bekommen. Die Innendienst Versehenden erhielten, weil ja immer im Büro anwesend, die schönen nach außen gerichteten hellen Räume. Mittlerweile weitet sich der Konflikt zwischen diesen beiden Gruppen auf immer mehr Themen aus: Sie stehen in Opposition zueinander. Auf die Problematik angesprochen, erwiderte der Teamleiter seiner Stellvertreterin: „Macht euch das selber aus", und entzieht sich so dem Konflikt, den er selbst durch seine Zuteilung mit verursacht hat. Die Betrachtung der Raumaufteilung zeigt eine räumliche Abbildung dieser Haltung des „Sich-nicht-verantwortlich-Fühlens".

Innendienst und Außendienst sind durch einen langen Gang getrennt, mit eindeutig unterschiedlichen Raumqualitäten. Wie sollen diese beiden Gruppierungen zu einem Team zusammenfinden? Derartige Konfliktsituationen in Organisationen finden wir sehr häufig bei vergleichbaren, ja fast identischen Raumsituationen. Bedingt durch die schlechtere Belichtung fühlt sich eine Gruppe von vornherein benachteiligt. Dazu kommt die trennende Wirkung des Ganges: Er trifft eindeutige Zuordnungen in linke Seite und rechte Seite. Begegnungen und Austausch sind nur durch zufälliges Treffen auf ebendiesem Gang möglich. Der informelle Austausch, für das Funktionieren eines Teams sehr wichtig, wird durch diese Anordnung der Räume fast verhindert. Der formelle Austausch müsste ganz bewusst durch die Führungskraft gesteuert und verstärkt werden. Doch hier liegt eben der zweite Haken. Das Zimmer des Teamleiters liegt am Ende des langen Ganges und ist nur durch eine Art Schleuse erreichbar. Man muss durch einen leeren Raum und vor allem durch zwei Türen, um ins Zimmer der Führungskraft zu gelangen.

Am aufschlussreichsten scheint die Schreibtischposition des Teamleiters. Er sitzt mit dem Rücken zur Türe und wendet damit seinem gesamten Team den Rücken zu. Der Blick geht durch das Fenster nach außen. „Was geht ihr mich an?" könnte die unterbewusste Botschaft lauten. Es könnte aber auch Ausdruck großer Unsicherheit sein. Eines ist sicher – die Führungskraft nimmt ihre Funktion nicht wahr. Indem er durch die ungerecht empfundene Raumverteilung die Saat für den Konflikt gelegt hat, hat er jetzt seine Ruhe. So könnte man seine unbewussten Absichten, die in der räumlichen Konstellation ihren Ausdruck finden, interpretieren. Die Teammitglieder sind mit dem Streit untereinander beschäftigt und kommen nicht auf die Idee, seine Führungskompetenz in Frage zu stellen.

An diesem Beispiel lässt sich die Verknüpfung zwischen Beziehungsgeflecht und räumlicher Konstellation genau nachvollziehen. Wir bedienen uns immer wieder dieser Analogie zwischen Raumsystem und Beziehungssystem, um mit der Symbolik der Räume zwischenmenschliche Vorgänge in Team-Systemen sichtbar zu machen.

Durch die Analyse wurde sich die Stellvertreterin des Teamleiters der Gesamtsituation einmal bewusst. Mit der Raumanalyse bekam sie ein Mittel in die Hand, auch ihrem Chef dessen unbewusste Zeichensetzungen bewusst zu machen. Wahrscheinlich würden schon ein Drehen des Schreibtischs und eine Veränderung der Blickrichtung beim Teamleiter zu einer Änderung in der Wahrnehmung führen. Er bekommt symbolisch und realistisch dadurch die Sicht auf die Situation des Teams. Die Veränderung wird vom Team als Perspektivenwechsel wahrgenommen. Im Bewusstsein, seine Führungsfunktion auch wahrnehmen zu müssen, wird er wahrscheinlich dadurch ein anderes Verhalten seinen Teammitgliedern gegenüber entwickeln. Zudem darf der Vorraum zum Chefbüro nicht zur Schleuse verkommen, er gehört mit einer Funktion gefüllt. Ein Öffnen der Türe zum Gang hin würde den Zugang zum Teamleiter erleichtern, die offene Türe signalisiert: „Ich bin offen für eure Anliegen." Umgekehrt fällt auch dem Teamleiter der Zugang zu seinem Team wesentlich leichter: Er hat nur mehr eine Schwelle nach außen zu überschreiten. Die Nutzung des Vorraums als informeller Meeting-Point brächte den Fokus auf ein gemeinsames Zentrum, in dessen Mittelpunkt der Teamleiter steht. Ganz gemäß seiner wirklichen Führungsfunktion. Schon einige Pflanzen und/oder ansprechende Bilder machen den Raum attraktiv und geben ihm Identität. Der Raum verliert damit seine strenge Schleusenfunktion.

Die Auseinandersetzung mit der räumlichen Situation wäre in diesem Fall ein gutes Transportmittel für einen Teambildungsprozess.

Wir laden Sie ein zu einem kleinen Experiment:

Beobachten Sie bei einer Besprechung das Beziehungsgeschehen im Zusammenhang mit den Sitzpositionen der einzelnen Beteiligten:

Wer führt den Vorsitz? Ist dieser eindeutig auch räumlich definiert?
Wer ist in Opposition? Wie sitzen die unterstützenden Personen in Bezug zum Vorsitz?
Welche Plätze sind begehrt? Wer sitzt auf den eher ungeliebten Plätzen, und welche Rolle spielen diese Personen im Austausch?

Die Frage nach den sozialen Beziehungen spielt in unserer Arbeit als Trainerin und Architekt eine wesentliche Rolle. Egal ob wir eine Besprechung mit einer größeren Gruppe planen, ein Seminar durchführen oder ein Großraumbüro einrichten: Wir stellen uns ganz bewusst die Frage, wer mit wem, wo und wie kommunizieren soll. Wir gestalten damit den Raum, der einen ausgewogenen Austausch entstehen lässt. Auch ein Dorfplatz kann zu einem Platz der Kommunikation werden oder zu einer energielosen Fläche verkommen, wenn er durch seine Gestaltung die Aufnahme von Beziehungen unterbindet.

Dazu ein weiteres Praxisbeispiel: In der Serviceabteilung eines großen Unternehmens sollten die Kommunikationsabläufe einzelner Arbeitsgruppen zueinander in einem neuen Großraumbüro optimiert werden. Alle Beteiligten befürchteten eine Zunahme von Lärm und Stress. Durch genaue Analyse der notwendigen Beziehungs- und Kommunikationsstrukturen bei gleichzeitiger Wahrung der individuellen Schutzbedürfnisse wurden die Arbeitsplätze so konzipiert, dass Arbeitsgruppen in sich ungestört arbeiten können und gleichzeitig ein rascher und problemloser Austausch mit anderen Gruppen möglich ist. Jede einzelne Mitarbeiterin, jeder einzelne Mitarbeiter bekam aber auch ein hohes Maß an Intimsphäre für ein stressfreies Arbeiten. Möglich wurde dies durch Pflanzen, Paravents und Möbel, welche den Großraum in kleine Einheiten teilten und auch geeignet waren, Schall zu schlucken. Die Subteams erhielten die Möglichkeit, sich durch eine gemeinsame Farbgestaltung eine sichtbare Teamidentität zu geben.

Die Beschaffenheit des Lebensthemas *Sozialer Austausch* gibt uns in unserer Arbeit Hinweise auf die Art und Weise, wie die Menschen ihre sozialen Beziehungen gestalten. Aus der Überlagerung von Funktionsraum und Lebensthema bilden wir diesbezügliche Hypothesen und hinterfragen sie bei den Bewohnern und Bewohnerinnen. Ist das Thema *Sozialer Austausch* beispielsweise mit der Küche überlagert, so kann das von der Küche symbolisch repräsentierte Thema *Sicherheit–Familie–Versorgung* dazu führen, dass Gäste sehr häufig auch unangemeldet kommen, im Wissen, hier uneigennützig versorgt zu werden. Bringen die Gäste auch großzügige Gastgeschenke oder interessante Informationen, so wird wahrscheinlich Geben und Nehmen ausgewogen sein. Dem Polaritätsprinzip folgend kann es aber auch sein, dass, wer immer hier kocht, das Gefühl bekommt, immer nur zu geben, alle zu versorgen, aber zu wenig zurück zu bekommen, weil es von allen anderen, Familienmitgliedern und/oder Gästen als selbstverständlich angenommen wird. Der tatsächlich gefühlten Bedeutung kommt man am besten durch gezielte Fragestellungen an die Bewohner und Bewohnerinnen auf die Spur.

Ich gehe meinen Weg – die Orientierung im Leben

„Der Mensch hat dreierlei Wege klug zu handeln: erstens durch nachdenken, das ist der edelste, zweitens durch nachahmen, das ist der leichteste, und drittens durch Erfahrung, das ist der bitterste."
Konfuzius

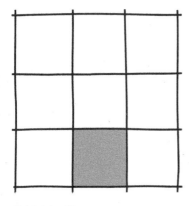

Abbildung 37:
Das Feld Weg–Orientierung

Wir Menschen werden ins Leben geboren und machen uns auf den Weg; wir entwickeln uns vorwärts, auf ein Ziel ausgerichtet. Was brauchen wir Menschen auf unserem Weg ins und durch das Leben? Die Basis scheint von Geburt an immer wieder das (Ur-)Vertrauen in unsere innere Kraft zu sein. Links, analog zur kognitiven Verarbeitung von Wissen in der linken Gehirnhälfte, entsteht Erfahrung durch innere Reflexion, durch Aneignung von Wissen, durch Transformation von Wissen. Basis rechts des Weges ist der Austausch mit den Eltern und anderen, den Weg begleitenden Menschen. Rechts entsteht Entwicklung durch Austausch mit anderen Menschen, analog zur emotionalen Verarbeitung im Gehirn. Dazwischen findet der Mensch seine Orientierung, geht seinen Weg.

Für die geistige Orientierung, die unserem Modell zugrunde liegt, reduzieren wir hier der Einfachheit halber, ganz bewusst, auf das Bild von der rechten und linken Gehirnhälfte, wiewohl wir wissen, dass die moderne Gehirnforschung mittlerweile ein komplexeres Bild der gehirnphysiologischen Verarbeitungsprozesse zeichnet.

Eine weitere Basis unseres Konzeptes bildet das Denkmodell der Neun-Felder-Aufstellung der Psychotherapeutin Insa Sparrer. Wir wollen es zum besseren Verständnis unseres Denkansatzes in diesem Abschnitt in jenen Aspekten näher vorstellen, die uns für unser Modell des Novagramms wichtig erscheinen.

Als räumliche Repräsentanten für das Thema definieren wir die Diele für Orientierung und die Stiege für den Weg.

Das Lebensthema „Orientierung finden"

An einer durchlässigen Grenze treffen wir zu unserer Orientierung immer wieder Entscheidungen zwischen Nachdenken, repräsentiert durch das Lebensthema *Wissen–Erfahrung*, und Nachahmen, repräsentiert durch das Urthema *Sozialer Austausch*.

In der Mitte werden die eigenen (Lebens-)Entscheidungen getroffen. Entlang dieser Achse pendeln wir Menschen zwischen den Polaritäten innen und außen, individuelles Nachdenken und Austausch mit anderen Menschen. Hier machen wir Menschen unsere Lebenserfahrungen, für die wir auch Verantwortung zu übernehmen haben. Das mag oft bitter sein, wie wir es mit Konfuzius ausdrückten. Wir finden aber dadurch Schritt für Schritt unsere Orientierung und schreiten unseren Weg voran. Der Weg ins und durchs Leben gestaltet sich als Synthese von links und rechts. Einen klaren Weg vor Augen zu haben ermöglicht es, flexibel zu sein und sich an viele unterschiedliche Situation anzupassen.

Die räumliche Beschaffenheit dieses Urthemas beschreibt die Art und Weise, wie eine Person in ihrem Leben unterwegs ist. Die Einflüsse der benachbarten Themen wirken auf dem Weg als eine Art Rahmenbedingung, die es zu akzeptieren gilt. Sie haben Einfluss auf die gesamte Orientierung im Leben, ob bewusst oder unbewusst.

Es ist einerseits schwer vorstellbar, dass ein Mensch ohne Vertrauen in seine inneren Fähigkeiten, in das, was er selbst von Geburt mitbringt, überhaupt überlebensfähig wäre, genauso wie ein Weg ohne ein soziales Netz von Bezugspersonen kaum vorstellbar ist. Menschen im Umfeld sind Vorbilder, an denen wir uns orientieren oder gegen die wir, im Falle eines negativen Beispiels, rebellieren und uns abgrenzen.

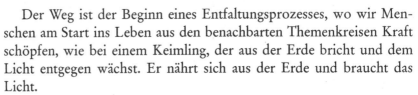

Lebensthemen

Der Weg ist der Beginn eines Entfaltungsprozesses, wo wir Menschen am Start ins Leben aus den benachbarten Themenkreisen Kraft schöpfen, wie bei einem Keimling, der aus der Erde bricht und dem Licht entgegen wächst. Er nährt sich aus der Erde und braucht das Licht.

Wir sprechen bei diesem Lebensthema auch die Themen Standfestigkeit und Erdung, Anpassungsfähigkeit und Flexibilität an. Außerdem beinhaltet dieser Archetypus auch die Lebenslinie und Lebensstruktur, sozusagen den „roten Faden" im Leben.

Wer den roten Faden in seinem Leben kennt, wer um seinen Weg, seine Berufung weiß, kann auch einmal Umwege machen und wird trotzdem die Orientierung nicht verlieren. Wer in seinem Wohnumfeld einen geraden und klaren Weg vor sich hat, wird sich leichter orientieren können, als jemand, der über verwinkelte und enge Gänge das Innere seiner Wohnung erschließt.

Wenn Sie mögen, können Sie einmal folgende Fragen reflektieren: *Wie und auf welche Weise gehe ich meinen Weg? Welche Wegweiser begleiten mich, kognitiv und emotional, auf meinem Weg?*

In der Symbolik der Räume entspricht die Diele, der Vorraum diesem Lebensthema. Hier betreten Sie das Haus, die Wohnung und schauen sich einmal um. Hier orientieren Sie sich und erkennen, wie es weitergeht. Ist die Diele eng und vollgeräumt und befindet sich genau dort, wo im Novagramm das Lebensthema *Weg–Orientierung* repräsentiert ist, könnte auf dem Lebensweg manchmal das Gefühl entstehen, eingeengt und perspektivenlos zu sein. Weitsicht und längerfristige Orientierung braucht auch die Weite und eine klare Perspektive.

Wir laden Sie ein, Ihre Wohnung einmal bewusst mit folgenden Fragen zu betreten: *Wie liegt der Weg in meiner Wohnung beim Betreten vor mir?*

So kann z. B. eine Stiege im Lebensthema *Weg–Orientierung* ein Auf und Ab und viel Bewegung auf dem eigenen Lebensweg bedeuten. Führt die Stiege nach oben, ist der Weg vielleicht zu sehr auf die Zukunft ausgerichtet, weil das Obergeschoß eines Hauses symbolisch dem Zukunftsaspekt entspricht. Führt sie nach unten in den Keller, werden die Menschen möglicherweise auf ihrem Lebensweg immer wieder mit der Vergangenheit konfrontiert. Oft ist es sogar ein Pendeln zwischen Vergangenheit und Zukunft, dann, wenn die Stiege in beide Geschoße führt. Die zeitlichen Aspekte und Zuordnungen werden wir bei den Ebenen der Ressourcen (Vergangenheit) (S. 104) und Ebene des Lebenssinns (Zukunft) (S. 178) näher betrachten und den Geschoßen eines Hauses zuordnen.

Die Neun-Felder-Aufstellung von Insa Sparrer

Bei unseren Aussagen stützen wir uns auf das Modell der Neun-Felder-Aufstellung von Insa Sparrer. Die deutsche Psychotherapeutin[47] baute ihre Neun-Felder-Aufstellung auf einer Neun-Felder-Tafel des NLP[48] auf, die neben der Zeitkoordinate, auf der sich Vergangenheit, Gegenwart und Zukunft abbilden, eine Koordinate mit drei Bereichen „Höheres Selbst", „Selbst" und „andere Personen" enthält.

Wir möchten Sparrers systemisch-psychologisches Entwicklungs- und Ressourcenmodell näher vorstellen, weil wir uns in der Entwicklung unseres Analysemodells immer wieder an diesem Modell orientieren werden.

Sparrer wählt für die vertikale Zeitachse analog zum NLP-Modell die Koordinaten „Vergangenheit", „Gegenwart" und „Zukunft". Die horizontale Achse teilt sie in die Bereiche links „interner Kontext", den Bereich der Mitte benennt sie „Grenze", und rechts ist in ihrem Modell der „Externe Kontext" abgebildet. Unter internem Kontext versteht Sparrer Kognitionen und Glaubenssätze, Emotionen, Körperempfindungen und Körperfunktionen. Dies entspricht in unserem Modell der Achse der inneren Prägung, bestehend aus den Lebensthemen *Wissen–Erfahrung*, *Familie–Sicherheit* und *Werte–Reichtum*. Diese Achse beschreiben wir als Zusammenfassung weiter hinten im Buch noch genauer. (S. 185)

Rechts bildet sich nach Sparrer der externe Kontext aus den Einflüssen von Personen, Situationen und Rahmenbedingungen ab.[49] Wir nennen diesen Kontext die Achse des sozialen Handelns. Weiter hinten (S. 191) erfahren Sie dazu Vertiefendes.

An der Grenze zwischen internem und externem Kontext befindet sich für Sparrer die Person; an der Grenze, der Mittelachse verarbeitet und integriert diese ihre inneren Erfahrungen und Einflüsse von außen. Die Mittelachse baut sich, wie die beiden anderen Achsen (bei Sparrer innerer und äußerer Kontext genannt) von der Vergangenheit über die Gegenwart in Richtung Zukunft auf. Wir übernehmen diese zeitliche

---

[47] deutsche Psychologin und Psychotherapeutin, die Familienaufstellungen und Lösungsfokussierte Kurztherapien zu systemischen Strukturaufstellungen weiterentwickelt hat.
[48] NLP heißt Neurolinguistisches Programmieren. NLP als Kommunikations-, Beratungs- und Therapieansatz beinhaltet auch eine konstruktivistische Sicht auf Kommunikation und eine lösungsorientierte Herangehensweise an Veränderungen und umfasst eine Fülle an wirksamen Methoden für die psychosoziale Arbeit mit Menschen.
[49] Sparrer, I.: Wunder, Lösung und System. Heidelberg 2001. S. 243

Lebensthemen

Schichtung des Modells auch für die Darstellung der zeitlichen Abfolgen im Wohnungskontext und sprechen von den Ebenen der Vergangenheit (Ressourcenebene), der Gegenwart (Ebene des aktiven Handelns) und der Zukunft (Ebene des Lebenssinns). In der Mitte positioniert sich bei Sparrers Aufstellungsmodell das gegenwärtige Anliegen des Klienten/der Klientin. Die Position der Vergangenheit beschreibt das Auftauchen des Anliegens als eine Ahnung davon. In der Zukunft ist das Ziel positioniert, der Zustand, in dem das Problem gelöst ist. In unserem Bezügemodell der Ebenen lehnen wir uns an Sparrers Definitionen an und gewinnen damit wesentliche Erkenntnisse zu den Ressourcen, die der Mensch aus der Vergangenheit mitbringt (S. 104) und seinem Bezug dazu. Wir erkennen wichtige Aspekte des gegenwärtigen Handelns (S. 141) und finden Bezüge zu den Zukunftszielen (S. 178).

Wie wir gerade eben beim Lebensthema *Weg–Orientierung* beschrieben haben, führen auch wir, in Anlehnung an Sparrers Modell, die Inhalte der linken Seite mit denen der rechten Seite in der Mitte zusammen. Wir nennen die auf dem Feld *Weg–Orientierung* aufbauende, über das Selbst zum Lebensziel führende Achse die Lebensachse. Mit den Inhalten und konkreten Bezügen dieser Achse werden wir uns zu einem späteren Zeitpunkt auseinandersetzen; dann, wenn wir alle Einzelthemen und die zeitlichen Ebenen kennengelernt haben (S. 196).

Das Prinzip der Polarität – Auf dem Weg der Gegensätze finden wir unsere Orientierung

An dieser Stelle möchten wir ein weiteres Prinzip einführen, das unserer Arbeit mit Raummustern zugrunde liegt – das Prinzip der Polarität. Wenn ich als Mensch mich in der Mitte zwischen meinen inneren Prägungen und äußeren Einflüssen bewege, befinde ich mich unweigerlich in einem Spannungsfeld. Wer sich nur an anderen Menschen orientiert, läuft Gefahr, die eigenen Bedürfnisse aus den Augen zu verlieren. Wer nur auf die eigenen inneren Erfahrungen fixiert ist, dem fällt es schwer, etwas von außen Kommendes anzunehmen. Wir sprechen von Polarität, wenn es sich um zwei entgegengesetzte, sich gegenseitig bedingende Positionen, Kräfte oder Dinge handelt.

Polarität bezeichnet zwei Positionen, die nur durch ihr Gegenüber erklärt werden können.

Am Polaritätsprinzip orientieren wir uns deshalb, weil wir in der Einnahme der polaren, völlig gegensätzlichen Position die extreme Außensicht zu einer Problemstellung einnehmen können. Was ist zum Beispiel der Nutzen einer Krise?

In der chinesischen Philosophie, vor allem in der taoistischen Tradition, bezeichnet die Polarität die Einheit der komplementären Polaritäten der sich ergänzenden Gegensätze. Mittlerweile ist auch im Westen das bekannteste Beispiel einer solch komplementären Polarität das von Yin und Yang. So steht Yang für alles Aktive, Zeugende, Belebende, Schöpferische, sich Ausdehnende, Glänzende, Äußere; Yin für alles Passive, Verborgene, sich Zusammenziehende, Matte, Innere. Yin und Yang ergänzen und bedingen einander und lösen sich in rhythmischem Wechsel ab. Das eine kann nicht ohne das andere existieren oder erklärt werden. So betrachtet, erscheint keines der beiden als wichtiger oder als moralisch überlegen. Das grafische Symbol von Yin und Yang zeigt, dass jedes das jeweils andere im Kern in sich birgt.

Im westlichen Denken nehmen wir immer nur eine Hälfte der Wirklichkeit wahr, entweder Gut oder Böse. In diesem Denken sind wir dem Entweder-Oder verhaftet. Dass das Böse auch einen guten Kern haben kann, und das Gute etwas Schlechtes beinhalten kann, ist dem westlichen Denken eher fremd.

Die Krise im Leben birgt immer die Chance zur Veränderung und die eigene Lage zu verbessern. Um dies zu erkennen, muss man aber die jeweils andere Position einnehmen. So wird z. B. Krankheit häufig als Makel, ja sogar als ein Schaden definiert. Sich die Frage nach dem Nutzen der Krankheit zu stellen, kann zu ungeahnten und lebensverändernden Einsichten führen. Wir sind in unseren Beratungen und Seminaren häufig mit der Frage konfrontiert: Ist das gut oder schlecht? Wenn dann die Antwort lautet: „Kommt drauf an, was Ihr Anliegen ist", stiften wir meist kurzzeitig Verwirrung.

Wenn Sie an Krisen in Ihrem Leben denken – welchen Nutzen haben sie gehabt? Worin sind Sie durch die Krisen weitergekommen? Was war das Schlechte im Guten? Das Gute im Schlechten?

Die Orientierung in der Mitte braucht beides. Wer beides in Betracht zieht, die äußeren Einflüsse und die innere Erfahrung und von beiden das Gute und das Schlechte, der wird seinen Weg wahrscheinlich sicherer und klarer gehen.

Wir achten in unserer Arbeit speziell bei der Hypothesenbildung darauf, immer auch das Gegenteil des Offensichtlichen mit in Betracht zu ziehen. So kann es etwa sein, dass jemand, der seinen Eingang zur Wohnung im Themenbereich *Weg-Orientierung* hat, bereits einen sehr klaren und geraden Lebensweg beschreitet. Wessen innere Struktur aber bisher chaotisch war, für den kann diese Eingangssituation eine ständige Erinnerung daran sein, dass einen klaren geradlinigen Weg zu gehen seine Lernaufgabe im Leben darstellt.

Lebensthemen

„Selbstbestimmt schreite ich meinem Ziel entgegen" – der Eingang im Feld Weg–Orientierung

Was könnte es nun bedeuten, wenn sich der Eingang zur Wohnung oder zum Haus im Lebensthema *Weg–Orientierung* befindet?

Der Eingang in diesem Feld des Novagramms weist uns auf ein unaufhörliches, zielgerichtetes Vorwärtsstreben hin. Entwicklungsthema der Bewohnerinnen und Bewohner ist in einer solchen Situation wahrscheinlich die Herausbildung der Fähigkeit zur ständigen Auseinandersetzung mit sich selbst und anderen. Die Aufgabe könnte sein, „in die Mitte" zu kommen, sozusagen mit beiden Beinen im Leben zu stehen. Menschen, die in einem solchen Haus oder einer solchen Wohnung wohnen, werden wahrscheinlich dazu neigen, konsequent Ziele zu verfolgen und bei der Verfolgung dieser Ziele immer wieder interne und externe Ressourcen anzuzapfen und zu nutzen. Sie verknüpfen im besten Fall äußere Meinungen und innere Reflexion zu eigenen Strategien und einem eigenen Weg, sie schaffen Verbindung zwischen innen und außen. Fremde Meinungen werden angehört, aber nicht unreflektiert übernommen. Solche Menschen haben die Fähigkeit, ihre Vorhaben auch einmal reifen zu lassen. Sie können sich unterschiedlichen Situationen und Herausforderungen sehr gut anpassen. Oder es ist ihre Aufgabe, all das zu lernen.

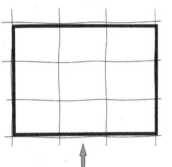

Abbildung 38:
Der Eingang im Feld
Weg–Orientierung

Die Herausforderung oder der problematische Aspekt einer solchen Eingangssituation könnte nämlich auch genau das Fehlen der Reflexion sein, wie wir gerade beim Prinzip der Polarität erörtert haben. Die Menschen in einem solchen Umfeld müssten dann die Qualitäten erst entwickeln. Sie könnten zu starr an ihren Zielen festhalten, voranstürmen ohne links und rechts zu schauen, ohne nachzudenken und andere Meinungen einzuholen.

Diese Gefahr ist besonders dann gegeben, wenn der Eingang gleich nach der Türe in einen langen Gang mündet, der schmal und schnurgerade durch die Wohnung dorthin führt, wo das Lebensziel repräsentiert ist. Manchmal gibt es Situationen, wo im Grundriss der Wohnung z. B. das rechte Eck fehlt. So etwas könnte die Situation verschärfen – ohne Rücksicht auf das soziale Umfeld werden die Ziele verfolgt.

Vorzimmer und Stiege – Repräsentanten für die Orientierung

Der Bereich gleich nach der Eingangstüre symbolisiert das Empfangende, das Aufnehmende. Hier werden wir vom Haus und den in ihm Wohnenden begrüßt und in Empfang genommen. In öffentlichen Gebäuden und Hotels sprechen wir heute noch immer vom „Empfang". Archäologische Funde aus babylonischer Zeit lassen bereits eine Verbindung aus Vorplatz und Empfangssaal als Überleitung in den privaten Bereich erkennen. Die Zweiteilung in einen öffentlichen Empfangsbereich und einen privaten Bereich gab es in der Antike auch schon in kleinen Häusern, nicht nur in großen Villen.[50]

Wesentliches Merkmal solcher Empfangsräume war bis herauf in die Neuzeit häufig die Feuerstelle zum Aufwärmen. Davon leitet sich auch der Begriff Foyer für eine Empfangshalle ab. Er wurde vom französischen Wort für „Feuerstelle, Herd" übernommen und bezeichnete ursprünglich die Stelle in einem Theater, wo sich die Schauspieler und Besucherinnen am Feuer aufwärmen konnten. Auch heute noch wird ein großer Vorraum, ob in einem Theater, einem Hotel oder großem Gebäude als Foyer bezeichnet.

Als weiteren Begriff für den Vorraum gibt es das nicht mehr sehr gebräuchliche Wort Vestibül. Dieses leitet sich vom lateinischen Wort *vestibulum* ab und bezeichnet den Vorplatz, den Vorhof, die Vorhalle. Im antiken Rom wurde mit *vestibulum* zunächst der geschmückte Platz zwischen Straße und Haustür vornehmer Häuser bezeichnet. Der Architekt Vitruv empfahl z. B., es so verschwenderisch wie möglich zu gestalten, um durch Wohlstand zu beeindrucken.[51] In der späten Römerzeit ging der Begriff auf den Raum zwischen Haustür und Atrium über. Dieser Raum, unmittelbar hinter dem Eingang, entspricht im heutigen Sprachgebrauch unserer Diele. In Österreich und im süddeutschen Raum gibt es dafür auch das Wort Vorhaus, welches unmittelbar an die Bedeutung des Vestibulums anknüpft. Manchmal sagen wir auch Garderobe dazu, weil dort der Platz zum Ablegen der Oberbekleidung ist. Der Raum wird damit zwar in seiner Funktion sehr minimalisiert, hat aber symbolisch immer noch seinen Bezug zur ursprünglichen Bedeutung von Empfangen und Beeindrucken.

Der Hausflur, die Diele war im europäischen Raum über das Mittelalter hinaus der größte Raum des Hauses, weil sich hier das öffentliche Leben, ja sogar der Handel und das Gewerbe des Hauses abspielten. In

---

50 Höpfner, W. (Hg.): Geschichte des Wohnens. Band 1. Stuttgart 1999, S. 43
51 Sennet, R.: Fleisch und Stein. Berlin 1995, S. 150

traditionellen Bauernhäusern ist das heute noch so. Ab dem Ende des 17. Jahrhunderts wurde die ursprünglich sowohl als Wohn- als auch als Arbeitsraum genutzte Diele in ihren Ausmaßen erheblich reduziert, weil aufgrund der Enge der Städte der Bedarf an kleineren Räumen mit klarer funktionaler Zuweisung eklatant anstieg.[52] Der Hausflur schrumpfte mehr und mehr zu einem reinen Gang oder Korridor.

Beide, Gang und Diele, haben in ihrer ursprünglichen Form die Funktion als Zwischenraum gemeinsam. Sie bilden eine Schleuse zwischen Öffentlichkeit und Privatheit.

Das Fränkische hat die Bezeichnung *Ern (Ehrn, Eren)* für den Hausflur, im Alpenraum kennen wir das Wort *Erg*. Die Herkunft der Worte leitet sich vermutlich von „Erdn" (hochdeutsch „Erde") ab. Ähnlich auch das Wort *Labn* im südlichen Alpenraum, das einen Bezug zum Begriff Lehm aufweist und auch wie Ern sich vom Vorraum mit gestampftem Erdboden ableitet. Der Boden im Vorraum hatte und hat die Funktion, den groben Schmutz außerhalb der Wohnräume abzustreifen. Die Bodenbeschaffenheit, wie eben der gestampfte Erdboden in den Häusern unserer Vorfahren, ist für uns ein weiterer Hinweis auf diese Schleusenfunktion. Sie tritt auch heute noch in der Gestaltung durch einen anderen, schmutzaufnehmenden oder schmutzresistenteren Fußboden zutage. Hier bleiben die verschmutzten Straßenschuhe und der nasse Mantel zurück, aber auch die Gedanken an die Außenwelt.

Dem Gast gibt der Vorraum die Möglichkeit, sich im Haus zu orientieren. Wie geht es weiter? Hier schaffe ich mir als Gast einen neuen Koordinatenursprung innerhalb des Hauses, von dem aus ich mir die Hauptrichtungen links-rechts-vorne definiere. Im Vorraum erkenne ich bereits wesentliche Teile des individuellen Wohnmusters.

Der Vorraum zeigt, was uns im Haus erwartet, wie und auf welche Weise wir willkommen sind. Struktur und Dimension des Raumes deuten auf die Orientierung der hier Wohnenden hin. Ist die Diele eng und peinlich sauber aufgeräumt oder lässt sie durch herumstehende Schuhe, eine offene Garderobe schon einen Schluss auf eine gewisse Offenheit zu – als Gast werde ich mir bereits im Vorraum so meine Gedanken machen. Der Vorraum als Empfangsraum weist den Weg durch das Haus und erschließt die Räume. Gleichzeitig sendet er Signale zum individuellen Weg, den die Gastgeber gehen. Sind sie geradlinig, zielgerichtet oder kompliziert, sind sie chaotisch oder perfektionistisch? Art

---

52 Friedhoff, J.: in Dirlmeier, U.: Geschichte des Wohnens. Band 2. Stuttgart 1998. S. 630

und Größe der Türen geben Hinweise auf die Nutzung der anschließenden Zimmer. Die kleinere WC-Türe, die breite Türe ins Wohnzimmer geben derartige Hinweise. Welche Türen sind offen, welche geschlossen? Offene Türen vermitteln den Eindruck, dass ich hier als Gast vordringen darf, so wie bereits in römischer Zeit die Gastgeber mit der Anzahl der zurückgezogenen Tuchvorhänge[53] dem Gast Hinweise gaben, wieweit er ins Innere des Hauses vordringen durfte.[54]

In diesem Zwischenraum, wo Gäste empfangen werden, findet die Begegnung zwischen Gastgebern und Gästen statt. Hier wird, um mit Richard Sennet zu sprechen „ ... die Menschengruppe um uns aussortiert, um je nach Bedeutung vom Herrn drinnen empfangen zu werden."[55] Diese Schleuse bietet die Möglichkeit, die Vertrauenswürdigkeit des Gastes zu testen, sich zu entscheiden, wieweit man jemanden in das Intime des Hauses hereinlässt. Einen Hausierer fertigen wir schon an der Schwelle ab, der Briefträger oder die unvermutet vorbeischauende Nachbarin dürfen schon den Vorraum betreten, um ein paar Worte zu wechseln. Freunden, Freundinnen und geladenen Gästen nehmen wir hier den Mantel ab. Sobald die Straßenschuhe und die Jacke ausgezogen sind, dürfen sie ins (Halb-)Private.

Beim nächsten Nachhausekommen könnten Sie sich fragen: *Wie werde ich von meinem Haus/meiner Wohnung empfangen? Wie filtere ich meine Besuche mit Hilfe des Vorraums? Wie weist mir der Vorraum meinen Lebensweg? Ist er eng oder weit?*

Die Treppe ist eine der ältesten menschlichen Erfindungen zur Überwindung der Schwerkraft. Sie gibt Orientierung nach unten und oben. Die Idee der Treppe ist einfach. Funde von Baumstämmen mit stufenartigen Einkerbungen aus dem Neolithikum lassen bereits auf eine Verwendung als Treppe schließen. Die älteste erhaltene Holzstiege Europas wurde im Hallstätter Salzberg entdeckt. Zum Fundzeitpunkt konnte sie auf ein Alter von genau 3349 Jahren datiert werden.

Treppen gehören zu den interessantesten Bauteilen eines Gebäudes. Das Treppenhaus bildet das Herzstück jeden Hauses, ist Schnittpunkt horizontaler und vertikaler Verbindungswege. In der chinesischen Philosophie wird die Treppe als Rückgrat des Hauses gesehen. Das Rückgrat ist einerseits Stütze und dient andererseits als Nervenkanal dem Energietransport. Die Treppe hat, wie das Rückgrat des Menschen, die Aufgabe, alle Ebenen des Hauses zu verbinden.

---

53 Statt mit massiven Innentüren wurden in römischen Häusern die einzelnen Räume üblicherweise durch Tuchvorhänge getrennt.
54 vgl. dazu Sennet, R.: Fleisch und Stein. Berlin 1995, S. 151
55 Sennet, R.: Fleisch und Stein. Berlin 1995, S. 152

Durch diese wichtige Funktion waren Stiegen[56] daher immer auch ein Mittel zur Selbstdarstellung der Bauherrschaft. Aus der Ausschmückung der Treppe, ihrer Form, der Breite, dem Steigungsverhältnis, der Art des Geländers und vielem mehr lassen sich Rückschlüsse auf deren Besitzer und Besitzerinnen ziehen.

Die Treppe ist auch ein Symbol der Macht.

Schon die Stufenpyramiden der Hochkulturen in Ägypten und Südamerika zeigten eindrucksvoll den Weg nach oben und produzieren heute noch durch die Höhe und Größe der Stufen Ohnmachtsgefühle. Der Mensch fühlt sich klein, steht er vor einem solch gewaltigen Bauwerk. Blickt er nach oben, tut die Perspektive ein Übriges. Die Spitze scheint endlos in den Himmel zu reichen, der Aufstieg ist sehr mühevoll. Diese Symbolkraft von Macht wussten Bauherren von sakralen und repräsentativen Bauten schon immer zu nutzen.

Die Treppe bildet den Übergang zwischen verschiedenen Ebenen und wird daher schon seit langer Zeit mit der Bedeutung des Überganges zwischen verschiedenen Bewusstseinsebenen und damit auch spiritueller Symbolkraft belegt. Sie symbolisiert die Verbindung zwischen Himmel und Erde, den Zugang zum Transzendenten. Der Weg in den Himmel verlangt dem Menschen Anstrengung ab. Wer einmal die Wendeltreppe in den Turm einer großen Kathedrale emporgestiegen ist, kennt diese Anstrengung.

Kirchliche und weltliche Machthaber wussten die Symbolik der Treppen zu nutzen. Die berühmtesten Stiegenanlagen in Klöstern und Schlössern sind Zeugen dafür. Treppen sind ideal geeignet, Hierarchien zu verdeutlichen und Rangunterschiede zum Ausdruck zu bringen. Von oben herab wird der Gast begrüßt und empfangen, von unten muss er sich nähern und erkennt gleich Machtfülle, Rang und Wohlstand seiner Gastgeber. Ehrfurchtsvoll nähert man sich den Zentren der Macht, des Wissens und der Kunst, auch heute noch. Sei es auf der Philosophenstiege der Wiener Universität, der Prunkstiege der Wiener Staatsoper oder den Treppen zum Guggenheim Museum in Bilbao.

An welche Treppen können Sie sich erinnern, die in besonderem Maße Macht und Ohnmacht symbolisierten?

Eine Stiege hat aber auch etwas Anziehendes, man geht unweigerlich auf eine Treppe zu, in der Erwartung, oben eine bessere Aussicht zu haben, eine neue Perspektive. Im Ersteigen einer Treppe ändert sich die Perspektive ständig, insbesondere bei einer gewendelten Treppe öffnet sich der Blick bei jedem Schritt etwas Neuem.

---

56 österreichisches Synonym für Treppe

Wer jemals einen Turm hinaufgestiegen ist, weiß auch von der meditativen Wirkung einer Stiege. Im Gleichklang, Schritt für Schritt und im Rhythmus des eigenen Atems steigen wir nach oben. Schon nach ein paar Stufen kennt der Körper den Rhythmus, egal ob die Stufen regelmäßig oder unregelmäßig sind. Der Klang des Treppensteigens hat daher auch etwas Musikalisches. Die Verbindung von Treppe und Musik findet im Begriff der Tonleiter ihren stärksten Ausdruck. Das Gestalten einer Stiege war früher genauso wie die Musik mit einem künstlerischen Anspruch verbunden. Leider schenkt die Architektur heute den Treppen und Stiegenhäusern weniger Aufmerksamkeit. Mit dem Aufzug ist die Treppe zur Fluchtstiege verkommen.

Wie für die alten Ägypter, die den Toten oft Leitern und Treppen mit ins Grab gaben, um symbolisch den Übergang ins Totenreich zu erleichtern, so ist für Sigmund Freud die Treppe als Traumsymbol das Abbild von Übergangssituationen im Leben. Für ihn gilt ja das Haus generell als Symbol für die Persönlichkeit. Die Treppe verbindet die verschiedenen Persönlichkeitsbereiche des/der Träumenden, die verschiedenen Etagen der Persönlichkeit.[57]

Kaum einer hat die Bedeutung der Stufen als Lebenssymbolik besser beschrieben als Hermann Hesse in seinem Gedicht „Stufen", in dem es unter anderem heißt:

Wir sollen heiter Raum um Raum durchschreiten,
An keinem wie an einer Heimat hängen,
Der Weltgeist will nicht fesseln uns und engen,
Er will uns Stuf' um Stufe heben, weiten.

Und damit sind wir bei einer für unsere Arbeit essentiellen Bedeutung angelangt: In Gebäuden dient die Stiege der Verbindung von Keller mit Erdgeschoß und Obergeschoßen bzw. dem Dachboden. Symbolisch betrachtet dient also die Stiege der Verbindung von Vergangenheit, Gegenwart und Zukunft (zur zeitlichen Schichtung des Hauses finden Sie mehr ab S. 104). Sigmund Freud erweiterte den Vergangenheitsaspekt des Kellers, indem er diesen auch mit dem Unbewussten in Bezug setzte. Demnach wäre die Kellerstiege der symbolische Zugang zum Unbewussten. Der Abstieg hat etwas Geheimnisvolles. Die Dachbodenstiege hingegen führt hinauf ins Überbewusste, in das, was uns noch nicht zugänglich erscheint. Die in vielen Häusern übliche Zugtreppe in den Dachboden könnte eine symbolische Barriere darstellen. Sie muss ganz bewusst heruntergeholt werden, um eine Verbindung zu diesem geisti-

---

57 vgl. dazu Hirsch, M.: Das Haus – Symbol für Leben und Tod, Freiheit und Abhängigkeit. Gießen 2006, S. 95

gen Aspekt herzustellen, so wie wir uns ganz bewusst mit unseren Visionen auseinandersetzen müssen, um Zugang zu unseren tiefsten Wünschen zu erhalten.

Welche Bereiche oder Räume werden in Ihrem Wohnen durch eine Stiege verbunden?

Wohin führen die engen Treppen, wohin komfortable Stiegen? Welche begehen Sie gerne? Welche werden gemieden?

Und was könnte das mit Ihrem Leben zu tun haben?

In der Wohnraumanalyse schenken wir der Stiege breite Aufmerksamkeit. Es hängt von der Beschaffenheit der Treppe ab, wie die Geschoße eines Hauses miteinander verbunden sind. Eine offen in den Raum integrierte Stiege vermittelt eine stärkere und freiere Verbindung der Ebenen. Ein abgeschlossenes Stiegenhaus hat trennende Wirkung – was oben, z. B. in den Kinderzimmern, geschieht, wird unten, in den Wohnräumen, gar nicht wahrgenommen.

In Mehrparteienhäusern können Stiegenräume ziemlich problematisch werden. Sie ragen in einen als vollständiges Rechteck gedachten Wohnungsgrundriss hinein und führen dort zu einem sogenannten Fehlbereich – d. h. ein Lebensthema des Novagramms bzw. zumindest ein großer Teil davon ist den Bewohnern und Bewohnerinnen der betroffenen Wohnung nicht zugänglich, wird von fremden Personen begangen, ist „fremdbesetzt", wie wir sagen. Daraus entsteht in Bezug auf dieses bestimmte Lebensthema häufig das Gefühl, zu vielen äußeren Einflüssen ausgesetzt zu sein. Lesen Sie mehr zu der Wirkung von Fehlbereichen im Abschnitt zu Kreativität und Entwicklung (S. 116).

2. Die Ebene der Ressourcen – die Vergangenheit

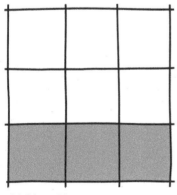

Abbildung 39:
Ebene der Ressourcen

Wir wollen nun, da Sie die einzelnen Urthemen der ersten Ebene kennengelernt haben, den Versuch einer Verbindung ebendieser herstellen. Wir wollen die eben besprochenen Themen in einen systemischen Zusammenhang bringen und Bezüge zwischen ihnen herstellen.

Dazu bedarf es unserer Meinung nach eines kurzen Überblicks darüber, was wir unter systemischem Denken verstehen, und was dies in unserem Kontext bedeuten könnte. Danach bringen wir die Ebene der Ressourcen in einen zeitlichen Zusammenhang mit Vergangenheitsaspekten und beschreiben die räumlichen Repräsentanten für die Ressourcen.

Das Thema – die Ressourcen

Was könnte es sein, das den inneren Kontext des Wissenserwerbs und der Erfahrungen mit dem äußeren Kontext des sozialen Austauschs verbindet und in der Mitte, in der Orientierung auf dem eigenen Weg zusammenführt? Dazu könnte Sie vielleicht eine Frage auf die Spur bringen:
Woran erinnern Sie sich, wenn Sie zurück auf Ihr bisheriges Leben blicken?

Wahrscheinlich tut sich Ihnen ein Netz an Zusammenhängen auf, das Sie, als Sie in der Vergangenheit mitten im Geschehen standen, so vielleicht nicht wahrnehmen konnten. Sie erkennen Menschen, die sich erst aus dem Blick zurück als hilfreich und unterstützend entpuppen, und Sie erinnern sich vielleicht an missliche Erfahrungen, an Krisen, die erst die Entwicklung von besonderen Kompetenzen notwendig und möglich machten. Aus der zeitlichen Distanz betrachtet, können Sie erkennen, dass Begegnungen und Erfahrungen, Wissenserwerb und sozialer Austausch mit wichtigen Menschen sich zu Ihrem ganz individuellen Weg als Orientierungsmuster zusammenfügen. Diesen Schatz nennen wir Ressourcen; es sind Quellen der Kraft, die uns Menschen auf dem Lebensweg begleiten und weiterbringen.

Das Wort Ressource kommt aus dem Französischen und bedeutet *Mittel, Quelle*. Es leitet sich vom lateinischen *resurgere* ab, das *hervorquellen, wieder erstehen* bedeutet.[58] Der deutsche Duden beschreibt damit einen natürlich vorhandenen Bestand von etwas, was für einen bestimmten Zweck, besonders zur Ernährung der Menschen und zur wirtschaftlichen Produktion, benötigt wird, bzw. (Geld-)Quellen, auf die jemand zurückgreifen kann.

Der Begriff Ressource wird in vielen verschiedenen Fachbereichen verwendet. Eine Ressource kann ein materielles oder immaterielles Gut sein. In der Betriebswirtschaft werden darunter Betriebsmittel, Geldmittel, Boden, Rohstoffe, Energie oder Personen und (Arbeits-)Zeit verstanden. Wir erinnern uns an die Lagerräume in den antiken Häusern – die Betriebsmittel links des Eingangs (S. 52).

In der Psychotherapie bezeichnet man die inneren, oft unbewussten Potenziale eines Menschen, wie Fähigkeiten, Fertigkeiten, Kenntnisse, Erfahrungen, Talente, Neigungen und Stärken als Ressourcen. Die Soziologie wiederum benennt neben den ökonomischen Ressourcen auch soziale, wie z. B. Beziehungsnetze und kulturelle Ressourcen, etwa Bildung. Sie beeinflussen den sozialen Status eines Akteurs, einer Akteu-

---
58 www.duden.de (Stand Juli 2014)

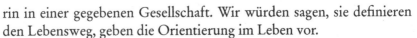

rin in einer gegebenen Gesellschaft. Wir würden sagen, sie definieren den Lebensweg, geben die Orientierung im Leben vor.

Mit dieser letzten Beschreibung kommen wir der Bedeutung unserer Ebene der Ressourcen mit ihrem systemischen Zusammenhang, der sich aus den drei Lebensthemen *Wissen–Erfahrung*, *Sozialer Austausch* und *Weg–Orientierung* ergibt, sehr nahe. Der Bezug aus angeborenem und erworbenem Wissen, aus aufgrund von persönlichen Erfahrungen entwickelten Kompetenzen, bildet das Potenzial an geistigen Mitteln. Die im kommunikativen Austausch mit anderen Menschen, in der Auseinandersetzung mit äußeren Rahmenbedingungen, die aus der Fülle an Beziehungsnetzen gewonnenen Stärken und Einsichten bilden die sozialen und emotionalen Mittel für eine Bewältigung des eigenen individuellen Lebensweges. Man kann jederzeit darauf zurückgreifen.

Innerhalb einer Psychotherapie spricht man von ressourcenorientierter Arbeit, wenn diese Kraftquellen genutzt werden, um den Heilungsprozess zu fördern, anstatt auf die Analyse von Problemen und ihrer Ursachen zu fokussieren. In diesem Sinne setzen wir auch die äußeren Abbildungen in Wohnung und Haus ein, um in den Klientinnen und Klienten einen ressourcenorientierten Blick auf ihre Vergangenheit entstehen zu lassen.

Vergleichen wir zwei relativ gegensätzliche, aber häufig auftretende bauliche Gegebenheiten: In einer Wohnung sind auf der Ebene der Ressourcen eine Reihe ganz kleiner Räume in einer vielleicht sogar beengenden Struktur angeordnet, wie z. B. Abstellraum, kleines WC, kleines Bad, enger Vorraum. Das könnte bedeuten, dass die Vergangenheit von einer eher kleinräumigen, engen Struktur geprägt war. Um auf die eigenen Ressourcen zurückzugreifen zu können, ist es wichtig, immer wieder unterschiedliche Türen, man könnte auch sagen Schubladen zu öffnen. Andrerseits kann aber diese (Klein-)Strukturiertheit auch eine klare Orientierung und Sicherheit geben. Es gibt auch Sicherheit zu wissen: Die Potenziale sind gut hinter den diversen Türen verwahrt und vor fremdem Zugriff geschützt.

Wird andererseits die Ebene in voller Breite von einem großen, weiten Vorraum dominiert, liegt alles offen. Manchmal mag in so einer Situation die Orientierung gar nicht so leicht fallen – man hat alles im Blick, muss aber auch den Überblick bewahren. Große Offenheit macht aber auch verletzbar. Wir hatten einmal einen Klienten, der sich beim Neubau eines Hauses bewusst eine solche Eingangssituation plante. Er wusste um seine in der Vergangenheit erworbenen (Geld-)Mittel und ging sehr unkompliziert und offen mit seinen Ressourcen um. Er plante, die Diele als Kunstraum zu gestalten, blieb aber in der

Umsetzung letztendlich stecken. Möglicherweise spürte er unbewusst auch die lauernde Gefahr, wenn die Schätze gleich hinter der Haustür verborgen sind.

Um die Zusammenhänge der Lebensthemen verständlicher zu machen, macht es an dieser Stelle auch Sinn, uns mit dem Hintergrund einer systemischen Sichtweise zu beschäftigen.

Systemisches Denken

Unsere Vorgangsweise, den Menschen im Zusammenhang und in der Wechselwirkung mit seinem Lebensraum, genauer gesagt im Kontext seines Arbeitens und Wohnens zu verstehen, könnte man einen systemischen Zugang nennen, wie ihn z. B. der Physiker, Systemtheoretiker und Philosoph Fritjof Capra erklärt. Er versteht unter systemischem Denken das Verständnis eines Phänomens innerhalb des Kontextes eines größeren Ganzen. Dinge systemisch zu verstehen heißt also, sie in einen Kontext bringen und das Wesen ihrer Beziehungen festzustellen.[59]

In der Erklärung der Ebenen und Achsen versuchen wir, die Beziehungen der einzelnen Urthemen zueinander in einen solchen systemischen Denkzusammenhang mit ihrer Bedeutung für den Menschen zu bringen. Nehmen wir die Ebene, die aus den Themen *Wissen–Erfahrung*, *Sozialer Austausch* sowie *Weg–Orientierung* besteht. Wir fragen uns, was diese drei Themen gemeinsam haben? In unserem Fall stellen sie allesamt Ressourcen im oben beschriebenen Sinne dar.

Werfen wir aber zuerst noch einen Blick auf Fritjof Capras essentielle Kriterien systemischen Denkens,[60] um unseren Zugang zu den Beziehungen zwischen gebautem Lebensraum und Seelenraum des Menschen zu erläutern:

Capra sagt: „Lebende Systeme entstehen aus den organisierenden Beziehungen der Teile des Systems."[61] Dieses Prinzip erkennt man, wenn man den Unterschied zwischen einem Gebäude und einem Wohnhaus betrachtet. Es braucht Menschen, um aus einem Gebäude ein Wohnhaus entstehen zu lassen: Menschen, die das Gebäude in Besitz nehmen, einziehen, mit ihren Habseligkeiten ausgestalten und vor allem mit Aktivität erfüllen. So entsteht erst ein lebendes System. Wie rasch verändert sich z. B. ein Haus, wenn es nicht bewohnt wird! Wenn

---

59 Capra, F.: Lebensnetz. München 1966, S. 40
60 Capra, F.: Lebensnetz. München 1996, S. 51ff
61 Capra, F.: Lebensnetz. München 1996, S. 51

der Architekt oder die Planerin das Gebäude nur als technisches Gebilde oder als Kunstobjekt sehen, kann es passieren, dass es den Menschen nach dem Einzug schwer fällt, ein Gefühl von Schutz und Geborgenheit, schlichtweg ein Gefühl von Identifikation zu entwickeln.

Andererseits könnte manche Therapie und psychologische Beratung von Individuen und Familiensystemen vielleicht noch bessere Effekte erzielen, wenn das Lebens- und Wohnumfeld mitberücksichtigt würde. Eine unserer Klientinnen war völlig überrascht, als sich in ihrem Wohnungsgrundriss und der Symbolik ihrer Einrichtung die gleichen Lebensthemen signifikant zeigten, die sie seit längerer Zeit in einer Psychotherapie bearbeitet hatte. Sie war das Gefühl nie losgeworden, irgendwie immer in alte Muster zurückzufallen. Durch die Wohnungsanalyse hatte sie plötzlich einen Spiegel für ihre inneren Prozesse in ihrem Wohnumfeld zur Verfügung und konnte Zusammenhänge zwischen den inneren Vorgängen und äußerer Symbolik erkennen. Damit fand sie eine zusätzliche Aktionsmöglichkeit zur Veränderung. Sie schuf sich durch die Veränderungen in der Wohnung einfach neue Muster, auch für ihr Innenleben.

Ein weiteres wichtiges Prinzip der Systemtheorie besagt, dass Systemdenken sich nicht auf Grundbausteine konzentriert, sondern auf Grundprinzipien der Organisation.[62] Während viele Bauherren jedoch im wahren Sinne des Wortes einen Planungsprozess mit den Bausteinen beginnen – sie starten mit den Überlegungen zum Baumaterial –, beginnt ein systemischer Planungsprozess mit den Fragen: Was bezwecke ich? Wohin will ich? Was sind meine Bedürfnisse und auf das Wohnen bezogenen Werthaltungen? Und was ist für diesen Weg geeignet? Nicht richtig oder falsch, gut oder schlecht stehen im Mittelpunkt, sondern die Frage nach den Wirkungen. Zum Beispiel: Welche Wirkungen in Bezug auf meinen Wunsch nach einem behaglichen ökologischen Haus hat das eine bzw. das andere?

Auch in einem Coaching kann es sinnvoll sein, sich die Frage zu stellen: Welches Umfeld fördert den Menschen am besten in seiner persönlichen Entwicklung oder auch in der Ausübung seiner beruflichen Funktion? So konnte die einfache Veränderung der Sitzposition einer Führungskraft das Gefühl des Kontakts zu Mitarbeitern und Mitarbeiterinnen stärken und die Kontrolle über das Team verbessern (ausführlich beschrieben S. 156).

Im Systemischen Denken gilt die Aufmerksamkeit nicht nur dem Gesamtsystem. Menschen, die systemisch denken, brauchen vielmehr

---

62 Capra, F.: Lebensnetz. München, 1996, S. 43

die Fähigkeit, sich wechselweise verschiedenen Systemebenen und so genannten Subsystemen zuwenden zu können. Diese Subsysteme können aber andere Eigenschaften als das Gesamtsystem aufweisen; dadurch steigt die Komplexität in der Wahrnehmung.

Auf das System Haus bzw. Wohnung angewandt, betrachten wir die einzelnen Räume als Subsysteme. Sie sind unterschiedlich in ihrer Funktion: Eine Küche hat andere Eigenschaften aufzuweisen als ein Kinderzimmer oder ein Schlafzimmer. In einem Familiensystem werden zudem manche Räume, z. B. Wohnzimmer, Bad etc. von allen Personen, manche aber, wie z. B. die Kinderzimmer, nur von bestimmten Personen genutzt. So unterschiedlich die Nutzungsräume in ihrer Funktion und – wie wir sie gerne auch betrachten – in ihrer Symbolik sind: Es gibt im Vergleich der jeweiligen Räume häufig auch Analogien zu entdecken. Da kann z. B. der Eingang in jeden Raum durch das gleiche Urthema führen oder in mehreren Räumen immer im gleichen Urthema eine Ecke fehlen. Solche analogen Aspekte weisen auf essentielle Lebensthemen bei den Bewohnern und Bewohnerinnen des Hauses bzw. der Wohnung hin. Unser Suchen gilt daher den sogenannten Analogien, den Wiederholungen von bestimmten Mustern. Wir bewegen uns bei dieser Suche von außen nach innen, vom Großen ins immer Kleinere. Wenn hierbei immer wieder analoge Symbole auftauchen, werten wir das dann als starken Hinweis auf ein bestimmtes Muster. Die Zusammenhänge werden immer komplexer.

Systemdenken ist immer auch Umweltdenken – wir überprüfen immer wieder die Systemverträglichkeit und schauen in Planung und Beratung in erster Linie auf Zusammenhänge. Wie verhält sich ein Gebäude in der Landschaft? Wie verhalten sich einzelne Räume zueinander? Wie wird das Haus von den Menschen genutzt? Welchen Einfluss hat das Wohnumfeld bzw. das Arbeitsumfeld auf das Wohlbefinden und/ oder die Krankheiten der Menschen? Wie kommunizieren die einzelnen (System-)Teile miteinander? Was macht der Mensch mit seinem Umfeld? Wie beeinflusst der Lebensraum das Verhalten des Menschen? Die wahrnehmbaren Beziehungen zwischen Mensch und Raum nennen wir Atmosphäre.

Wir möchten Sie gerne einladen, mit dem Nachdenken über die eine oder andere der folgenden Fragen Ihr systemisches Bewusstsein zu schärfen:

In welcher Beziehung stehen Sie zu ihrem Haus, Ihrer Wohnung?
In welcher Beziehung stehen die einzelnen Räume Ihrer Wohnung zueinander?

Lebensthemen

Wie kommuniziert Ihre Wohnung mit anderen Wohnungen im Haus? Wie das Haus mit seinem Umfeld, mit der Nachbarschaft, mit der Natur im Außen?

Wie beeinflusst Ihr Lebensumfeld ihr Wohlbefinden?

Vielleicht ist diese Aufgabe nicht ganz leicht, aber Ihre ehrlichen Antworten darauf geben Ihnen ein Bild davon, wie Sie selbst in Ihr Umfeld eingebunden sind und welchen Einflüssen Sie gehorchen. Wir hoffen, Sie haben Lust auf diese systemischen Experimente.

Vorne und hinten, oben und unten: die zeitliche Schichtung

Wenn aus dem Keller deiner Seele
Dämonen aufsteigen
Dir Angst bereiten
Lass sie ein
Lass sie tanzen ...
Kurt Eberhard

Wie wir in Abschnitt A, beim Thema Orientierung des Menschen (S. 30) festgestellt haben, gehen wir davon aus, dass sich Menschen im Wohnen hauptsächlich anhand ihrer Gehrichtung orientieren und die Richtung, zumindest in unserem Kulturkreis, auch zeitlich interpretieren. Vorne und damit im Blickfeld ist, was in der Zukunft als eine noch zu durchlaufende Lebensspanne vor mir liegt; hinten ist die zurückgelegte Strecke des (Lebens-)Weges. Vorne sehe ich meine Zukunft, der Blick zurück ist ein Blick in die Vergangenheit. So können wir eine Wohnung auf einer symbolischen Ebene auch zeitlich strukturieren. Wenn sich also symbolisch gesprochen ein Mensch in seiner Mitte, im Novagramm definiert durch das Feld *Selbst–Identität*, befindet, empfindet er die von uns bereits beschriebenen Lebensthemen *Wissen–Erfahrung*, *Sozialer Austausch* und *Weg–Orientierung* in ihrem Zusammenhang als Bereich, auf den er oder sie zurückgreifen kann. Erfahrung und Austausch, sowie die damit verbundene Orientierung, stellen somit Ressourcen aus der Vergangenheit dar.

Abbildung 40:
Zeitliche Zuordnungen zu den Ebenen

Vergangenheit, Gegenwart und Zukunft werden in einem Wohnungsgrundriss den hintereinander gereihten Ebenen zugeordnet.

Analog dazu entsprechen die verschiedenen Geschoße eines Hauses übereinander geschichteten Strukturen, die über die Stiege als Rückgrat

Die Ebene der Ressourcen – die Vergangenheit

miteinander verbunden sind. Das Erdgeschoß mit dem Hauseingang übernimmt dabei die führende und verteilende Rolle. Alles, das Oben und das Unten, sind auf das Erdgeschoß als Strukturgeber fokussiert. Für uns entsprechen die einzelnen Geschoße symbolischen Deutungsebenen, wobei wir uns an die Symbolik C. G. Jungs anlehnen. Für C. G. Jung bedeutete der Keller das Vergangene, wie er bei der Analyse seines persönlichen Haustraumes feststellte. Davon abgeleitet sprechen wir auch von „Leichen im Keller", wenn jemand etwas aus der Vergangenheit nicht bewusst erkennt oder auch verheimlicht. Der Ausgangspunkt unserer raum-zeitlichen Betrachtung befindet sich im Geschoß des Haupteinganges, meist ist das das Erdgeschoß. Aus der Gegenwart bewegt man sich nach unten, taucht hinab in die Vergangenheit, in sein Unbewusstes.

Der Keller symbolisiert somit die persönliche Vergangenheit, die Ursprungsfamilie, die vergangene Entwicklung, Einflussfaktoren auf die persönliche Entwicklung in der Vergangenheit. Steigt man hingegen vom Erdgeschoß hinauf, begibt man sich in die Zukunft. Zukunft wird auf einer geistigen Ebene entwickelt. Der Dachboden als oberstes Geschoß symbolisiert das Überbewusste, wie wir später, bei der Ebene der Zukunft, noch näher erläutern möchten (S. 178).

Betrachten wir die einzelnen Themen der Vergangenheitsebene in ihrem Zusammenhang und ihren Bezügen untereinander: Wer oder was hat den bisherigen Weg des Menschen beeinflusst? Wo ist der Ursprung seiner Loyalitäten? Was oder wer gab ihm Orientierung? Welche Erfahrungen haben einen Menschen geformt? Was hat er innerlich verarbeitet, reflektiert und als Erinnerung, bewusst und unbewusst, abgespeichert?

Auf den Pfeilern von Urvertrauen und Urwissen (repräsentiert im Themenfeld links der Mitte) baut menschliche Intuition auf. Sie macht sich als innere Stimme oder in Form innerer Bilder aus dem Unbewussten (dem Keller) heraus bemerkbar, deren Bedeutung wir Menschen nur allzu oft nicht bewusst erkennen und abwertend verwerfen.

Verwurzelung und sichere Orientierung auf einem klaren Weg (Mitte) entsteht nur im ständigen Wechselspiel zwischen Rückhalt und Austausch und dem inneren Aufrütteln durch ständiges Lernen, Hinterfragen und Abspeichern. Ein Kind braucht eine breite Basis, ein Fundament an Bezugspersonen, einen festen, sicheren Lebensraum, um Wurzeln schlagen zu können und gut geerdet seinen ganz persönlichen Weg zu finden. Diese Qualitäten finden wir rechts der Mitte im so genannten, äußeren, sozialen Kontext.

Im äußeren Kontext (rechts) ist alles abgebildet, was den Menschen in seiner Vergangenheit im Austausch mit seinem Umfeld beeinflusst

Lebensthemen

hat. Das sind andere Menschen, soziale und umweltbezogene Rahmenbedingungen. Letztere schließen alle Aspekte des Wohnens, des Lebensraumes, in dem ein Mensch heranwächst, mit ein. Welche Lösungen haben sich im Umgang mit Menschen und Umwelt als praktikabel und erfolgreich erwiesen, was gab Rückhalt?

In der Verbindung von Lernen aus den eigenen Erfahrungen und dem, was Wegbegleiter und Wegbegleiterinnen mir zeigten, habe ich in der Vergangenheit meinen Ressourcenpool aufgebaut. Ich gehe meinen ganz persönlichen Weg, indem ich andere beobachte und imitiere, sie mir zum Vorbild nehme, mich in einem Prozess des Gebens und Nehmens austausche, das Erfahrene kognitiv (links) verarbeite und so lerne, in meinen eigenen Schritten zu gehen. Ich lerne und selektiere und finde so in der Mitte meine eigene Struktur und Orientierung. Alles, was ich als Mensch gelernt und im Austausch mit anderen erfahren habe, trage ich mit mir, wie in einem Rucksack. Dieser Rucksack kann Nahrhaftes, aber auch Ballast beinhalten.

Interessant scheinen uns dazu auch die Vergangenheitsbezüge im Kontext der Symbolik von Haus und Wohnung, wenn wir Grundrisse antiker Häuser betrachten. In den alten griechischen Häusern war links vom Eingang meist das Lager situiert, Produkte, in der Vergangenheit hergestellt bzw. geerntet, wurden dort feilgeboten. Rechts im Andron tauschten die Gäste mit dem Hausherrn ihre (aus vergangenen Erlebnissen) mitgebrachten Erfahrungen aus. In unseren traditionellen Gasthäusern wird am Stammtisch ausgetauscht, was in der unmittelbaren Vergangenheit geschehen ist. Dazu wird ausgeschenkt, was einen guten, traditionellen Reifungsprozess benötigte – Wein oder Bier.

Vielleicht sind Sie neugierig geworden, und Ihre Aufmerksamkeit richtet sich verstärkt auf diese erste Ebene ihrer Wohnung. Dabei könnten Sie Fragen auftauchen lassen wie:

Welche inneren Überzeugungen haben mich in der Vergangenheit geprägt, und welche davon beeinflussen meinen Weg auch noch in der Gegenwart?

Was trage ich in meinem Rucksack, Ressourcen oder Ballast aus meiner Vergangenheit?

Vielleicht entdecken Sie dabei das eine oder andere in Ihrer Wohnung, das Sie an bestimmte Ereignisse aus Ihrer Vergangenheit erinnert, einen Gegenstand, ein Bild, eine bestimmte Symbolik, die Sie dieser Ebene zugeordnet haben.

Beim Anblick der gemütlichen Sitzgruppe in Ihrer auf der Ebene der Ressourcen situierten Küche tauchen vielleicht Erinnerungen an den familiären Austausch in Ihrem Elternhaus auf, von dem Sie heute noch positiv geprägt sind und in Ihrem Leben zehren. Es könnte aber auch ein altes Bild der Großeltern, das Sie selbst hier aufgehängt haben, bei einer der oben genannten Fragen Sie an manche Haltungen erinnern, die Sie, durch die Großeltern übermittelt, heute noch manchmal behindern. Sobald Sie für sich einen Zusammenhang herstellen zwischen Ihren Erfahrungen aus der Vergangenheit und den der Vergangenheit zugeordneten räumlichen Gegebenheiten, tauchen meist sofort ganz persönliche Antworten auf. Diese können Ihnen helfen, Dinge zu verändern, die Sie schon lange verändern wollen. Wenn Sie nämlich das vielleicht strenge Großelternbild, das Sie täglich, wahrscheinlich unbewusst, an eine restriktive Haltung erinnert, mit einem Bild austauschen, das Sie mit einem unterstützenden Aspekt der Großeltern verbinden, bekommen Sie einen anderen, als Ressource und Unterstützung wahrnehmbaren täglichen Anker in Ihrem Umfeld, ein Symbol, das sie immer wieder an das Positive erinnert.

Keller, Abstellraum und Kasten – Repräsentanten für Ressourcen

In unserer Terminologie bezeichnen wir einen Raum als Keller, wenn er in Fläche und Höhe mehr als die Hälfte unter dem Erdniveau liegt. Der Keller ist also in der Erde oder unter der (Erd-)Oberfläche.

Unter der Oberfläche des Bewusstseins ist auch in der Psychologie wieder all das Versteckte und Geheimgehaltene. C. G. Jung beschreibt in einem Traum den Abstieg vom Erdgeschoß in die Kellerräume als Abstieg in „verflossene Zeiten und überlebte Bewusstseinsstufen."[63]

Im Keller bewahren wir jene Dinge auf, die wir nicht mehr brauchen, aber vielleicht doch wieder einmal hervorholen möchten. Oft geraten diese Dinge in Vergessenheit. Später wieder entdeckt, stellen sie dann etwas Wertvolles, einen Schatz dar. Jedenfalls gerät der Keller schnell mit all seinem Inhalt aus der täglichen Aufmerksamkeit – also ins Unbewusste.

In Märchen und Kinderbüchern, aber auch oft in phantastischen Filmen, ist der Schatz meist in der tiefsten Tiefe des Kellers verborgen. Bei der Suche nach dem Schatz stellen sich Dämonen in den Weg. Dementsprechend groß ist die Angst vor jenen Dingen, die aus dem Unbewussten auftauchen könnten. Wer kann sich nicht an Kindheitserleb-

---

63 C. G. Jung zitiert in Hirsch, M.: Das Haus – Symbol für Leben und Tod, Freiheit und Abhängigkeit. Gießen 2006, S. 88

nisse erinnern, wo der Gang in einen dunklen Keller als unheimlich und angsterregend erschien?

Die Dinge, die wir in einem Keller entdecken, erzählen ihre eigene Geschichte. In der Analyse geben sie uns Hinweise auf die Bewohner und Bewohnerinnen und ihre vergangenen und unbewussten Aspekte. Sie bekommen einen Symbolcharakter für alles Vergangene, für Aspekte der Ursprungsfamilie, für Vergessenes aus der Kindheit, für in Vergessenheit geratene Erfahrungen und lösen, wohl hinterfragt, meist spannende Erkenntnisprozesse aus. Symbolisch gesehen stellt der Keller so den Bezug zu den Vorfahren mit ihren Botschaften und ihrem (geistigen) Erbe her, zu unserer eigenen Vergangenheit und den daraus gewonnenen Erfahrungen, zu unserem Unbewussten, zu unserem ganzen Ressourcenschatz.

Von alters her war der Keller auch Stätte der Vorratshaltung. Die Marmelade, der Wein, der Most und andere Getränke, das Gemüse und Obst werden im Keller aufbewahrt. In neuer Zeit nimmt die Tiefkühltruhe diese Funktion wahr, wobei auch diese oft im Keller steht, sofern einer vorhanden ist.

Was stellt ein besseres Ressourcenpotenzial dar als die Marmeladen und all das Eingemachte, das von uns für spätere Verwendung haltbar Gemachte? Es geht „ans Eingemachte" sagen wir, wenn wir uns in den Keller unserer Psyche begeben.

Was können Bedeutungsinhalte im Sinne des oben Gesagten sein, wenn Räume im Keller bestimmten Nutzungen zugeordnet sind?

So könnten Wohnräume im Keller bedeuten, dass die Menschen, die hier wohnen, wahrscheinlich in einem besonderen Maß mit ihrer Vergangenheit konfrontiert werden. Eventuell haben sie einen besonderen Bezug zu den Vorfahren. Kinder, die im Keller ihr Zimmer haben, sind häufig jene in der Familie, die auf die Verbindung zwischen den Generationen achten. Auf Dauer wird eine Kellerwohnung aber auf das Gemüt drücken, und die hier Wohnenden können zu Depressionen neigen. Kinder stellen die zukünftige Generation dar und sollten ihre Räume daher eher in oberen, die Zukunft repräsentierenden Geschoßen haben. Wenn Kinder im Keller wohnen, widerspricht das dem Zukunftsgedanken. Davon abgeleitet spricht man sogar von Kellerkindern, wenn man sie als arm und unterprivilegiert beschreiben möchte.

Bei einer Heimwerker-Werkstatt im Keller könnte es darum gehen, seine Fähigkeiten unter Beweis zu stellen. Wir werten das Heimwerken generell als Symbol von Autonomie, weil die Werkstatt ermöglicht, wichtige Dinge des Lebens selbst herzustellen. Ist dieser Platz im Keller, dann dient er eher dem Rückzug, um sich mit sich selber und

Die Ebene der Ressourcen – die Vergangenheit

seinen eigenen Erfahrungen zu beschäftigen. Auch die Spielzeugeisenbahn im Keller symbolisiert unserer Meinung nach ein Festhalten an der Vergangenheit; man könnte interpretieren, dass sich der Besitzer immer wieder in die Kindheit zurückzieht, vielleicht sich unbewusst sogar weigert, erwachsen zu werden.

Dient der Keller als Aufbewahrungsraum, ist alles gut strukturiert und aufgeräumt, alles fein säuberlich in Regalen, wird wahrscheinlich auch die Vergangenheit gut bewältigt sein, das, was war, ist wohl sortiert.

Ist der Keller voll mit altem Gerümpel, kann das auf viele Unklarheiten und Verwirrungen in Bezug auf die Vergangenheit der Besitzenden hinweisen. Vielleicht sind versperrte Kästen sogar ein Hinweis auf Familiengeheimnisse. Was wird da eingesperrt und verborgen?

Besonders häufig befinden sich Sauna und Wellnessbereich im Keller, beides dient einer tiefgehenden Reinigung, aber auch Regeneration. Man könnte dies so interpretieren, dass hier eine ganz bewusste Auseinandersetzung mit der eigenen Vergangenheit stattfindet. Wir würden sagen, hier wird eine Bereinigung des Vergangenen gefördert. Die Erfahrung lehrt uns aber, dass die Sauna im Keller oft genauso schnell in Vergessenheit gerät, wie Marmeladengläser oder alte Kleider, und nur mehr selten benutzt wird. Leider stellt für die meisten Menschen die bewusste Auseinandersetzung mit der Vergangenheit keine lustvolle Option dar. Dann wird die Sauna bestenfalls zu einer ungenutzten Ressource.

In einem Kellerbüro fällt es Menschen wahrscheinlich schwer, konkrete Ziele und Visionen in Bezug auf ihre Tätigkeit zu entwickeln. Sie tun sich schwer, Kontakte aufzunehmen, Kunden zu akquirieren. Unter der Erde entsteht Schwere, das Gefühl der Enge und Unbeweglichkeit, welches Arbeit zur Last macht.

Fehlt bei einem Haus überhaupt der Keller, lässt sich das als Negieren der eigenen Vergangenheit deuten. Ein Haus ohne Keller ist wie ein Mensch ohne Erfahrung oder einer, der aus seinen Erfahrungen nicht lernen will. Es fehlen daher auch die damit verbundenen Ressourcen. Wenn sich aber zwei ältere Menschen einen ebenerdigen Alterswohnsitz ohne Keller errichten, kann das auch bedeuten, dass die Vergangenheitsbewältigung abgeschlossen, in der Weisheit des Alters nur mehr in der Gegenwart gelebt wird.

Haben Sie sich eventuell in einem der Beispiele wiedergefunden? Eine kleine Auseinandersetzung mit Ihrem Keller kann auch eine Auseinandersetzung mit Ihrer Vergangenheit sein.

Wenn, was ja häufig vorkommt, jemand in einem Haus mit mehreren Wohnungen wohnt und kein Kellerabteil sein eigen nennt, dann übernehmen bestimmte Bereiche der Wohnung und vor allem der Abstellraum als Repräsentanten die symbolische und auch reale Funktion des Kellers. Hier werden Ressourcen aufbewahrt.

Der Abstellraum ist eine Erfindung der Neuzeit. Er entwickelte sich insbesondere in den Städten, aus einem Mangel an Keller- und Dachbodenräumen. In seiner symbolischen Bedeutung kommt er damit ebendiesen sehr nahe, das meiste zum Keller eines Hauses Gesagte gilt auch für den Abstellraum. Die starke zeitliche Bedeutung, die Keller (Vergangenheit) und Dachboden (Zukunft) in sich bergen, hat der Abstellraum auf gleicher Ebene jedoch nicht, außer er befindet sich auf der Ebene der Ressourcen. Daher ist bei der Analyse und der damit verbundenen Hypothesenbildung besonders zu beachten, auf welcher (zeitlichen) Ebene der Abstellraum situiert ist.

Im Abstellraum wird – wie der Name sagt – etwas abgestellt, was in der Vergangenheit erworben wurde, aber im Augenblick nicht von Bedeutung ist und gegenwärtig nicht gebraucht wird. Hier verstecken sich die Ressourcen. Hier verschwindet aber auch, was nicht gesehen werden soll. Es ist aus dem Blickfeld, es entzieht sich der bewussten (alltäglichen) Wahrnehmung.

Oft wird der Abstellraum mit Dingen gefüllt, die man zwar nicht mehr braucht, von denen man sich aber nicht trennen will. So symbolisiert er auch alles, was festgehalten wird.

Wenn Sie sich also fragen, was Sie gerade aus Ihrem Leben ausklammern, was Sie nicht offen zeigen möchten, was Sie (noch) nicht loslassen möchten, dann kann die Position und der Inhalt Ihres Abstellraumes auf diese Fragen eventuell Antworten geben.

Antworten auf diese Fragen können Ihnen aber auch Kasten, Schrank oder Truhe geben. Sie sind ebenfalls Repräsentanten für das Verstauen von Ressourcen.[64]

Im Kasten oder der Truhe werden Dinge aufbewahrt bzw. verborgen, die jemand irgendwann erworben hat und für diese Person Ressourcen darstellen. Daraus entsteht bei diesen Möbelstücken ein Vergangenheitsbezug, und wir ordnen allen aufbewahrenden Gegenständen das Thema der Ressourcen zu. Bewahren hat etwas mit Wertschätzung gegenüber dem Alten und Vergänglichen zu tun. Truhen und Kästen drücken auf der symbolischen Ebene daher die Werthaltung des Eigentümers/der Eigentümerin gegenüber den persönlichen Ressourcen aus der Vergangenheit aus.

Bereits im Altertum diente die Truhe der Aufbewahrung jeglicher Habseligkeiten des Menschen, die dem Anblick und Zugriff von Drit-

---

64 vgl. Bachelard, G.: Poetik des Raumes. Frankfurt 2007, S. 90 ff

ten verborgen sein sollten. Bis ins 19. Jahrhundert war es üblich, dass jedes Familienmitglied seine eigene Truhe oder auch seinen eigenen Kasten besaß.

Der Schrank in unserem heutigen Sinne entwickelte sich aus zwei aufgestellten Truhen mit zwei Türen. Solche Urschränke waren ursprünglich Aufbewahrungsort religiöser Utensilien in den Tempeln und Kirchen und hatten vergitterte und verschlossene Türen, um Unbefugten den Zugriff zu verwehren. Bis heute kommt in den Kasten alles, was nicht hergezeigt werden soll, einerseits Gegenstände aus dem Intimbereich, wie Kleidung und Wäsche, zum anderen Wertgegenstände und die persönlichen Schätze. Das Öffnen eines fremden Schrankes ist auch heute noch ein Sakrileg.

Wer eher arm ist, muss alle Wertgegenstände gut vor Diebstahl verbergen, wer aber reich ist, möchte zudem seine Schätze auch als ein Ausdruck von Macht zur Schau stellen. Aus diesem Bedürfnis haben sich transparente Vitrinen und vergitterte Kästen entwickelt. So auch der Waffenschrank, wo hinter Gittern ein Waffenarsenal, versperrt, aber gut sichtbar, dem Feind zeigt: „Ich bin unbesiegbar und mächtig."

Eine besondere Ausprägung der Truhe war in unseren Breitengraden, aber auch in anderen Kulturen, die Hochzeitstruhe, in der die gesamte Aussteuer für die Ehe aufbewahrt wurde. Mit ihr kam die Braut ins Haus des Bräutigams. Die Hochzeitstruhe hatte stark repräsentativen Charakter; sie signalisierte durch prunkvolles Zierwerk nach außen die soziale Stellung der Braut und wurde meist auch im Haus an einem repräsentativen Platz abgestellt.

Die Aussteuer, Geschenke der Eltern und der engen Verwandten, von Menschen, die im Leben wichtig sind, wurden in der Truhe aufbewahrt. So wurde symbolisch dieses Möbelstück zur Schatztruhe und symbolisiert auch die Ressourcen aus der Vergangenheit, auf die der Mensch in seinem Leben jederzeit zurückgreifen kann. Damit weisen die Hochzeitstruhe und ihre Nachfolger einen starken Bezug zur Ursprungsfamilie auf. Der Kasten oder eine Truhe drücken für uns damit im gewissen Sinne auch das Familienbewusstsein aus. Ist der Schrank oder die Truhe in einer Wohnung noch dazu in dem archetypischen Feld *Familie–Sicherheit* aufgestellt, wird das Familienbewusstsein der hier Wohnenden wahrscheinlich noch verstärkt.

Unaufgeräumt und voll gestopft kann ein Kasten aber auch zur Blockade werden, vor allem in jenem Themenbereich des Novagramms, dem er durch seine Position in der Wohnung oder im Raum zugeordnet ist. Ein Kasten blockiert symbolisch den Weg zu jenem Thema, das er durch seine Position im Raum markiert. Breite massive Schrankwände

Lebensthemen

können die „Sicht" auf das dahinter liegende Thema behindern. Die Ressourcen in diesem Themenbereich können vielleicht nicht wahrgenommen werden oder wollen nicht gesehen werden. Gewichtig werten wir solch einen Hinweis dann, wenn in mehreren Räumen einer Wohnung sich jeweils im gleichen Lebensthema ein Schrank befindet. Derartige Analogien verleiten uns fast immer dazu, nach diesen ausgeblendeten Lebensthemen zu fragen. Wird der vollgeräumte Schrank kaum benutzt, dient er nur zum Verräumen, so geraten Ressourcen in diesem Lebensthema zudem wahrscheinlich leicht in Vergessenheit. Sie sacken ins Unbewusste. Damit wäre ein solcher Schrank ein Hinweis darauf, dass es diesem Menschen schwer fällt, die durch die Position des Kastens angezeigten Lebensthemen zu bearbeiten und die diesbezüglichen Probleme zu lösen.

Eine fest verschlossene Kastentüre weist unserer Meinung nach ein bisschen auf Geheimniskrämerei hin. Abgrenzung und Schutz der Intimsphäre sind das Thema, der Mensch lässt nichts an sich heran, er macht wahrscheinlich alles mit sich selber aus. Wie es innen ausschaut, geht niemanden etwas an – so könnte ein Gedankengang lauten.

Kästen weisen meist mehr als andere Möbelstücke eine besonders starke Verknüpfung mit dem Eigentümer, der Eigentümerin auf, daher repräsentieren sie besonders bei alten Menschen oft das personifizierte Erinnerungsstück an einen verstorbenen Partner. Der Therapeut Johann Fäth spricht in diesem Kontext von „ ... persönlichkeitsformenden Werten von Einrichtungsgegenständen ... "[65] Der Verlust eines auf eine derartige Weise geliebten Möbels kann z. B. bei der Übersiedlung in ein Altenheim die betroffene Person in tiefste Verzweiflung und Depression stürzen, so als ob der Tod des Partners, der Partnerin nochmals erlebt würde.

Welche Geschichten erzählen Ihre Schränke?

Fassen wir noch einmal zusammen:

Wenn wir einzelne Themen wie *Wissen–Erfahrung*, *Sozialer Austausch* und *Weg–Orientierung* in ein systemisches Zusammenspiel der Lebensthemen bringen, ergibt sich als ein gemeinsamer Aspekt alles auf die Vergangenheit bezogene Erlernte und Erfahrene, Erworbene und Gelebte. Diesen Schatz aus der Vergangenheit nennen wir Ressourcen. Die Ebene der Ressourcen repräsentiert die zeitliche Qualität der Vergangenheit, abgeleitet aus ihrer Position in Bezug auf das Zentrum im Novagramm.

---

65 Fäth, R. J.: Designtherapie – die therapeutische Dimension von Architektur und Design. Leipzig 2007, S. 48

Die Ebene der Ressourcen – die Vergangenheit

Repräsentiert wird diese Thematik von Vergangenheit und Ressourcen einerseits in einem Haus mit klassischen Geschoßen wie Keller, Erdgeschoß und Obergeschoße, durch den Funktionsbereich des Kellers, dem wir gleichzeitig psychologisch das Unbewusste zuordnen, weil er unter der Erdoberfläche liegt, wie das Unbewusste unter der Bewusstseinsebene.

In einer eingeschoßigen Wohnung, ohne Keller, übernimmt die Vergangenheitsrepräsentation, in etwas abgeschwächter Form, die erste Ebene von dreien eines Wohnungsgrundrisses.

Andrerseits geben uns auch Abstellraum und Kasten bzw. Schrank oder Truhe auf einer symbolischen Ebene Hinweise auf vorhandene Ressourcen und den Umgang mit ihnen.

Weil im wirklichen Leben natürlich häufig, gerade in Bezug auf die Vergangenheit, Hindernisse und Blockaden auftreten können, stellen diese räumlichen Repräsentanten auch symbolische Blockaden für uns dar. Erkennen können wir im räumlichen Kontext einer Wohnraumanalyse solche Blockaden dann im Bezugssystem von Wohnungsgrundriss, archetypischen Lebensthemen, konkreten Nutzungsräumen und Möblierungen. Welchem Lebensthema kann der blockierende Abstellraum oder der vollgeräumte Kasten zugeordnet werden?

Blockiert ein massiver Kasten den Zugang zur Mitte, könnte das Identitätsbewusstsein einer Person darunter leiden. Sie wird auf ihrem Weg quasi immer wieder in die Vergangenheit zurückgeworfen. Befinden sich auf der Ebene der Ressourcen Vorraum, Küche, Abstellraum und Speisekammer, könnte das bedeuten, dass die Wohnenden unter Zuhilfenahme ihrer Ressourcen – symbolisiert durch Speisekammer und Abstellraum – ihren Weg gehen. Es führt kein Weg an den Ressourcen vorbei, sie werden bei jedem Betreten der Wohnung mit ihren Ressourcen konfrontiert und von der Symbolkraft der Küche zur Umwandlung in Tatkraft aufgefordert.

Wir gehen nun einen Schritt nach vorne in die Gegenwart.

Aus seiner Mitte heraus lebt der Mensch in der Gegenwart, den Rücken im besten Fall gestärkt mit den Ressourcen der Vergangenheit, eine hoffnungsfrohe Zukunft vor sich. Ein Mensch fühlt sich dann in seiner Mitte bzw. handelt aus seiner Mitte heraus, wenn es ihm oder ihr gelingt, die Balance zwischen existenzieller Sicherheit und kreativem Infragestellen von Regeln und Sicherheiten zu finden. Wir kommen zu den drei Feldern der Umsetzung, gelangen ins aktive, gegenwärtige Handeln.

3. Die drei Felder der Umsetzung

In diesem Abschnitt wollen wir uns mit jenen drei Lebensthemen auseinandersetzen, die uns im tagtäglichen Tun begleiten. Im Spannungsfeld zwischen Loyalitäten und kreativer Auseinandersetzung mit der Enge dieser Loyalitäten entsteht die persönliche Identität, sucht der Mensch seine Mitte. Ohne Herausforderungen geschieht keine Entwicklung. Erst der kreative Umgang mit den durch Gesellschaft und Familie vermittelten und verinnerlichten Regeln und dem eigenen Bedürfnis nach Sicherheit macht Entwicklung möglich.

Die Lebensthemen *Kreativität–Entwicklung*, *Familie–Sicherheit* und *Selbst–Identität* bilden die Ebene des aktiven Handelns. Diese Ebene ist der Zeitqualität der Gegenwart zugeordnet, sie entspricht in der räumlichen Repräsentanz dem Erdgeschoß eines Hauses bzw. dem mittleren Drittel einer Wohnung.

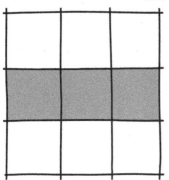

Abbildung 41:
Die drei Felder der Umsetzung

Die Leichtigkeit des Seins – *Kreativität und Entwicklung*

Kreativität bedeutet, aus zwanghaften Regeln auszubrechen, sich von seiner Phantasie dirigieren zu lassen, um erstaunliche Symphonien zu erzielen.
Hedwig M. Staffa

Das Lebensthema *Kreativität–Entwicklung* beinhaltet all jene Aspekte des menschlichen Lebens, die zur Ausformung von Ideen und für die persönliche Entwicklung notwendig sind. Kreativität arbeitet mit ungewöhnlichen, vorher nicht gedachten Mitteln; das bedeutet eine Originalität, wie sie auch Kinder im Spiel aufweisen.

Des Weiteren wollen wir uns auch in diesem Abschnitt mit theoretischen Denkgrundlagen beschäftigen, die an dieser Stelle und für die weitere Auseinandersetzung wichtig sind. Wir werden ausführen, dass, wie wir aus der Wahrnehmungspsychologie wissen, das menschliche Gehirn einfache Muster und Strukturen bevorzugt, es beim Betrachten unvollständiger Muster das Bestreben hat, diese aus den bisherigen Erfahrungen zu vollständigen und zu einfachen Formen auszugleichen. Daher führen unregelmäßige Grundrisse, meist auf einer unbewussten Ebene, zu Irritationen. Wir setzen uns daher mit dem Wahrnehmungsphänomenen von „Fehl- und Ergänzungsbereichen" in ei-

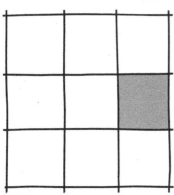

Abbildung 42:
Das Feld *Kreativität–Entwicklung*

nem Wohnungsgrundriss auseinander. Wir zeigen, dass der Eingang zur Wohnung oder zum Haus im Lebensthema *Kreativität–Entwicklung*, einen solchen Fehlbereich im Lebensthema *Sozialer Austausch* entstehen lässt.

Am Ende dieses Abschnitts zum Lebensthema *Kreativität–Entwicklung* beschreiben wir das Kinderzimmer als räumlichen Repräsentanten und beschäftigen uns mit der Bedeutung der Position des Kinderzimmers im Gesamtgefüge einer Wohnung anhand von praktischen Beispielen.

Das Lebensthema *Kreativität–Entwicklung*

Der Wortursprung des Wortes Kreativität liegt im lateinischen *creare*, das bedeutet *zeugen, gebären, (er-)schaffen*. Kreativität ist auch eine Bezeichnung für schöpferische Tätigkeiten. Eine Idee, ein Werk entsteht aus einem kreativen Prozess. Kinder sind das lebendige Zeugnis solch kreativer Entwicklungsprozesse, sind sie doch selbst schon das Produkt eines eindrucksvollen Schöpfungsaktes. Kinder sind daher der symbolische Inbegriff für diese Qualität, das Kinderzimmer ist der räumliche Repräsentant dafür. Lehnt man sich an diverse Definitionen aus der Kreativitätsforschung an, könnte man sagen, Kreativität ist eine zeitnahe Lösung für ein Problem; dazu benötigt der Mensch die Qualitäten von Flexibilität und Spontanität. Deshalb ordnen wir diese Thematik auch der Gegenwartsebene zu.

Zur Inspiration benötigt der Mensch den freien Geist, die Loslösung von fixen Vorgaben, Normen und Mustern. Er oder sie braucht auch die Anregungen von außen. Im spielerischen Gestalten entwickelt sich Phantasie und finden sich ungewöhnliche neue Lösungen. Der kreative Blick geht über das schon Gedachte, das Sichere hinaus.

Wer hat es nicht schon einmal selbst erlebt, wie in lockerer Stimmung plötzlich Ideen und Lösungen geboren werden, an die vorher niemand zu denken gewagt hätte? Es ist in solchen Prozessen oft so, als würde ein gemeinsames Feld entstehen, in dem ein gemeinsamer Schöpfungsakt, eine großartige Entwicklung stattfindet. Ein kreativer Prozess ist immer auch ein Entwicklungsprozess, bei dem, ausgehend von den ersten Gedanken, in einem ständigen Rückkoppelungsprozess die Idee in Form gebracht wird.

Ein Aspekt dieses Lebensthemas ist auch die ungebundene kindliche Lebensfreude. In der Kindheit werden die Qualitäten der Kreativität und Phantasie noch ausgelebt. Kinder entwickeln im Spiel Muster für neues Verhalten; im Spiel lernen sie die Vielfalt an Rollen und Möglichkeiten kennen, sie loten ihre Grenzen aus. Im Probehandeln geschieht Entwicklung. Ohne kreative Versuche und kindlich träumerische Visionen in diversen Garagen gäbe es kein Microsoft, kein Apple, kein Facebook und andere erfolgreiche Unternehmen. Dieses Feld rechts der Mitte symbolisiert somit das freie Spiel der Kräfte, den kreativen Selbstausdruck, die Inspiration. Kreativität ist wie Wasser, mitreißend, motivierend und verändernd.

Angenommen, ein Abstellraum oder ein massiver Schrank ist über diesem Themenbereich positioniert, könnte das die Frage aufwerfen, ob das kreative Entwicklungspotenzial blockiert ist. Ein Arbeitsplatz ist in diesem Lebensthema vielleicht ganz gut platziert, wenn die Arbeit kreative Ideen verlangt. Ein Buchhalter wäre möglicherweise von der spielerischen Urqualität dieses Bereichs zu sehr von der nötigen Genauigkeit abgelenkt.

Zur Einstimmung auf dieses Thema möchten wir Sie anregen, sich in einer ruhigen Minute einmal zu fragen:

In welchen Teilen meiner Wohnung bin ich kreativ tätig?

Was tue ich dort meistens? Fühle ich mich durch die Raumqualität unterstützt?

Das kreative Gehirn – das Prinzip der vollständigen Gestalt

Im Umgang mit räumlichen Wirkungen spielt die Wahrnehmung mit allen Sinnen eine essentielle Rolle. Wir Menschen nehmen nicht Einzelelemente atomisiert wahr; Einzelteile werden vielmehr im Wahrnehmungsprozess einer (uns bekannten) Struktur und Organisation zugeordnet. Was in der Gestaltpsychologie schon lange behauptet wird, untermauert die moderne Gehirnforschung mittels Gehirnscans. Sie weist nach, dass das menschliche Gehirn immer nach Mustern sucht. Hirnscans belegen, dass das Belohnungssystem des Gehirns aktiv wird, wenn wir ein Muster wieder erkennen. Das Glückshormon Dopamin wird ausgestoßen. Einfach gesagt: Leicht Erfassbares macht glücklich. Das heißt, dass in der Betrachtung nicht Einzelelemente wahrgenommen werden, sondern sinnvoll gegliederte Ganzheiten, und diese Wohlbefinden auslösen. In der optischen Wahrnehmung werden Teile eines unvollständigen Kreises als ganzer Kreis erkannt. Das Gehirn vervollständigt die fehlenden Teile, indem es sie aus der Erfahrung heraus ergänzt. Die Forschung hat auch nachgewiesen, dass einfache Elemente oder Zusammensetzungen, bei denen die Bedeutung direkt ersichtlich ist, von Menschen bevorzugt werden, weil sie eine geringere Herausforderung an das Gehirn stellen als komplexe Strukturen. Diesen Erkenntnissen folgend bevorzugt der Mensch auch die geometrischen Urformen Kreis, Quadrat und Dreieck gegenüber komplexeren Formen. Dies werten wir als Hinweis darauf, dass auch in der Gestaltung des Wohnumfeldes klare, einfache und vollständige Strukturen bevorzugt werden und größeres Wohlbefinden auslösen.

Auf gestaltpsychologischen Ansätzen beruht auch die Annahme, dass bei der Betrachtung von unvollständigen Figuren das Bestreben im jeweiligen Menschen entsteht, tatsächlich oder in seiner Vorstellung zu einer vollständigen Figur hin auszugleichen.

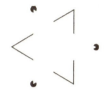

Dieses beschriebene Prinzip des Ausgleichs wirkt sich auch in der Wahrnehmung von Wohnungsgrundrissen aus. Rufen wir uns noch einmal die Entwicklung der Urformen des Wohnens ins Gedächtnis, vom Kreis des Rundhauses hin zur Struktur des Quadrats bzw. Rechtecks. Diese Entwicklung geschah, so wagen wir zu interpretieren, weil die einfache Form von Quadrat und Rechteck die Orientierung im Haus und auch dessen Organisation erleichtert. Wird das Bedürfnis des Menschen nach Vollkommenheit und Einfachheit nicht erfüllt, weil z. B. in einem Wohnungsgrundriss ein Teil zur Vollständigkeit der quadratisch-rechteckigen Form fehlt, führt dies zu Irritationen in der (oft unbewussten) Wahrnehmung.

Abbildung 43: Unvollständige Figuren werden im Gehirn vervollständigt

In diesem Zusammenhang sprechen wir in der Geometrie eines Grundrisses von Fehl- und Ergänzungsbereichen. Weil wir Menschen eben nach Vollständigkeit trachten und uns Unvollständigkeiten irritieren, kommt in der Analyse eines Grundrisses diesen Bereichen hohe Bedeutung zu. Dabei ist auch wichtig zu erkennen, wann etwas auf einen vollständigen, rechteckigen Grundriss fehlt und wann etwas als Ergänzung betrachtet wird.

Doch wie unterscheiden wir sogenannte Fehlbereiche von Ergänzungsbereichen?

Betrachten wir das Beispiel in Abbildung 44, in dem ein kleiner Teil auf ein vollständiges Rechteck fehlt, eine Ecke scheint herausgeschnitten und bildet so etwas wie einen Eckpunkt. Wir stellen die Frage, wohin sich der Eckpunkt in unserer Wahrnehmung bewegen möchte, und finden damit heraus, ob es sich um einen Fehlbereich oder Ergänzungsbereich handelt. In unserem Fall (s. Abb. 44) bewegt sich der Punkt nach außen. Nach der Theorie der vollständigen Gestalt möchten wir in unserer geistigen Wahrnehmung das Gebilde zu einem Quadrat oder Rechteck vervollständigen und Fehlendes, nämlich den kleineren Teil, ausgleichen.

Einen solchen Fall bezeichnen wir als Fehlbereich.

Lebensthemen

In der Analyse mit dem Novagramm gewinnen Fehlbereiche essentielle Bedeutung, je nachdem, aus welchem archetypischen Lebensthema im individuellen Grundriss ein Stück fehlt. Psychologisch betrachtet könnte man dann sagen, dass es sich hier um ein ausgeblendetes Thema handelt. In welchem Lebensthema entzieht sich etwas der bewussten Wahrnehmung?

Fehlt z. B. im Grundriss einer Wohnung ein Teil des Lebensthemas *Sozialer Austausch*, könnte es sein, dass es immer wieder zu Unausgewogenheit im Austausch kommt. Das könnte bedeuten, dass sich jemand ständig ausgenützt fühlt oder überhaupt ein soziales Netz fehlt.

Im Unterschied dazu zeigt das Beispiel in Abbildung 45 einen kleinen Zusatzbereich. Fragen wir unsere Wahrnehmung danach, wohin sich der Eckpunkt bewegen will, wird in diesem Fall die Tendenz dazu führen den, kleinen Bereich abzuschneiden, um zur harmonischen Form zu kommen. Das Zuviel wird weggedacht, dennoch ist es vorhanden.

Es stellt damit ein ergänzendes Potenzial dar. Wir definieren dieses Anhängsel als eine Ressource, bezogen auf den archetypischen Lebensbereich des Novagramms. Befindet sich z. B. ein kleiner Erker angehängt an das Feld der *Kreativität–Entwicklung*, ergibt sich daraus ein zusätzliches kreatives Potenzial. Die Nutzung des Erkers durch die Bewohner und Bewohnerinnen gibt dann oft deutliche Hinweise darauf, wie sie dieses Potenzial nutzen. Wird der Erker kaum benutzt, könnte das ein Hinweis sein, dass auch das vorhandene Kreativitätspotenzial zu wenig genutzt wird. Hat jemand seinen Arbeitsplatz dorthin

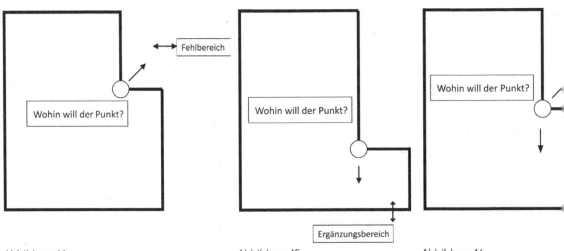

Abbildung 44:
Fehlbereich

Abbildung 45:
Ergänzungsbereich

Abbildung 46:
Fehl- oder Ergänzungsbereich

verlegt, schöpft er oder sie die kreativen Möglichkeiten wahrscheinlich schon zufriedenstellender aus.

Schwieriger wird der Ausgleich dann, wenn der Grundriss eine Form wie in Abbildung 46 aufweist. Nähert sich nämlich die Kante des Fehl- bzw. Ergänzungsbereiches der Mitte der Hauptkante, wird die Tendenz zur vollständigen Gestalt schwächer und weniger eindeutig. Wollen wir ergänzen oder etwas weglassen? Je exakter sich die Kante in der Mitte befindet, desto schwieriger wird die Deutung.

Um Klarheit auf die Frage, ob es sich in so einem Fall um einen Fehl- oder einen Ergänzungsbereich handelt, zu erlangen, empfiehlt es sich, beide Situationen anzuschauen und daraus Fragen an den Nutzer/die Nutzerin zu deren persönlichen Empfindungen zu stellen. Aus dem Grundriss ist nämlich in dieser Situation nicht immer eine klare Antwort erkennbar. Die Gefühle und Wahrnehmungen der Menschen, die diesen Lebensraum nutzen, sind ausschlaggebend für eine Interpretation, ob etwas fehlt oder zusätzlich vorhanden ist.

Eine zweite Möglichkeit, zu mehr Klarheit zu finden, ist es, nach Analogien in den nächst kleineren Strukturen, z. B. in den einzelnen Räumen zu suchen. Entdecken wir in einzelnen Räumen Wiederholungen, weisen einzelne Räume an gleicher oder ähnlicher Stelle vielleicht eindeutiger zu interpretierende Fehl- bzw. Ergänzungsbereiche auf, dann können wir daraus klarere Aussagen ableiten.

Potenziale und Fehlbereiche: Balkon, Wintergarten und Garage – Was gehört zum Haus?

Nicht immer wird alles, was zum Haus gehört, auch im Novagramm mit betrachtet. Das ist vor allem bei der Interpretation von Fehl- und Ergänzungsbereichen von Bedeutung. Welchen Stellenwert hat dieses Zubehör in der Analyse?

Wie legen wir das Novagramm über den Grundriss, um festzustellen, ob etwas dazugehört? Wir erinnern uns dazu an das in der Einführung über das Lesen des Planes Gesagte (S. 33). Wir zeichnen ausgehend vom Eingang, der auf jeden Fall innerhalb der Novagrammstruktur liegen muss, die Struktur der neun gleichen Felder. So bekommen wir die Themenüberlagerungen zwischen zugrundeliegendem Urthema und dem durch die Raumnutzung ausgedrückten Thema. Doch wie einzeichnen, wenn das Haus oder die Wohnung mit Zubehör, wie Erker und Balkon, Wintergarten oder Garage ausgestattet sind?

Eine einfache Regel hilft uns dabei: Was mit dem Haus als Konstruktionseinheit direkt verbunden ist, wird in den Grundriss und damit ins Novagramm mit einbezogen. Ein Erker z. B. bildet mit dem Haus eine Konstruktionseinheit, er wird daher grundsätzlich immer im Novagramm mit betrachtet. Eine Garage, die ein eigenes, vom Haus unabhängiges Fundament und Dach besitzt, wird hingegen nicht zur Einheit des Hauses gerechnet. Das heißt in der Analyse wird das Novagramm nur über die verbundenen Objektteile gezeichnet. Gänzlich anders gehen wir vor, wenn die Garage in das Hauptgebäude integriert ist. Das ist dann der Fall, wenn sich Garage und Haus dieselbe Mauer oder das gleiche Dach teilen. In diesem Fall wird die Garage in der Analyse als ein Teil des Hauses gesehen und mit berücksichtigt. Die Garage ist Symbol für Mobilität und Flexibilität. Ihre Position innerhalb des Novagramms gibt daher Hinweise auf die Flexibilität und Mobilität im Umgang mit dem jeweiligen darunter liegenden Urthema.

Wird in so einem Fall das Thema *Sozialer Austausch* von der Garage belegt, könnte das ein Hinweis darauf sein, dass die hier Wohnenden vorwiegend im Außen kommunizieren. Wir haben auch schon Fälle erlebt, bei denen unser Nachfragen in Bezug auf die Garage im Themenfeld *Beziehung–Hingabe* ergab, dass ein Beziehungsteil immer wieder Außenbeziehungen hatte.

Ähnlich ist bei Balkon und Wintergarten vorzugehen. Unabhängig davon aber, ob Balkon oder Wintergarten konstruktiv mit dem Haus verbunden sind oder nicht, stellt sich in solchen Fällen für die Einbeziehung in die Analyse zusätzlich die Frage nach der Nutzung und der gerechneten Nutzungsdauer übers Jahr. Wird der Wintergarten das ganze Jahr über als erweiterter Wohnraum verwendet, kommt ihm in der Analyse eine andere Wertigkeit zu, als bei geringerwertiger, lediglich saisonaler Verwendung.

Frei stehende Garagen und Pavillons finden in der Analyse des eigentlichen Hauses keine Berücksichtigung. Wir können jedoch das Novagramm auch auf das gesamte Grundstück beziehen und die Position im Grundstücksnovagramm betrachten. Das kann dann von Interesse sein, wenn wir nach Analogien[66] suchen. Wir gehen dabei vom Großen ins Kleine, betrachten zuerst das Grundstück mit Haus und

---

[66] Das Wort Analogie leitet sich aus dem Griechischen ab und bedeutet „Verhältnis". Es bezeichnet in der Philosophie eine Form der Übereinstimmung von Gegenständen hinsichtlich gewisser Merkmale. Wichtig ist, dass wir Analogie und Gleichheit voneinander unterscheiden. In der Gleichheit erkennen wir keinerlei Unterschiede. In der Analogie ist mindestens ein wesentliches Merkmal anders.

Garage und anderen Gegebenheiten, dann den Hausgrundriss und suchen im dritten Schritt in den einzelnen Räumen nach Analogien. Finden wir dabei gewisse Ähnlichkeiten, z. B. befindet sich die Garage im Grundstücksnovagramm über dem Urthema *Wissen–Erfahrung*, im Hausgrundriss entdecken wir über diesem Urthema eine Terrasse, die einen kleinen Fehlbereich verursacht und im Arbeitsraum fehlt wieder eine Ecke über diesem Lebensthema, weil eine danebenliegende Einliegerwohnung diesen Teil sozusagen fremdbesetzt, dann werten wir das als starken Hinweis darauf, dass Wissen und eigene Erfahrungen berufsbedingt sehr häufig mobil im Außen verbreitet werden.

Loggien und eingezogene Terrassen im Erdgeschoß werten wir meist eingeschränkt als Fehlbereiche im Grundriss, weil sie ja überdeckt und im besten Fall sogar von drei Seiten umschlossen sind. Aussage in einer solchen Situation könnte sein, dass Teilbereiche des von diesem Fehlbereich betroffenen Lebensthemas im Außen, außerhalb der täglichen Wahrnehmung liegen.

In unserer Beschreibung des kreativen Gehirns (S.116) haben wir die Hintergründe der Wahrnehmung von Fehl- und Ergänzungsbereichen bereits erörtert. In der Analyse mit dem Novagramm erlangen diese nun wesentliche Bedeutung. Erkennen wir im Grundriss einen Fehl- oder Ergänzungsbereich, gilt diesem in Bezug auf das jeweilige Thema im Novagramm besondere Beachtung, und wir stellen dazu tiefergehende Fragen an die Wohnenden. Besteht im vom Fehlbereich betroffenen Urthema ein Problem oder Defizit?

Wie wir bereits oben ausführten, kann ein Fehlbereich ein Hinweis auf ein ausgeblendetes (Problem-)Thema sein. Im Beispiel von Abbildung 47 weist der Grundriss einen Fehlbereich im Thema *Beziehung–*

Abbildung 47:
Fehlbereich im Feld *Beziehung–Hingabe*

Abbildung 48:
Ergänzungsbereich im Feld *Beziehung–Hingabe*

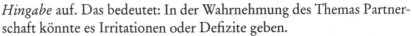

Lebensthemen

Hingabe auf. Das bedeutet: In der Wahrnehmung des Themas Partnerschaft könnte es Irritationen oder Defizite geben.

Gibt es nach den oben ausgeführten Kriterien einen Ergänzungsbereich, wie z. B. in Abbildung 48 eklatant im Urthema *Liebe–Hingabe–Beziehung–Partnerschaft*, stellt sich die Frage, ob in diesem Themenbereich ein erhöhtes oder sogar zusätzliches Potenzial wahrgenommen werden kann. Ein Ergänzungsbereich kann auch auf eine Stärke oder Ressource hinweisen, die bisher nicht bewusst war und bewusst gemacht werden kann.

So könnte(n) in unserem Beispiel die Person(en), welche die Wohnung bewohnen, zusätzlich zum Beziehungsthema einen Hinweis bekommen, besonders auch auf ihre Stärken in Bezug auf sozialen Austausch (kleiner Ergänzungsbereich) zu achten und bewusst darüber nachzudenken, welches Potenzial das soziale Netz in ihrem Leben darstellt bzw. wie dieses noch besser gelebt werden könnte. Bedeutungsgebend sind letztendlich immer die Personen, die vom jeweiligen Grundriss betroffen sind.

Welche Bedeutung ein Fehl- oder Ergänzungsbereich in einem Grundthema hat, hängt immer auch davon ab, von welchem Nutzungsbereich dieses Thema tatsächlich überlagert ist. Wäre also beispielsweise das Grundthema *Sozialer Austausch* als Schlafraum genutzt, so könnte das heißen, dass Partnerschaft und Beziehung freundschaftlich und kollegial gestaltet werden. Im Falle des Ergänzungsbereiches würde der partnerschaftliche Austausch eine Ressource darstellen, es könnte aber auch sein, dass man sich gegenseitig in Selbstlosigkeit überfordert. Im Falle eines hier auftretenden Fehlbereichs könnte das ein Hinweis auf oberflächliche, manchmal nur gelegentliche Beziehungen sein oder darauf, dass in einer bestehenden Beziehung der Ausgleich von Geben und Nehmen ständig ein Thema ist.

„Spielerisch und leicht sei mein Tun" – der Eingang im Thema *Kreativität–Entwicklung*

Führt die Haus- oder Wohnungstüre durch das Urthema *Kreativität–Entwicklung* ins Innere, dann erhält in der Bedeutungsgebung das oben über Fehlbereiche Gesagte besondere Wichtigkeit. Der Eingang kann nämlich nur über dem Urthema *Kreativität–Entwicklung* liegen, wenn zumindest ein Teil des Themas *Sozialer Austausch* fehlt. Wir erinnern uns, dass das Novagramm immer so angelegt bzw. eingezeichnet wird, dass sich der Eingang innerhalb der Neun-Feld-Struktur befindet. Die Grundlinie des Novagramms liegt, wie in unserem gezeichneten Beispiel, genau auf der längeren Wohnungskante, der Eingang rutscht in den Bereich *Kreativität–Entwicklung*, und wir haben, dadurch bedingt, hier automatisch einen Fehlbereich. Fehlbereiche können, wie schon gesagt, auf ein ausgeblendetes Thema hin deuten, eine Schattenseite, die nicht bewusst ist.

Was könnte die Schattenseite sein, wenn sich der Eingang im Bereich *Kreativität–Entwicklung* befindet? Betrachten wir jedoch zuerst einmal die positiven Qualitäten einer solchen Eingangssituation: Möglicherweise ist bei Menschen, die in einer solchen Grundrisskonstellation wohnen, das Leben von Unbekümmertheit bestimmt, und Probleme lösen sich manchmal wie von selbst. Ideenreichtum und Fähigkeit zur Entwicklung scheinen unbegrenzt. Im Vordergrund steht der persönliche Ausdruck von inneren Reflexionen. Es gelingt, Ideen zu transformieren und auf den Punkt zu bringen. Das spielerisch Gefühlsorientierte, aber auch das emotional Unbewusste leitet das Handeln. Es kann sein, dass solche Menschen häufig von Außenstehenden als unernst oder kindlich wahrgenommen werden. Sie machen den Eindruck, überwiegend von ihren Emotionen und Gefühlen geleitet zu sein.

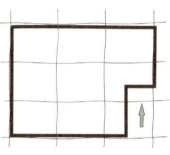

Abbildung 49:
Der Eingang im Feld
Kreativität–Entwicklung

Oft aber werden Menschen, die spielerisch durch das Leben gehen, von der Gesellschaft als Spinner tituliert, als Menschen, die nicht mit beiden Beinen im Leben stehen. Die Umsetzung kreativer Ideen und das Lösen von Problemen können anstrengend werden. Vermeintlich unüberwindbare Hindernisse tun sich auf, weil der soziale Austausch fehlt. Es fehlen jene Menschen, die emotionale Grenzen setzen. Man schießt leicht übers (kreative) Ziel hinaus. Der Austausch und die Reflexion erfolgen nur mehr mit sich selbst, Gedanken drehen sich im Kreis – das kann sogar zu Bewegungslosigkeit, Starre und Depression führen. Das Fehlen des Austauschs mit Freunden und Wegbegleiterinnen wirkt beim Auftauchen von Problemen dadurch mitunter verstärkend. Aber wir gehen davon aus, dass der Mensch sich in jeder Situation weiter entwickeln und lernen will. Der Mangel wird zur Lernaufgabe. Zu Erlernen ist in einer solchen Situation also das Kommunizieren von Problemen mit Menschen aus dem Umfeld und die Reflexion der eigenen Ideen mit Außenstehenden.

Lebensthemen

Das Kinderzimmer – der Repräsentant für Entwicklung

Die Themen Zukunft und Zukunftschancen, Entwicklung und Entfaltung der Kreativität werden durch das Kinderzimmer symbolisch repräsentiert. Kinderzimmer sind eine relativ junge Entwicklung der Neuzeit, erstmals sind diese in den Wohnungen des Großbürgertums im 18. Jahrhundert ausgeprägt vorhanden. Bis zu diesem Zeitpunkt hatten Kinder keinen eigenen Raum, in den unteren gesellschaftlichen Schichten auch weiterhin nicht. Kinder schliefen bei den Eltern oder auf dem Dachboden. Kinder galten als Altersversorgung und Arbeitskraft, Entfaltung im Spiel war räumlich gesehen kein Thema.

Kinder waren Zukunftssicherung und Hoffnungsträger. Familien hatten viele Kinder, einerseits natürlich wegen fehlender Verhütungsmöglichkeiten und religiös-gesellschaftlicher Vorschriften, andrerseits waren in Zeiten vieler Krankheiten und hoher Sterblichkeit viele Kinder nötig, um die Altersversorgung und den Fortbestand des Hofes, das Erbe zu sichern. Sie waren die billigsten Arbeitskräfte. Dass die Kinder von Bauernfamilien mit dem Gesinde, mit Mägden (Dirnenkammer) bzw. Knechten (Bubenkammer) in einem gemeinsamen Raum schliefen, werten wir auch als Hinweis auf diesen Aspekt der Arbeitskraft. In der höfischen Kultur wurden Kinder an Ammen und Kinderfrauen abgegeben. Ein Widerspruch, wie wir ihn in der Wertigkeit heute immer noch finden: Kinder als Zukunftsfaktor und gleichzeitig mit wenig Raum bedacht.

Ein Beispiel aus der eigenen Praxis zeigt, dass dies anscheinend bis in heutige Zeit wirksam ist: Ein Mann aus dem mittleren Management will sich im Alter von fünfzig Jahren selbstständig machen, hat jedoch Probleme, einen eigenen Platz zu seiner Entfaltung zu finden. Im Zuge der coachenden Begleitung des Prozesses stellt sich heraus, dass er als Sprössling eines Familienunternehmens noch nie einen eigenen Raum für sich hatte. Als Kind musste er mit Lehrlingen und Meistern ein Zimmer teilen. Diese Erfahrung hat sich ihm dann so nachhaltig eingeprägt, dass er als Erwachsener in keiner seiner Wohnungen einen Raum für sich vorsah. Zum Aufbau seiner Selbständigkeit als Unternehmensberater richtete er sich ein Home-Office im Keller ein und wunderte sich sehr, dass seine Firma nicht in Fluss kam. Wie schon beschrieben, symbolisiert der Keller den zeitlichen Aspekt der Vergangenheit. Wenn man die eigene berufliche Zukunft von der Vergangenheit aus, die der Keller symbolisiert, entwickeln möchte, kann das sehr anstrengend werden, denn es fehlen die Visionen.

Das Kinderzimmer in unserer Zeit ist multifunktionell. Es ist sowohl Schlaf- und Arbeitsraum als auch Wohnzimmer, Spielzimmer und sozialer Rückzugsraum. Angesichts dieser Vielfalt an Nutzungen muss man sich über die Kleinheit heutiger Kinderzimmer nur wundern. Die kleinen Zimmer werden dazu oft mit Spielen und technischen Geräten überladen. Manchmal werden schon Säuglingszimmer üppig ausgestattet, von der Püppchentapete über Blümchenvorhang bis zu Spieluhren und Mobiles. Die Fülle kann die Kinder aber auch überfordern, für die eigene Kreativität im Spiel bleibt zu wenig Raum. Einerseits zeigt diese Fülle auch eine besondere Form der Wertschätzung durch Eltern und Verwandte an, viele Kinder in unseren reichen Gesellschaften sollen und können alles nur Erdenkliche bekommen. Andere dagegen haben wieder nicht das Nötigste, die Zahl armutsgefährdeter Kinder nimmt zu. Wirklich Platz zur kreativen und spielerischen Entfaltung gibt es dabei selten. Immer noch werden z. B im sozialen Wohnbau meist die kleinsten Räume als Kinderzimmer ausgewiesen. Ein Platz für kreative Entwicklung wird auch sonst kaum in den Wohnungen eingeräumt. Die Kinder erobern sich dann die Küche zum Lernen und das Wohnzimmer zum Spielen. Hier können aber die Bedürfnisse von Eltern nach Ruhe und Entspannung, nach Ordnung und Behaglichkeit mit denen der Kinder nach kreativem Chaos aufeinander prallen. Die soziale Ordnung wird gestört, das Spiel erzeugt ständig Konfliktpotenzial.

Kreative Entfaltung und Entwicklung braucht aber Raum!

Welchen Einfluss die Position des Kinderzimmers im Gesamtgefüge einer Wohnung haben kann, zeigt ein anderes Beispiel aus unserer Beratungspraxis: Die Klientin wohnt im Haus der Eltern im ersten Stock. Sie ist nach der Trennung vom Partner alleinerziehend und gerade wieder dabei, eine neue Partnerschaft einzugehen. Die Abgrenzung zu den Eltern gestaltet sich schwierig. Seit dem Umbau der Wohnung ist der Kontakt zur eigenen Tochter fast abgerissen. Das Mädchen hat einen besseren Kontakt zu den Großeltern als zur Mutter. Die Klientin wendet sich mit der Aussage: „Ich fühle mich zerrissen, habe Probleme mit der Tochter" an den Berater, weil sie schon eine Ahnung hat, dass die familiären Probleme mit der Wohnungsgestaltung zu tun haben könnten. Die Analyse ergibt folgendes Bild:

Der Zugang erfolgt im Erdgeschoß, das von den Eltern der Klientin bewohnt wird, rechts im Novagrammfeld *Sozialer Austausch*. Von dort wird über eine Stiege die Wohnung der Klientin erreicht. Die Stiege endet auf einem Podest im ersten Obergeschoß. Von hier wird das Zimmer der Tochter direkt erschlossen. Der Zugang zu den übrigen Räumen der Wohnung erfolgt über eine Tür, die als eigentliche Wohnungseingangstür betrachtet wer-

Abbildung 50:
Kinderzimmer vor Wohnungseingang

Lebensthemen

den kann und auch als solche gestaltet ist. Steht man auf dem Treppenabsatz ist durch keinerlei Merkmale die Zugehörigkeit des Kinderzimmers zur Wohnung erkennbar. Vielmehr hat man den Eindruck, dieses Zimmer gehörte noch zur Wohnung der Großeltern im Erdgeschoß dazu oder würde einen für andere Zwecke genutzten eigenen Raum darstellen. Wie zugehörig fühlt sich die Tochter der Familie? Auf Nachfragen bestätigt die Tochter das Gefühl, nicht zur Familie zu gehören, ausgegrenzt zu sein.

Kinder reagieren sehr sensibel auf die von den Eltern zugedachten Aufgaben. Das Mädchen übernimmt unbewusst wie in einer Conciergewohnung auch die Kontrolle darüber, wer zur Mutter in die Wohnung vordringt. Der neue Partner hat keine Chance, unbeobachtet in die Wohnung zu kommen. Mit diesem Beispiel wollten wir aufzeigen, welche teils dramatische Auswirkungen auf das Familiengefüge und das Selbstverständnis von Kindern die Position ihres Zimmers haben kann.

Die wesentliche Lösung liegt in der Definition einer neuen Eingangssituation, wie Abbildung 51 zeigt. Der Grundriss wird vervollständigt, die Tochter mit ihrem Zimmer ins Gefüge integriert. Wir werden zu einem späteren Zeitpunkt, im Abschlusskapitel noch einmal auf dieses Beispiel zurückkommen, um weitere Details des schwierigen Kinderzimmers zu erläutern und Lösungsmöglichkeiten zu sammeln.

Wie wir schon eingangs zur Ebene des aktiven Handelns sagten, brauchen Kreativität und Entwicklung immer auch einen Ausgleich. Dieser Ausgleich wird in der Bodenhaftung sicherer Regeln, existentieller Versorgung und loyaler Zugehörigkeit gefunden. Damit sind wir beim nächsten Lebensthema angelangt.

Abbildung 51:
Situation nach Veränderung

Loyalitäten: Überleben sichern – Familie als kleinste Gesellschaftseinheit

In der kleinsten Gesellschaftseinheit, sei es in der Gruppe oder der Sippe unserer Vorfahren oder jener der heutigen (Klein-)Familie, soll durch gegenseitige Unterstützung das Überleben gesichert werden. Ein wichtiges Merkmal dieser Gesellschaftseinheit sind Regeln und Loyalitäten, die den Zusammenhalt sichern. Auch in schwierigsten Verhältnissen und psychisch ungesunden Beziehungen entstehen innerhalb dieses kleinen Systems Loyalitäten und Abhängigkeiten. Sogar wenn es zu Machtmissbrauch einzelner Familienmitglieder kommt: Es besteht ein Gefühl von Zughörigkeit, und das gibt Sicherheit, auch in der größten Unsicherheit. Das Urthema, das auf der linken Achse des Novagramms in der Mitte angesiedelt ist, umfasst daher die Themen existentielle Sicherheit, Wirtschaften und gesellschaftliche Regeln.

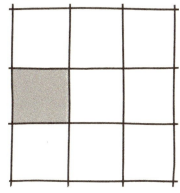

Abbildung 52:
Das Feld *Familie–Sicherheit*

Um die Qualitäten dieses archetypischen Lebensthemas zu verstehen, wollen wir uns mit einer Erklärung des griechischen *oikos* nähern, als einem System aus Menschen und Besitztümern.

Vom griechischen Oikos-Begriff ist es nicht weit zum lateinischen Begriff *familia*, von dem sich letztendlich das deutsche Wort Familie ableitet.

Das Herdfeuer galt lange als der größte Schatz zur Versorgung dieser kleinsten Einheiten, dementsprechend heilig war auch dieses Feuer: Es war den Göttinnen gewidmet und wurde gut bewacht. Sein Erlöschen bedeutete Unglück. Vom Standort eben dieses Herdfeuers leiten wir dann die symbolische Bedeutung des räumlichen Repräsentanten für das Thema der Versorgung ab. Wir beschreiben die Küche und den dazugehörigen Herd mit deren symbolischer Bedeutung. Der Eingang im Urthema hat, wie schon zuvor beim Thema der *Kreativität–Entwicklung*, einen Fehlbereich zur Folge, diesmal allerdings im Lebensthema *Wissen–Erfahrung*. Wie auch bei den schon beschriebenen Lebensthemen versuchen wir in praktischen Beispielen aus den Überlagerungen des Lebensthemas mit verschiedenen Räumen unsere Schlüsse auf den Umgang mit dem Themenkreis *Sicherheit–Familie–Versorgung* zu ziehen.

Das Lebensthema *Familie–Sicherheit*

Das lateinische Wort *familia* wird ins Deutsche mit „Hausgemeinschaft" übersetzt und bezeichnete ursprünglich nicht die Familie, wie wir sie in der westlichen Welt gerne idealisieren, nämlich als Eltern und deren Kinder. *Familia* bezeichnete im alten Rom vielmehr den Besitz eines Mannes, des *pater familias*. Mit dessen gesamten Hausstand waren Ehefrau, Kinder, Sklaven und Freigelassene sowie das Vieh gemeint. Familia und Pater waren keine Verwandtschafts- sondern Herrschaftsbezeichnungen. *Familia* folgt in der Entwicklung dem Begriff des griechischen *Oikos*: Bei beiden handelte es sich um ein Wirtschaftssystem, das in späterer Folge immer mehr zum Besitz- und Herrschaftssystem wurde. Im antiken Griechenland bezeichnete man mit dem Begriff „Oikos" die gesamte Hausgemeinschaft, das vollständige Beziehungsgeflecht von Menschen, Haus und Eigentum. Der Oikos umfasste die Familie, zu der auch die Bediensteten und Sklaven zählten, das Land, die Gebäude und alles bewegliche Inventar. Auch der Hauptraum eines Wohnhauses, der Aufenthaltsraum der Familie wurde als Oikos bezeichnet. Hier war die Herdstelle. Es handelt sich beim Oikos um den privaten Mittelpunkt des griechischen Hauses im Gegensatz zum öffentlichen, dem Andron. Das Wort Oikos wird auch mit Haus und Hof übersetzt. Mit Haus und Hof meinen wir heute noch das gesamte System von Menschen und Besitztümern. In Analogie zum griechischen Oikos werden in der deutschen Sprache mit dem Begriff „Haus" auch Adelsgeschlechter und Familiendynastien bezeichnet, wie z. B. „Das Haus Habsburg" oder das „Haus Windsor".

Der Oikos bezeichnet somit ein System, ein Beziehungsgeflecht aus Lebewesen, Lebens- und Wirtschaftsraum: die aktive Seite der Menschen und die passive Seite der Gebäude und Ländereien in einem zusammengehörenden, von gegenseitigen Abhängigkeiten gezeichneten System. Er bezeichnet sowohl das materielle Haus im Sinne von Gebäude als auch die Personengemeinschaft innerhalb eines Haushaltes, sowie die damit zusammenhängenden wirtschaftlichen Güter. Sprachlich leiten sich daher alle „Öko …"-Begriffe von diesem System ab.[67]

Eine moderne Form dieses symbolischen Beziehungsgeflechts aus Produktionsstätten und Gebäuden, arbeitenden Menschen, den Eigentümern und dem Kapital stellen Unternehmen dar. Zum Unternehmen zählen auch Arbeitsplätze als realer Ort und als fiktive Beschäftigungs-

---

[67] Nach Fritjoff Capra ist Ökologie das Studium des Haushalts der Erde, es ist das Studium der Zusammenhänge, die alle Angehörigen des Erdhaushaltes miteinander verbinden. Der Begriff Ökologie bezeichnet die Wissenschaft von den Beziehungen eines Organismus zur Umwelt, während der Begriff Ökonomie alles beschreibt, was mit dem Wirtschaften zusammenhängt. Die Aristotelische „oikonomia", die Lehre vom guten, vernünftigem Leben und Wirtschaften im eigenen Haus, ist die älteste Wirtschaftslehre.

möglichkeit, Ziele und Visionen.[68] Genau dieses Entdecken der Systemzusammenhänge zwischen starren und lebendigen Systemteilen, wie bei *oikos*, *familia* und Unternehmen, hat uns ermutigt, den wechselseitigen Wirkungen von Mensch und Raum verstärkt nachzugehen, wie wir es in diesem Buch tun.

Die Familie im heutigen Sinn bezeichnet eine durch Partnerschaft, Heirat oder Abstammung begründete Lebensgemeinschaft, im westlichen Kulturkreis meist aus Eltern bzw. Erziehungsberechtigten und Kindern bestehend. Die Familie wäre demnach eine engere Verwandtschaftsgruppe mit mehreren wesentlichen Aufgaben, die meist durch spezifische Rollenzuschreibungen aufgeteilt sind. Die wirtschaftliche Versorgung steht für die heranwachsenden Menschen immer noch an erster Stelle, für Erwachsene soll die Familie immer mehr nur emotionale Bedürfnisse befriedigen. Diese Entwicklung ist jedoch sehr jung, daher folgt die Beschreibung der archetypischen Qualitäten eher der ursprünglichen, über einige Tausend Jahre entwickelten Sichtweise und Funktion.

Die Idee hinter dem bürgerlichen Begriff der Familie, den es in dieser Form erst seit max. 300 Jahren gibt, soll die Bedeutung der Familie als erstes soziales Netzwerk eines Menschen sein. Hier passiert soziale Kontrolle und werden die Regeln der Gesellschaft gelernt. Die Aufgabe der Erziehung, man könnte auch sagen die Sozialisationsfunktion der Familie ist es, Werte und Fähigkeiten bei den nachkommenden Generationen herauszubilden, die das Bestehen in der Gesellschaft garantieren. Die Familie sollte also der soziale Raum für Wachstum, Entwicklung und Geborgenheit sein und in diesem Sinne mit entscheidend für die Entwicklung von Kompetenzen und Handlungsmöglichkeiten der nachfolgenden Generation. Damit aber Wachstum und Entwicklung in Geborgenheit möglich sind, muss zuerst einmal die Existenz gesichert sein.

Die Aufgabe der Sicherung des Grundüberlebens delegiert die Gemeinschaft an die Familie. Die Familie soll Schutz und Fürsorge für Säuglinge, aber auch für kranke und alte Familienangehörige erbringen, wobei im traditionellen Familienbild die Rollenaufteilung immer noch geschlechtsspezifisch getrennt erscheint. Die Familie soll ernähren, kleiden und ein schützendes Dach über dem Kopf schaffen.

Politisch gesehen gibt sie den in ihr geborenen Kindern eine legitime Platzierung in der jeweiligen Gesellschaft. Die Familie steht meist unter

---

68 vgl. Richarz, I.: Oikos, Haus und Haushalt. Ursprung und Geschichte der Haushaltsökonomik. Göttingen 1991

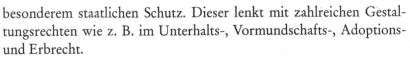
Lebensthemen

besonderem staatlichen Schutz. Dieser lenkt mit zahlreichen Gestaltungsrechten wie z. B. im Unterhalts-, Vormundschafts-, Adoptions- und Erbrecht.

Die Freizeit- und Erholungsfunktion ist eine moderne Variante der Wirtschaftsfunktion. Die Familie soll der Raum für Regeneration sein, für die Erhaltung und Wiederherstellung der Gesundheit der Familienmitglieder und für Erholungsmöglichkeiten. Sie soll die Menschen für den beruflichen Alltag wieder fit machen. Hierher kommt man zurück, wenn draußen der Wind zu scharf wird: ein gehöriges Maß an Zuschreibungen, mit einem gehörigen Maß an Möglichkeiten zu scheitern.

Wenn wir jetzt den Versuch unternehmen, den Begriff der Familie von den ideologischen Überlagerungen herauszuschälen und uns auf das Wesentliche beschränken, kommen wir dem archetypischen Bild näher. In diesem Lebensthema geht es folglich um alles, was wir vorhin als Aufgaben der Familie definiert haben: wirtschaftliche Versorgung, Erziehungs- und Bildungsaufgaben, Sicherung der Existenz. In der kleinsten (Versorgungs-)Einheit der Gesellschaft wird der Mensch existentiell versorgt und genährt, er lernt die Regeln der Kultur, der Religion, der Gesellschaft. Er wird sozialisiert, geformt und geprägt, das Gefühl von Zugehörigkeit und Loyalität soll entstehen. Dabei sichert die Erziehung die Entwicklung von Pflichtbewusstsein, damit die Regeln auch eingehalten werden. Wer die Regeln kennt und einhält, kann sich leichter in der Gesellschaft bewegen. Ist der Mensch versorgt, fühlt er sich sicher und kann ein Gefühl der Zugehörigkeit entwickeln. Das menschliche Bedürfnis nach dieser Sicherheit und Zugehörigkeit macht sich die Gesellschaft zu Nutze. Der Mensch weiß, woran er sich orientieren kann. Je nach Qualität der Versorgung entstehen Chancen und werden Potenziale gefördert oder auch nicht. Struktur und Regeln werden von Generation zu Generation weitergegeben. Manchmal kann das Sicherheitsbedürfnis und Loyalität aber auch zu Missbrauch, auch auf politischer Ebene führen. Es gibt in der Geschichte genügend Beispiele dafür, wie durch Befriedigung des Wunsches vieler Menschen nach Zugehörigkeit schreckliche Entwicklungen Raum ergriffen. Das Bedürfnis nach Zugehörigkeit scheint somit auch die größte Falle in diesem Lebensthema zu sein.

Deshalb sollte man sich im Leben immer wieder mit den Regeln und Normen, die man aus der eigenen Ursprungsfamilie, aber auch von der Gesellschaft mitbekommen hat, kritisch auseinanderzusetzen.

Welcher Raum befindet sich an der Stelle dieses Archetypus in Ihrer Wohnung?

Vielleicht ist diese Frage in Ihnen beim Lesen des Textes aufgetaucht – hier möchten wir ein paar Beispiele in ihrer Bedeutung erläutern: Liegt hier beispielsweise die Stiege, könnte das (Familien-)Leben von einem ständigen (wirtschaftlichen) Auf und Ab geprägt sein. Ein Schlafraum an dieser Stelle könnte möglicherweise bedeuten, dass in der Partnerschaft das Thema Familie, von der Familiengründung bis zur existenziellen Versorgung, im Vordergrund steht. Möglicherweise haben die Regeln der Ursprungsfamilie starken Einfluss darauf, wie Partnerschaft gelebt wird.

„Eingebunden fühle ich mich sicher" – Eingang im Lebensthema *Familie–Sicherheit*

Menschen, die ihr Haus durch den Bereich *Familie–Sicherheit* betreten, schätzen wahrscheinlich besonders das Eingebundensein in ein soziales Netzwerk, wie Gruppe, Familie, Gesellschaft. Die vorgegebenen Regeln eines solchen Netzes geben die Struktur und Sicherheit, die solche Menschen wahrscheinlich stärker benötigen, weil ihnen möglicherweise noch etwas fehlt. Im Grundriss liegt der Bereich des Wissens und Urvertrauens im Außen. Befindet sich der Eingang im Bereich der *Familie*, so entsteht nämlich ein Fehlbereich im Themenfeld *Wissen–Erfahrung*. Das Fehlen eigener Erfahrungsschätze bewirkt Unsicherheit, aber die Gruppe gibt Rückhalt, mit der Gefahr, dass sich der Mensch an die von Gruppe und Familie vorgegebenen Regeln und gesellschaftlichen Normen zu sehr klammert und damit in eine (soziale) Abhängigkeit gerät.

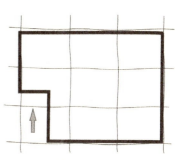

Abbildung 53: Der Eingang im Feld *Familie–Sicherheit*

Die Mitglieder unterstützen sich gegenseitig bei der Entwicklung ihrer Potenziale. Gesellschaftliche Normen und so genannte Tugenden werden hier entwickelt und verfestigend weitergegeben. Die familiären Wurzeln haben besondere Bedeutung, geben sie doch Orientierung, wenn man auf die eigenen Erfahrungen wenig vertrauen kann.

Durch den Fehlbereich können aber die negativen bzw. destruktiven Aspekte, die aus dem Fehlen des Urvertrauens entstehen, wichtig werden. Geringer Selbstwert und Unsicherheit in Bezug auf das eigene Wissen und eigene Erfahrungen verstärken möglicherweise ein Festhalten an den erlernten Regeln. Eine solche Starre drückt sich oft in dem Satz: „Das war immer schon so" aus. Das Überlieferte wird möglicherweise unreflektiert übernommen und nicht transformiert in neue persönliche Werthaltungen. Die Bindung an die althergebrachten Wurzeln vermittelt nicht die erwünschte Sicherheit, sondern blockiert und nagelt sie fest. Das wäre die Schattenseite.

Lernaufgabe in einem solchen Haus kann es daher sein, die Defizite in der Wahrnehmung der eigenen Erfahrungen mithilfe der Gemeinschaft zu reflektieren und zu transformieren – das heißt Familientraditionen, übernommene Familienmuster und Rituale zu erkennen und für sich bewusst neu zu definieren.

Bei einer Klientin haben wir ein besonders spannendes Beispiel für eine solche Eingangssituation entdeckt. Sie hat das Muster der Unsicherheit in Bezug auf das eigene Wissen durch mehrere Wohnungen mitgenommen. Mit jeder neuen Wohnungssuche ging sie in Resonanz zur selben Eingangssituation. Der Glaubenssatz: „Ich bin nicht gut genug", den offensichtlich auch die Eltern bereits in sich trugen, trieb sie zu ständiger Weiterbildung. Erst als sie die Zusammenhänge zwischen den Gefühlen der eigenen Unzulänglichkeit und dem Familiensystem erkannte, konnte sie wirksam ihr eigenes Wissen an andere weitergeben.

Küche, Herd und Feuer als Repräsentanten für existenzielle Versorgung

Die Küche ist die symbolische Repräsentantin der existenziellen Sicherheit. Hier wird für die Familie gekocht, hier wird (gemeinsam) gegessen. Wer am Herd etwas zu kochen hat, kann seine Familie ernähren. In der (Wohn-)Küche passiert „Familie".

Lange Zeit war der Ort zum Kochen und zum Wohnen eins: Er war der einzige beheizbare Raum im Haus. Dort kamen die Mitglieder einer Gemeinschaft zum Essen zusammen, genauso wie sich die Stammesmitglieder unserer nomadisierenden Urahnen am Lagerfeuer versammelten.

Bei den Germanen symbolisierte der Herd in diesem Sinne „Schutz und Freistätte".[69] Wer sich an den Herd oder Ofen setzte oder dort hin gebeten wurde, nahm das heilige Gastrecht in Anspruch. Damit wurde ihm das Überleben sichergestellt. Wenn sich heute die Gäste an der modernen Küchenbar treffen, geht es zwar nicht mehr um das Überleben, aber die Symbolik des Gastrechts ist nach wie vor dieselbe.

Die Küche ist somit Symbol für das Nährende als ein Grundprinzip menschlichen Daseins. Dieses sichert das Überleben der Menschheit. Wer durch geschicktes Kochen aus wenigen Zutaten noch Nahrhaftes

---

69 Bolin v., F.: Kleines Handlexikon der Märchensymbolik. Stuttgart 2001

zustande bringt, kann gut wirtschaften. Wer wirtschaften kann, sorgt für Sicherheit, Gesundheit und Geborgenheit im Haus. In der Küche zeigt sich, wer mit den Ressourcen haushalten kann. Die Küche eines Hauses oder einer Wohnung erzählt uns, wie die hier Wohnenden versorgt sind. Sie gibt Hinweise zur Bedeutung der Familie, der Wertigkeit des Essens und der Gesundheit, sowie der materiellen Versorgung. Eine reine Kochküche kann ein Hinweis darauf sein, dass es primär um die Versorgung der Familie mit Nahrung geht. In einer Wohnküche spielt sich neben dem Kochen auch das ganze soziale Leben einer Familie ab. Hier symbolisiert sie nicht nur die Nahrungsversorgung, sondern auch die emotionale Versorgung der Familienmitglieder.

Was spielt sich in Ihrer Küche ab?

Was glauben Sie, erzählt Ihnen Ihre Küche symbolisch über das Nährende in Ihrem Leben?

Mittelpunkt jeder Küche ist der Herd oder der Ofen, sie bedeuten, symbolisch betrachtet, das innere Feuer.

Menschheitsgeschichtlich waren bis in jüngste Zeit Kochstelle und Heizfunktion, also das nährende und das wärmende Prinzip in einer Stelle, dem Küchenherd vereint. Erst mit einer Differenzierung der Funktionsräume kam es auch zu einer unterschiedlichen technischen Entwicklung von Koch- und Heizöfen. Die Bedeutung eines Ofens als zentrale Wärmestelle verlor mit Erfindung der Zentralheizung an Bedeutung. Und doch bleibt die Sehnsucht nach einer solchen Stelle groß. Viele Menschen errichten sich in der kleinsten Wohnung ein Schwedenöfchen, einen offenen Kamin, einen Kachelofen. Auch der alte holzbefeuerte Küchenofen feiert zunehmend eine Wiederkehr. Das Fehlen eines Herdfeuers in modernen Wohnungen führt dazu, dass auf die Ausgestaltung des Herdplatzes in Form einer Kochinsel besonders Wert gelegt wird. Kann es sein, dass die Kochinsel wieder zum Herdfeuer im ursprünglichen Sinn mutiert, wo man darum herumsitzt, wie beim Lagerfeuer, und sich unterhält, während die Nahrung zubereitet wird?

Was macht die Feuerstelle so attraktiv? Wir meinen, es ist deren Symbolik. Seit vor Urzeiten ein Blitz in einen Busch einschlug und damit dem Menschen das Feuer brachte, gibt es die Feuerstelle, um die sich die Sippe versammelt und wärmt und ihr Essen zubereitet. Das Feuer ermöglichte eine bekömmliche Zubereitung von Nahrung und wärmte gleichzeitig. Die nährende und wärmende Qualität des Feuers legt die hohe Wertigkeit nahe, die seit der Urzeit dem Herdfeuer zugesprochen wurde. In der Mythologie wird das Feuer mit dem Leben schlechthin, aber auch mit dem fruchtbaren Bauch der Frau gleichgestellt. Mit Hestia in Griechenland und Vesta im alten Rom waren die wichtigsten Göttinnen der Antike für das Feuer zuständig. Hestia war Göttin des Familien- und Staatsherdes, des Herd- und Opferfeuers und der Familieneintracht, ihr römisches Pendent hieß Vesta. Ihre Priesterinnen waren die Vestalinnen und hüteten die Tempelfeuer im wichtigsten Tempel Roms, zu dem kein Mann, nicht einmal die höchsten Würdenträger Zutritt hatten. Das Hüten des Feuers galt über viele Jahrtausende als Sinnbild der familiären Versorgung schlechthin. Die Überlieferung besagt, dass das Feuer immer von der Mutter auf die Tochter vererbt wurde. Man könnte sagen, dass um das Feuer herum matriarchale Strukturen dem Siegeszug des Patriarchats am längsten Stand hielten.

Erlischt das Feuer, friert und hungert die Familie. Wenn es nichts Wärmendes zu essen gibt, mangelt es auch am gemeinsamen verbindenden Ritual. Essen und Wärme sind Zeichen für Wohlstand und Wohlbefinden. Wer beides hat, ist gut versorgt. Wem beides fehlt, der wird krank. Auch das Haus verliert den wärmenden Mittelpunkt und friert. Die Wärme des Ofens kommt aus dem Inneren des Hauses, sie wärmt aus der Mitte, nicht wie die Sonne, die von außen auf uns einstrahlt und den Körper wärmt. Der Ofen bzw. der Herd in der Küche repräsentiert daher in seiner Symbolik die innere Wärme des Menschen, die Herzenswärme. Der Ofen wärmt die Seele. Daraus ergibt sich auch schon, wie ein Ofen, ein Herd im Wohnungskontext situiert sein soll: Er soll von innen nach außen strahlen können, also am Rande der Mitte gelegen sein. Gut ist, wenn er möglichst rundherum seine wärmenden Strahlen aussenden kann. Wird der Kachelofen an einer Außenwand gebaut, geht ein Teil seiner Strahlung nach außen verloren.

Die Position und die Beschaffenheit von Herd und Ofen geben uns Auskunft über die Herzenswärme der Bewohner und Bewohnerinnen.

Bei Fragestellungen zu den Themen dieses eben beschriebenen Lebensbereiches der Existenzsicherung betrachten wir daher immer die Positionierung und die Ausstattung von Küche und Wärmequellen.

Wohnen ist SEIN – in die Mitte kommen

Ach, wehe meine Mutter reißt mich ein.
Da hab ich Stein auf Stein zu mir gelegt
und stand wie ein kleines Haus,
um das sich groß der Tag bewegt.
Sie reißt mich ein, indem sie kommt und schaut.
Sie sieht es nicht, dass einer baut.

Sie geht mir mitten durch die Wand von Stein,
ach wehe, meine Mutter reißt mich ein.
R. M. Rilke

Dieses Gedicht von Rainer Maria Rilke beschreibt auf wunderbare Weise den Entwicklungsprozess des Menschen als Hausbau. Genau um diesen inneren Entwicklungsprozess handelt es sich im folgenden Abschnitt. Nachdem wir das Lebensthema der Identität und Selbst-Entwicklung beschrieben haben, versuchen wir in Sprache und Symbolen eine Erklärung dafür zu finden, warum es zwischen dem Menschen, seiner Seele und seinem Wohnen so enge Beziehungen gibt.

Wir sind in unserer Mitte, das sagen wir, wenn wir bei uns selbst angelangt sind; deshalb hat der Eingang in der Mitte einer Wohnung naturgemäß eine essentielle Bedeutung.

Die Mitte braucht Freiraum, Platz für Entwicklung und Orientierung, wie wir an unseren Beispielen zeigen werden.

Abbildung 54:
Das Feld *Selbst–Identität*

Das Lebensthema *Selbst–Identität*

Wir Menschen sprechen gerne davon „in der Mitte zu sein", wenn wir uns wohlfühlen, zufrieden und glücklich sind. Wir handeln „aus der Mitte heraus", wenn wir authentisch und selbstsicher agieren. Ein weiteres Beispiel mag das Wesen der Mitte sehr gut verdeutlichen: Sie kommen in eine fremde Stadt, ein fremdes Dorf. Was tun Sie als Erstes, um sich zurechtzufinden? Wahrscheinlich fahren Sie oder gehen in das Zentrum, dringen in das „Wesentliche" vor und sehen sich um. Sie tun dies, weil Sie dort all das zu finden hoffen, was diesen Ort auszeichnet und worüber sich die Menschen identifizieren. Sie wissen, wo Sie sind. Dort erhalten Sie Auskunft, wo sich was befindet. Wodurch wurde und wird die Identität eines Ortes geprägt? Durch Kultur und Traditionen, meist repräsentiert durch die Kirche. Wer sich beim Besuch eines fremden Ortes am Kirchturm orientiert, wird schnell ins Zentrum, zum Ortskern vordringen. Dem Kirchengebäude nicht unweit wird sich die weltliche Macht, repräsentiert durch das Rathaus, befinden. Dazwischen ein freier Raum, der Dorf- oder Stadtplatz, gesäumt noch vom Wirtshaus, mit seinem Stammtisch als sozialer Treffpunkt und Kommunikationsraum. Heute erhebt sich meist noch ein Bankgebäude in der zentralen Nähe als ein wesentlicher Identifikationsfaktor für die wirtschaftliche Identität. Die Insignien der Gesellschaft, die Symbole des

Selbstverständnisses eines Ortes rund um einen Freiraum, dem Platz vereint – das Zentrum. Von diesem Zentrum aus hat sich der Ort entwickelt; die Mitte gibt dem Ort Identität. Deshalb beginnen Dorfentwicklungsprozesse sehr häufig mit der Neugestaltung des Dorfplatzes. Wer Zusammenhalt und Identität in einem Stadtteil fördern möchte, ist bemüht, möglichst gemeinsam mit den Menschen einen Platz zu gestalten.

Welche Merkmale müssen für Sie erfüllt sein, damit Sie das Gefühl bekommen, in einem „Zentrum" zu sein? (im Dorf, in der Stadt, im Haus, im Unternehmen)

Warum ist freier Raum im Zentrum so wichtig, und was passiert dort? Schon in der griechischen Antike stellte die sognannte *agora*, ein großer, weiter Platz, das Zentrum der *polis*, der Stadtgemeinschaft dar. Dort trafen sich die Bürger, um sich über Politik und das Leben auszutauschen, um den Göttern zu huldigen und sie positiv zu stimmen, Entscheidungen für den Fortgang der Gemeinde zu treffen und auch, um miteinander Waren zu tauschen. Die Agora war auch Marktplatz und wirtschaftlicher Umschlagplatz.

Wollen sich alle Bewohnerinnen und Bewohner des Ortes zum identitätsstiftenden Austausch treffen, braucht es Raum, der die Möglichkeit gibt, dem jeweiligen aktuellen Impuls zu folgen. Gemeinsame Identität entsteht aus dem Gefühl, dazu zu gehören, einen wichtigen Beitrag zum Gemeinsamen zu liefern.

Genauso verhält es sich mit dem Zentrum eines Hauses oder einer Wohnung. Es ist Identitätsmittelpunkt, Freiraum und Schutzraum zugleich.

Wer bin ich? Woher komme ich? Wohin entwickle ich mich? Wodurch werde ich so? Was ist der Rahmen für mein gegenwärtiges Sein? Das sind die Fragen, die hinter diesem Lebensthema stehen.

Das Zentrum des Novagramms stellt das Eingebundensein des Menschen in den Lauf des Lebens, ja der Dinge selbst dar. Im Mittelpunkt steht der Mensch in seinem Sein. In der Mitte angelangt, denkt, fühlt und handelt der Mensch im Hier und Jetzt. Im Wechselspiel des Lebens, dem Vorne und Hinten, zwischen Vergangenheit und Zukunft, dem Links und dem Rechts, zwischen Innen und Außen, in der Ausgewogenheit der umgebenden Lebensprinzipien erfüllt sich die eigentliche Identität eines Menschen. In diesem Archetypus zeigt sich der Mensch ganz in seinem Sein. Wie der Philosoph Heidegger meint: „Die Art, wie du bist und ich bin, die Weise, nach der wir Menschen auf der Erde sind, ist das Bauen, das Wohnen."[70] Für ihn ist das Wohnen keine

---

70 Heidegger, M.: Vorträge und Aufsätze. Stuttgart 1954, S. 140

Handlung, sondern ein Zustand des Seins. In der Mitte BIN ICH. Wir sprechen davon, in unserer Mitte zu sein, wissend, dass wir auf die Ressourcen aus der Vergangenheit zurückgreifen können, dass wir selbst Gestalter und Gestalterinnen des Lebens sind, und dies jeden Augenblick unseres Lebens immer wieder neu. Jeden Augenblick seiner Person und seines Daseins gegenwärtig zu sein, das ist die Qualität dieses Feldes.

Was brauchen Sie, um ganz Selbst zu sein, damit Sie sich in Ihrer „Mitte" fühlen?

Wie ist die Mitte Ihrer Wohnung gestaltet? Passt das zusammen?

Das Haus und der Mensch – eine wundersame Verbindung

Die deutsche Sprache hält viele Bilder dafür parat, um psychische Zustände und Verhalten mit Metaphern aus dem Baulichen zu umschreiben. Das Bild eines Hauses wird häufig als Metapher, als Symbol für die Psyche des Menschen verwendet. Sigmund Freud, C. G. Jung und andere Vertreter und Vertreterinnen der Psychoanalyse setzen die menschliche Psyche metaphorisch sogar mit dem Haus gleich. Ob wir „einen Dachschaden" haben oder „im Oberstübchen nicht ganz dicht" sind, ob wir mit „der Tür ins Haus fallen" oder gar „Leichen im Keller" auszugraben sind – mit Bildern aus dem „Häuslichen" lässt sich Menschliches gut beschreiben.

Die menschliche Psyche bedient sich nämlich auch in den Träumen einer Symbolsprache, um bestimmte Seelenzustände zum Ausdruck zu bringen und zu bearbeiten. C. G. Jung entwickelte aus einem Traum, in dem er durch ein – sein – Haus wanderte, immer tiefer von Stockwerk zu Stockwerk hinunter in immer tiefere Keller, sein Konzept des kollektiven Unbewussten.

Der Soziologe Gaston Bachelard formulierte es so: „In den Träumen durchdringen einander die verschiedenen Wohnungen unseres Lebens und hüten die Schätze der alten Tage. Irgendetwas Geschlossenes muss die Erinnerungen hüten und ihnen dabei ihre Werte als Bilder bewahren."[71]

Fallen Ihnen Träume ein, in denen Sie durch ein Haus gewandert sind, einzelne Räume erforscht haben? Was hatten die Traumbilder mit Ihrer damaligen persönlichen Entwicklung zu tun?

Wir gehen daher davon aus, dass wir uns auch der tatsächlichen Struktur von Haus und Wohnraum bedienen können, um psychische

---

[71] ebd S. 141

Lebensthemen

Zustände und deren Veränderungsmöglichkeit ins menschliche Bewusstsein zu rücken.

Für die Erklärung des Bezugssystems von Mensch und Raum möchten wir auch den Psychologen Kurt Lewin bemühen. Für ihn besteht der Lebensraum (im Unterschied zum rein physischen Raum) aus den physiologischen und sozialen Gegebenheiten in der unmittelbaren Umgebung einer Person, das ist die Kombination aus Wohnbereich im engeren (Haus/Wohnung) und weiteren (Dorf/Stadt/Landschaft) Sinne, ihrer psychologischen Repräsentanz in der Person; das sind alle bewusst und unbewusst abgebildeten (Lebens-)Muster und der augenblicklichen Wertigkeit der Gegebenheiten, das ist die Bedeutung, die der Mensch diesen Aspekten im Augenblick beimisst. Alle Faktoren im Lebensraum sind nach Lewin untereinander abhängig.[72]

Wir möchten den Begriff des Seelenraums oder psychischen Raums anfügen. Dieser stellt, im Gegensatz zum physischen Raumbegriff, der das körperliche, im engeren Sinn das Bebaute umfasst, die innere Struktur des Menschen dar: seine Erlebnisse und Erfahrungen, die Verarbeitung dessen, sein Verhalten, sein Denken, seine Gefühle und inneren Bilder. Wir nehmen an, dass sich dieser innere Raum in Muster, Struktur und Symbolik eines Hauses, einer Wohnung, der einzelnen Zimmer abbildet und widerspiegelt. Bedeutung gibt diesem Abbild der Mensch selbst mit seiner gefilterten Wahrnehmung – bewusst und unbewusst. Wir werden uns zum Abschluss unseres Buches noch einmal mit Lewin beschäftigen. (S. 227)

Ich finde meine „Mitte" – Eingang im Zentrum

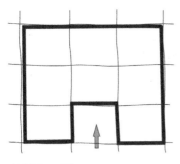

Abbildung 55:
Der Eingang im Zentrum

Ist der Eingang in der Mitte positioniert, ist das Thema die Herausbildung der Identität. Innen und Außen – Vergangenheit und Zukunft reflektierend – finde ich mein Selbst, so könnte die Entwicklungsaufgabe lauten. Die Entwicklung persönlicher Identität, der Identität als Familie, als Gruppe steht im Mittelpunkt. Wie lässt sich aus der inneren Kraft der Mitte Nutzen ziehen? Die Türe ist in der Mitte, aber der Weg ist abgerissen, man wird auf sich selbst zurückgeworfen. Kaum öffnet man die Türe zur Wohnung ist man schon mit seinem eigenen Selbst konfrontiert. Immer wieder stellt sich gleiche Frage, nämlich: „Wer bin ich?"

---

72 Hoffmann, T.: Psychische Räume abbilden – Kurt Lewins topologische Psychologie. Aufsatz 2007, veröffentlicht im Internet, http://th.hoffmann.eu/texte/hoffmann.2007-lewin.pdf (Stand Juli 2014)

Das Fehlen des Bereiches *Weg-Orientierung* könnte sich auf die Verfolgung konkreter Ziele hinderlich auswirken. Es fehlt die Orientierung, es fehlt die strukturgebende Basis als Ressource aus der Vergangenheit. Die Gefahr der Verfolgung ausschließlich selbstbezogener Ziele ist groß. Aber auch das ziellose Ausprobieren verschiedener Möglichkeiten stellt ein Risiko dar. Größte Herausforderung und Lernaufgabe bei einer solchen Situation ist es, innere Festigkeit, Selbstbewusstsein und Selbstvertrauen zu entwickeln.

Ein sehr interessantes Beispiel für eine solche Eingangssituation haben wir bei einem selbständigen Klienten gefunden. Kurz nachdem er in das neue Büro übersiedelt war, welches er und sein Team durch das Feld der Identität betraten, kamen das Unternehmen und sein Eigentümer in Turbulenzen. Gleich nach der Eingangstüre betrat man einen Kommunikationsraum mit Bar, Kaffeemaschine und Stehtisch. Alles wurde an diesem Platz erörtert. Teambesprechungen, Kundenempfang und -besprechungen fanden ausschließlich hier statt. In den Pausengesprächen sprudelten die Ideen, weil hier der allgemeine Treffpunkt war. Aber das Problem war, dass die sprudelnden Ideen keine Basis fanden. Keine Konzepte, schon gar keine Umsetzungspläne resultierten aus den Ideen. Die Firmenidentität leitete sich, laut Eigenangaben des Klienten, vollständig aus den äußeren Einflüssen ab. Was gerade aktuell ist, das machen wir, war die Devise. In der Abhängigkeit von außen, die sich daraus ergab, war man zwar bei allen Neuerungen voll dabei, die persönliche Einzigartigkeit ging jedoch verloren. Das Pionierhafte führte nämlich zu einem Konflikt mit einer anderen Intention. Der Mittelraum war bei der Renovierung ganz bewusst im ursprünglichen Zustand, mit altem Gewölbe und breiten, abgetretenen Dielen belassen worden, während der Rest modern renoviert wurde – eine bewusst gewollte Spannung. Der Unternehmer beschreibt die Firmenidentität als den Traditionen verhaftet. Man wollte die gutbürgerlichen Kunden aus dem vorherigen Büro mitnehmen und signalisierte gleichzeitig durch die moderne Gestaltung das Gegenteil. Möglicherweise führten aber zu viele Einflüsterer an der Kaffeebar zu einer Sprunghaftigkeit, bei der die Traditionalisten nicht mehr mit konnten.

Eine mögliche Maßnahme wäre, Besprechungen und alle Aspekte von Kommunikation in das Büro rechts des Eingangs in das Themenfeld des *sozialen Austauschs* zu verlegen und die Mitte dadurch zu befreien. Die Wände rund um diese Mitte würden als Präsentationsfläche für Projekte einen sofortigen Eindruck der Firmenidentität schaffen. Die eigentliche Kommunikation kann im zugehörigen Lebensthema stattfinden, was naturgemäß zu einer Stärkung und zum Ausgleich im

Lebensthemen

Thema *Sozialer Austausch* führen würde. Der Unternehmer sollte sinnvollerweise mit seinem Arbeitsplatz in den Archetypus *Wissen–Erfahrung* übersiedeln, um so auf seine Erfahrungen aus früheren Projekten besser zurückgreifen zu können.

Der Antiraum – kein Repräsentant für die Mitte

Wie wir schon sagten: Die Mitte braucht den Freiraum für Entfaltung. Daher ist diesem Thema auch kein eigener symbolischer Raum als Repräsentant zugeordnet. Die Mitte einer Wohnung, eines Hauses sollte möglichst frei „atmen" können. Es sind die Qualitäten, die sich aus den Umgebungseinflüssen ergeben, die der Wohnung ihre Identität geben. Wir haben es beim Repräsentanten für das Selbst eher mit einem abstrakten Raumbegriff zu tun, der sich aus den Interaktionen der umgebenden Räume ergibt. Die Mitte ist wie ein Antiraum – Freiraum und Schutzraum und Fokus, auf den sich alles bezieht.

Ist die Mitte einer Wohnung blockiert, z. B. durch Wände und/oder massive Möblierung, kann das auf die Schwierigkeit hinweisen, seine eigene Identität zu finden. Man ist ständig auf der Suche, findet im wahren Sinne des Wortes den Durchblick nicht.

Leider werden Wohnungen sehr häufig so gestaltet, dass die Mitte durch massive Mauern versperrt ist. Auf der Suche nach sich selbst stellt sich etwas massiv entgegen. Das Gefühl, man hätte ein Brett vor dem Kopf, kann leicht entstehen.

Anna, eine unserer Klientinnen, schildert ihre Erfahrungen in ähnlicher Art und Weise in einem Erfahrungsbericht (siehe S. 232). Quer durch die Mitte stellte sich eine tragende Wand dem Weg in und durch die Mitte entgegen. Zudem hatte Anna an der einen Seite der Wand einen überdurchschnittlich breiten Kasten positioniert, an der anderen Seite eine schwere, ein Meter tiefe und zweieinhalb Meter breite Kommode aus Vollholz. Beides vollgeräumt mit den Dingen, die sich im Laufe der Zeit so ansammeln. Sie hatte sich zusätzlich zur Wand eine dreieinhalb Meter starke Blockade in ihrem Zentrumsbereich, dem Thema *Selbst–Identität* geschaffen. Der eigene Eindruck, dass sie immer wieder auf ihr eigenes (altes) Selbst zurückgeworfen wird, findet zusätzlich seine Bestätigung in einem an der Mittelwand angebrachten Spiegel, den zu meiden unmöglich ist. Wie sie selbst beschreibt, kommt sie trotz jahrelanger Selbsterfahrung in ihrer persönlichen Entwicklung nicht wirklich weiter. Wir werden im Schlussteil des Buches noch einmal auf dieses Beispiel zurückkommen und Lösungen für dieses verbreitete Problem erarbeiten.

Häufig durchsticht eine Stiege das Zentrum. In einem solchen Fall wird man vielleicht mit einem ständigen Auf und Ab in der Stimmung und Selbstwahrnehmung konfrontiert werden. Himmelhoch jauchzend und zu Tode betrübt geht man durch das Leben. Immer von einer gewissen Unruhe begleitet, dass man sich gerade auf „der falschen Etage" befindet. Ins Hier und Jetzt, zur inneren Ruhe zu gelangen, ist äußerst schwer.

Alte Bauernhäuser folgten dem Grundprinzip des Freiraums in der Mitte viel eher, als dies moderne Wohnungen tun. In der Mitte haben sie meist eine breite Diele, an deren Rand sich eine große Truhe befindet – früher die Hochzeitstruhe, mit der die Braut ihr Hab und Gut, ihre Identität mit ins neue Haus brachte und dort auch einen identitätsstiftenden Platz zugewiesen bekam. Wir haben die Bedeutung der Truhe schon bei der Ebene der Ressourcen erörtert.

Ein weiteres Element der Mitte, das wir in alten Bauernhäusern häufig entdecken können, ist der Backofen am Rande des Zentrums. Wir gehen davon aus, dass sich dieses Element aus der Feuerstelle in der Mitte der Hütte entwickelt hat. Wenn man genau hinsieht, kommt man zur Erkenntnis, dass diese Öfen meist so situiert sind – eben am Rande des Zentrums – dass die aufsteigende Wärme nicht sofort nach oben entweichen kann, sondern über die freie Mitte zum Zirkulieren gebracht wird. So hatte man früher den Nutzen, über diese zentrale (meist einzige) Wärmequelle, das ganze Haus zu temperieren.

In modernen Wohnungen werden gerne Esstische im Zentrum positioniert. Vielleicht ist das auch bei Ihnen so. Da der Tisch das Thema Kommunikation und sozialen Austausch repräsentiert, könnte es sein, dass die Selbstwahrnehmung, die Identitätsentwicklung sehr stark über die Kommunikation mit den am Tisch versammelten Personen geschieht.

4. Die Ebene des aktiven Handelns – die Gegenwart

Unser alltägliches Sein ist geprägt von einem permanenten Rückkoppelungsprozess zwischen Fragen der existenziellen Sicherheit und der kreativ-spielerischen Lust am Leben. Im Spannungsfeld dieses Prozesses entsteht Identität, permanent, in jedem Augenblick neu. Daher ordnen wir der Ebene, bestehend aus den drei Lebensthemen *Familie*, *Identität* und *Kreativität*, die Zeitqualität der Gegenwart zu. Auf dieser Ebene bewegen wir uns im Hier und Jetzt.

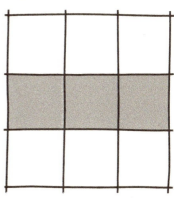

Abbildung 56:
Die Ebene des aktiven Handelns

In der Gegenwart setzt der Mensch seine aus der Vergangenheit mitgebrachten Ressourcen ein und überprüft sie permanent auf ihre Brauchbarkeit im Hier und Jetzt. Ein Raum, ein Haus werden nur durch das gegenwärtige Wohnen als aktive Handlung gemütlich. So gestaltet der wohnende Mensch das, was wir als Atmosphäre einer Wohnung bezeichnen.

Psychologisch betrachtet bewegt sich der Mensch in seinem Sein immer zwischen den Polen Sicherheit und Chaos hin und her. Um sich in seiner Identität wahrnehmen zu können, braucht ein menschliches Wesen Halt und Sicherheit im Alltag, wie sie durch definierte Regeln in Familie und Gesellschaft gegeben sind. Andererseits sind aber auch das unbekümmerte Spiel des Kreativen, die Neugier für Entwicklung nötig. An der Grenze, im Selbst wird abgewogen – zwischen Regeln und Spiel. Ein Hängenbleiben im Regelwerk behindert Entwicklung und Identitätsbildung ebenso, wie ein Verharren im Strukturlosen.

Die erste Struktur, in der wir versorgt werden, meist ist das die Familienstruktur, bedeutet für den heranwachsenden Menschen immer eine Form von Abhängigkeit. Abhängigkeit vom Wohlwollen, der Liebe und der Meinung anderer.

Wenn es später nicht gelingt, die in diesem System entstandenen Regeln kreativ zu reflektieren, Loyalitäten zu hinterfragen und Eigenes zu entwickeln, führt der Weg möglicherweise in destruktive Abhängigkeit. Diese kann sich später in Suchtverhalten, in Krankheit äußern. Das starre Festhalten an Werten, Traditionen, Menschen und wirtschaftlichen Gütern führt meist zu einer Entfremdung, manchmal bis hin zur Trennung von sich selbst. Menschen, denen es schwer fällt loszulassen – Eltern, die ihre Kinder nicht loslassen, Menschen die sich nicht von Dingen trennen können – fehlt meist der Zugang zum eigenen Selbst. Sie halten an Äußeren fest und glauben, damit ihre Identität zu finden. Wenn solche äußeren Sicherheiten dann verloren gehen, zeigt sich oft, dass es sich bloß um vermeintliche Sicherheiten gehandelt hat.

In Grundrissen kann sich eine derartige psychische Konstellation z. B. in einem Fehlbereich im Lebensthema *Kreativität–Entwicklung* zeigen oder dadurch, dass die Verbindung zwischen links und rechts über die Mitte durch eine massive Wand oder Möblierung blockiert ist.

Kreative Menschen handeln häufig spontan, sie sind in der Lage, vom langfristigen Planen abzusehen. Sie besitzen Selbstvertrauen und innere Unabhängigkeit, sie vertrauen dem eigenen Selbst und agieren selbstbewusst. Selbstbewusstsein heißt, sich über sein Selbst bewusst zu sein. Wer sich über sich selbst bewusst ist, geht Schwierigkeiten

Die Ebene des aktiven Handelns – die Gegenwart

nicht aus dem Weg, kann Konflikte ertragen und wird sich nicht kritiklos anpassen. Eine solche Person wird versuchen, Gegebenheiten unvoreingenommen und unabhängig von anderen Menschen zu beurteilen. Unabhängigkeit äußert sich oft in nonkonformen Verhaltensweisen. Das wiederum fördert konstruktiv-kritische Denkansätze und unterstützt die Überwindung konventioneller Barrieren und Denkblockaden.

Durch Kreativität reifen Ideen zur Form, sie transformieren sich ins Konkrete durch Ordnung und Struktur. Am Konkreten des Alltags erfolgen der Abgleich und die Überprüfung der Brauchbarkeit. Ein Hängenbleiben im Spielerischen jedoch behindert erwachsenes Handeln.

Die Dynamik dieser Ebene drückt sich am besten in der Metapher der Polarität von Feuer und Wasser aus. Während in der Transformation durch das Feuer Formen und Strukturen zerstört werden, um sich zu verändern, formt die Kraft des Wassers durch beständiges Infragestellen auf eine sanfte Art. In der Pubertät müssen familiäre Regeln gebrochen werden, um eine eigene Identität zu entwickeln. Wasser schleift über Jahre den kantigen Stein rund, so wie durch beständige Reflexion das menschliche Wesen Gestalt annimmt. Wasser selbst verändert sich ständig, ist flexibel und findet auf kreative Weise immer neue Wege. Wer sich aber nie an Regeln hält und immer nur freien Gedanken und neuen Impulsen folgt, landet wahrscheinlich im Chaos und wird für seine Mitwelt unzuverlässig. Das ständige Schwingen zwischen links und rechts, zwischen Feuer und Wasser, zwischen (Familien-)Struktur und (kindlicher) Kreativität beschreibt die Dynamik der Gegenwart. Hier geschieht auch die Transformation des Augenblicks, das Sein zwischen Vergangenheit und Zukunft, im Hier und Jetzt der Mitte.

Das Märchen vom Hans im Glück beschreibt dieses Dasein im Hier und Jetzt, des Lebens in der Gegenwart sehr eindrucksvoll. In diesem Märchen lässt Hans alles Irdische los, er belastet sich nicht mit den schweren Dingen der Vergangenheit, denkt auch nicht an die Zukunft, sieht in jedem Ereignis die Erfüllung seiner Wünsche und ist darüber glücklich. Er übernimmt die Verantwortung für seine Entscheidungen und sucht nicht, wie wir es so oft tun, die Schuld im Außen – er freut sich einfach über das, was gerade ist. Glück ist ein Aspekt der Gegenwart.

Im Augenblick des Glücks sind wir bei uns angekommen, sind ganz bei uns, unberührt von der Vergangenheit und dem, was morgen sein wird. Hier liegt die Entwicklungschance hin zu einer Unabhängigkeit im gegenwärtigen Sein.

Die symbolische Aussagekraft der auf dieser Ebene angeordneten Räume und darin befindlichen Möbel und Gegenstände gibt uns Hin-

Lebensthemen

weise auf das gegenwärtige Handeln. Wenn z. B. über den Zentrumsbereich aufgrund einer trennenden Wand keine Querverbindung zwischen den beiden Themen *Familie–Sicherheit* und *Kreativität–Entwicklung* möglich ist, tun sich die hier wohnenden Menschen schwer, in die zwischen Sicherheit und Kreativität schwingende Dynamik des Seins zu gelangen.

Müssen zur Verbindung von *Familie–Sicherheit* und *Kreativität–Entwicklung* erst einige andere Räume durchschritten werden, weil z. B. die Verbindung durch einen Abstellraum oder ein WC versperrt ist, könnte das auf ein Gefühl hindeuten, sich ständig im Kreise zu drehen.

Befinden sich zudem im Bereich der *Familie–Sicherheit* schwere alte Möbel, legt das die Annahme nahe, dass es den Wohnenden schwer fällt, alte, einmal erlernte Sicherheitsmuster zu hinterfragen.

Mit diesen Beispielen möchten wir Sie anregen, einmal in Ihrer Wohnung Nachschau zu halten, *welche Zusammenhänge sich eventuell zwischen Ihrem gegenwärtigen Sein und den auf der Gegenwartsebene befindlichen Räumen bzw. Möblierungen und Gegenständen entdecken lassen?*

Wie sind die Verbindungsmöglichkeiten zwischen den Räumen links und rechts?

Gibt es irgendwo blockierende Elemente?

Wie ist die Möblierung auf dieser Ebene der Gegenwart? Schwer oder leicht veränderbar?

Das Erdgeschoß – Repräsentanz der Gegenwart und Öffentlichkeit

Das Erdgeschoß ist meist jener Bereich des Hauses, in dem das Alltagshandeln geschieht. Es steht symbolisch für die Präsenz, für das, was gerade jetzt ist, das, was ich habe und was ich bin, für das Offensichtliche und Gegenwärtige.

Im Erdgeschoß eines Hauses sind fast immer Küche und Wohnbereich untergebracht, dort geschieht das alltägliche Versorgen. Das Erdgeschoß ist auch die Ebene, in der sich meist alle zusammenfinden, zum Spaß, zum Austausch, zur Kommunikation, zum Essen, zum Streiten. Ins Erdgeschoß werden auch Gäste geladen, dort findet auch das Gespräch mit dem Briefträger oder der Nachbarin statt. Dort passiert das Offensichtliche und all das, was mit dem Außen zu tun hat. Hier ist im Normalfall die Schwelle, die Verbindung zwischen Innen und Außen. Hier ist die Türe mit ihrer Position und ihrer eigenen Symbolik, ent-

scheidend dafür, wie sich Wege und Entwicklungen in der Gegenwart manifestieren. Der Mensch ist das, was in seiner und durch seine Vergangenheit aus ihm geworden ist. Das Erdgeschoß zeigt dem Außen: „So lebe ich jetzt – so bin ich."

Ein Haus, das nur aus Erdgeschoß besteht, kann die Entwicklung zum gegenwärtigen SEIN fördern. Im Urlaubsbungalow oder im Wohnwagen gestehen sich Menschen diesen Zustand ohne Belastung durch die Vergangenheit und ohne Grübeln über die Zukunft zu.

Allerdings besteht darin auch ein Risiko: Wird die Gegenwartsebene wie bei einem Bungalowhaus ohne Keller und mit Flachdach überbetont, birgt das die Gefahr der totalen Verdrängung des Vergangenen und eine Verweigerung des Zukünftigen. Es könnten z. B. auch Beziehungen zu wichtigen Personen aus der Vergangenheit verloren gehen. Kein Dachgeschoß, kein Obergeschoß, es gibt symbolisch gesehen auch keine Zukunft. Ich lebe in den Tag hinein, wie im Urlaubsbungalow oder im Wohnwagen. Es scheint uns nicht zufällig, dass gerade Anfang der 70-er Jahre des vergangenen Jahrhunderts Bungalowhäuser einen Boom erlebten. Die Generation der 68-er rebellierte gegen das Bürgerliche ihrer Vorfahren, grenzte sich ab zu den Verbrechen der vorangegangenen Kriege. Die Hippiegeneration lebte in den Tag hinein, ohne sich Gedanken über die Zukunft zu machen. In die Familiengründungsjahre gekommen, bauten sie ebenerdige Häuser mit Flachdach, ohne Keller, ohne Dachgeschoß, ohne Vergangenheit, ohne Zukunft, verschrieben sich ganz der Gegenwart.

Das Erdgeschoß zeigt uns in der Analyse, wie Menschen mit den Bedürfnissen und Erfordernissen des täglichen Lebens zurechtkommen. Es gibt Hinweise auf die Grundstruktur einer Familie, die Beziehungen der einzelnen Familienmitglieder untereinander. Es zeigt, wie wir mit dem Außen kommunizieren und gibt Hinweise darauf, wie Menschen im Leben stehen.

Wie steht z. B. eine Familie im Leben, wenn im Erdgeschoß sämtliche Schlafzimmer sowie der Haustechnikraum situiert sind und im Obergeschoß das alltägliche Leben in Küche und Familienwohnraum stattfindet? Hier könnte es durchaus sein, dass im täglichen Leben die Bodenhaftung fehlt, weil das Alltagsleben immer auf der Zukunftsebene, nämlich dem Obergeschoß stattfindet. Und Ruhe im nächtlichen Schlaf zu finden, könnte sich auf der Ebene des Hauseingangs schwieriger gestalten. In diesem Beispiel aus unserer Praxis ist zudem eines der Kinderzimmer unmittelbar links neben dem Eingang positioniert, das Elternschlafzimmer diagonal gegenüber im rechten vorderen Bereich des Hauses, beide Räume in größtmöglicher Distanz zueinander, Technikraum und Stiege dazwischen. Können Sie nachspüren, wie sich dieses Kind fühlt?

Die Eltern sind weit weg, die Position gleich neben dem Eingang ist, nicht nur symbolisch betrachtet, die gefährlichste des Hauses. Jemand, der ungebeten ins Haus kommt, könnte dem Kind etwas antun, ohne dass die Eltern es merken. Wahrscheinlich wird sich das Kind sehr lange weigern, hier zu schlafen; es wird ziemlich sicher ins Bett der Eltern kommen, um im Gefühl der Geborgenheit schlafen zu können. Wann immer Eltern sich fragen, warum ihre Kinder nicht im eigenen Zimmer sein wollen, sollten sie sich auch die Raumkonstellationen anschauen – dort könnte eine mögliche Ursache versteckt sein.

Dazu ein anderer Fall, wo das Kinderzimmer im Erdgeschoß, das Elternzimmer im Obergeschoß situiert war. Hier führte die extrem große Entfernung der Schlafplätze dazu, dass das Kind (noch dazu ein Adoptivkind) bis ins Volksschulalter nur bei den Eltern schlafen wollte und konnte.

Wollen Sie vielleicht Ihren Bezug zur Gegenwart erforschen? Dann können Sie sich vielleicht fragen:

Wie wird mein gegenwärtiges Sein durch eventuelle Symbole, durch die Wege, die Räumlichkeiten im Erdgeschoß meines Hauses bzw. der mittleren Ebene meiner Wohnung ausgedrückt?

Und dann kann es weiter nach vorne in die Zukunft gehen.

5. Die drei Felder des Lebenssinns

Wer aus der Gegenwart nach vorne blickt, sieht, zumindest in unserem Kulturkreis, die Zukunft vor sich. Wir wollen uns daher im nächsten Schritt jenen Lebensthemen zuwenden, deren Bedeutung man unter Lebensziele zusammenfassen könnte. Ein erfolgreiches und wertvolles Leben in liebevoller Beziehung mit anderen Wesen, kurz gesagt ein sinnvolles Leben zu führen, das scheint den meisten Menschen das erstrebenswerteste Ziel zu sein.

Drei Themen bilden die Ebene des Lebenssinns: *Werte* als Ausdruck inneren Reichtums, die *Vision eines erfüllten Lebens* und die Lebensthemata *Liebe, Hingabe und Beziehung.*

Die auf dieser Ebene angesiedelten Räume geben uns Hinweise darauf, wohin der Mensch strebt, welche Werte ihn oder sie prägen, wie Beziehungen gesehen und gelebt werden.

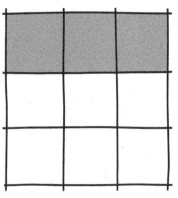

Abbildung 57:
Die drei Felder des Lebenssinns

Reichtum und Gesundheit – ohne Werte kein Leben

„Heutzutage kennen die Menschen von allem den Preis und von nichts den Wert."
B. Shaw

Fragt man Menschen danach, was ihnen das wertvollste in ihrem Leben erscheint, antworten viele von ihnen, es seien Gesundheit und Wohlbefinden. Und doch scheint uns in unserer Kultur das Streben nach monetärem, materiellen Reichtum oft wichtiger zu sein.

Im Zuge der Annäherung an dieses Lebensthema gerieten wir selbst manchmal in Widersprüchlichkeiten, waren wir gezwungen, zwischen inneren Werthaltungen und äußeren Wertvorstellungen zu unterscheiden. Ganz schnell landet man bei diesem Thema in der Bewertung, wenn wir wollen, dass andere unseren Werten entsprechen.

Wir versuchen im Folgenden in die Tiefe des Themas vorzudringen und Worte dafür zu finden, was die chinesische Philosophie im Fengshui mit Reichtum denn gemeint haben könnte.

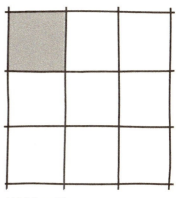
Abbildung 58:
Das Feld *Werte–Reichtum*

Die Ökologie scheint uns gerade im Bauen und Wohnen ein wichtiger Wert unserer Zeit zu sein, daher setzen wir uns in diesem Kapitel mit diesem Themenfeld etwas näher auseinander, bevor wir uns in weiterer Folge mit der Bedeutung des Eingangs im Archetypus *Werte–Reichtum* beschäftigen. Mit den räumlichen Repräsentanten für dieses Thema, der Vorratskammer und dem Chefbüro, nähern wir uns dann wieder den wichtigsten Elementen in der Wohnraumanalyse.

Praktische Beispiele runden auch in diesem Abschnitt wieder die Auseinandersetzung mit dem Thema ab.

Das Lebensthema *Werte–Reichtum*

Um welchen Reichtum soll es sich bei diesem Archetypus wohl handeln?

Wir sind leider in unseren reichen Gesellschaften schon so konditioniert, dass wir bei den Worten Wert und Reichtum sofort Geld und materiellen Reichtum assoziieren. Ähnlich mag es jenen Übersetzern gegangen sein, die aus dem Chinesischen die Überlieferungen des I Ging und Fengshui für den Westen aufbereiteten. Seither geistert der Reichtum durch Fengshui-Bücher, und viele goldene Früchte und Reich-

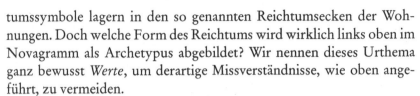

Lebensthemen

tumssymbole lagern in den so genannten Reichtumsecken der Wohnungen. Doch welche Form des Reichtums wird wirklich links oben im Novagramm als Archetypus abgebildet? Wir nennen dieses Urthema ganz bewusst *Werte*, um derartige Missverständnisse, wie oben angeführt, zu vermeiden.

Unserer Meinung nach handelt es sich nämlich um einen ganz anderen, einen inneren Reichtum.

Dieses Lebensthema, das wir der Zukunft zuordnen, beschreibt, was dem Leben Tiefe und Wert gibt. Wonach strebt der Mensch, wenn er sehnsuchtsvoll in die Zukunft blickt? Nach einem glücklichen, zufriedenen Leben, danach, dass er Wertschätzung erfährt, seinem Leben durch Wertschätzung anderer Lebewesen Sinn gibt. Es ist der innere Drang, ein gutes Leben zu führen, den inneren Werten folgen zu können.

Der wahre Reichtum eines Menschen sind seine Werte, seine Lebensprinzipien. Werte sind ideale Vorstellungen, die dem Menschen als Leitlinie in seiner Lebensgestaltung und seiner Lebensplanung zur Orientierung dienen.

Wie entstehen Werte und Werthaltungen? Sie können familiär, gesellschaftlich und kulturell gereift sein, sie werden über Erfahrungen verinnerlicht, als Regeln und Normen eingeprägt. Auf diese Verinnerlichung werden wir im Abschnitt über die Achse der inneren Prägung vertiefend eingehen (S. 185). Meist werden nämlich Werte in der Kindheit an Vorbildern erfahren und übernommen, oft bleiben sie unbewusst und unreflektiert.

Werte entstehen aber auch durch einen Reflexionsprozess im bewussten sozialen Austausch mit dem Umfeld. In der Kommunikation mit anderen Menschen werden eigene Verhaltensweisen und Werte immer wieder hinterfragt, verändert und laufend angepasst. Auf diesen ganz speziellen Zusammenhang, der sich im diagonalen Bezug der Themen *Sozialer Austausch* und *Werte–Reichtum* zeigt, kommen wir im Abschnitt zu den vertiefenden Bezügen noch einmal zurück (S. 204).

Werte und Werthaltungen stabilisieren das gesellschaftliche Leben, ihren Ausdruck finden sie in kulturellen Produkten und Symbolen, so werden sie sichtbar gemacht. Menschen drücken nämlich ihre inneren Werthaltungen immer auch über gegenständliche Symbole aus. Wer glaubt, an Wert zu gewinnen, wenn sein Haus und sein Auto größer als jene des Nachbarn sind, wer seine Ansprüche und Werte nur über Geld und Statussymbole zum Ausdruck bringt, bleibt im Materiellen verhaftet und damit oberflächlich. Zum wahren Glück braucht es mehr. Nur wer in sich ruht und zufrieden ist, wer seinem Tun einen Sinn abgewinnt, kann das Glück spüren. Diesen Sinn zu erkennen und seine Werte zu leben, das gibt Sicherheit und Würde.

Mit dem Nachdenken darüber sollten wir nicht bis zur Midlife Crisis oder bis ins hohe Alter warten – wir möchten Ihnen daher folgende Fragen zu diesem Thema anbieten:

Was ist der wahre Reichtum meines Lebens?

Wie erkenne ich meine innersten Werte und wie bringe ich diese im Wohnen zum Ausdruck?

Wird z. B. der Schlafraum von diesem Thema eingefärbt, könnte es einerseits bedeuten, dass Beziehung und Sexualität einen hohen Stellenwert besitzen. Kommt bei dieser Konstellation aber ev. ein Defizit im Lebensthema des *sozialen Ausgleichs* dazu, dem Feld, das im Novagramm in der Vergangenheitsebene schräg gegenüberliegt, dann wird die Beziehung möglicherweise vom Streit um die Ressourcen dominiert. *Werte* entstehen durch einen gerechten *Austausch*. Fehlt dieser oder ist er von einem Ungleichgewicht geprägt, kommen in der Werteentwicklung wahrscheinlich die negativen Aspekte zum Tragen. Gier, Neid, Unzufriedenheit und überzogene Wertvorstellungen in Bezug auf die Mitmenschen könnten die Folge sein.

Ein Arbeitsraum oder Arbeitsbereich über diesem Urthema könnte einen Hinweis darauf liefern, dass Arbeit für die Sinnstiftung elementar erscheint.

Das Kinderzimmer zeigt wahrscheinlich auf, dass Kinder das Erstrebenswerteste eines erfüllten Lebens sind.

Ökologisch bauen und gesund leben – eine Werthaltung?

In Zeiten von Klimawandel und Explosion der Weltbevölkerung ändern sich auch die Werthaltungen in den Industrieländern. Nachhaltigkeit ist in den letzten Jahren zum Inbegriff jeder Planung, vor allem auch in der Bauwirtschaft geworden. Wer, wie wir, die Wechselwirkung von Lebensraum und Mensch zum Thema macht, muss auch auf die Wirkungen schauen, die der Mensch auf seinen Lebensraum hat, und kommt somit am Thema Nachhaltigkeit nicht vorbei.

Was heißt Nachhaltigkeit im Allgemeinen?

Nachhaltigkeit bedeutet grundsätzlich, dass nicht mehr Ressourcen verbraucht werden dürfen als auf natürliche Weise wieder nachwachsen können. Nun verbrauchen wir aber in den Industrieländern schon viel zu lange wesentlich mehr an Ressourcen als unsere Erde je wieder herstellen wird können. Mittlerweile ziehen auch die so genannten Schwel-

Lebensthemen

lenländer, wie z. B. China, Indien, Brasilien in ihrem Ressourcenverbrauch nach. Im Zuge der Diskussion um ein ökologisches Wirtschaften ist der Begriff des ökologischen Fußabdrucks als Indikator für Nachhaltigkeit entstanden. Der ökologische Fußabdruck ist ein Maß für die Leistungsfähigkeit des Systems Erde und sagt aus, wie viel Biokapazität, gemessen in Hektar, bereitgestellt werden muss, um den Lebensstandard z. B. einer Nation, einer Stadt, eines Haushalts, einer Person sicherzustellen, sowie deren Abfälle aufzunehmen.[73]

Was bedeuten dann in diesem Zusammenhang Nachhaltigkeit und Ökologie im Bauen?

Nachhaltigkeit beim Bauen bedeutet in erster Linie, dass sich Gebäude in den natürlichen Stoffkreislauf eingliedern. Ökologisches Bauen, international auch als Grünes Bauen (engl.: *green building*) bezeichnet, ist die umfassende Lehre der Wechselbeziehungen zwischen dem Menschen, seiner gebauten Umwelt und den Ökosystemen, mit dem Anspruch, künftigen Generationen eine lebenswerte und intakte Umwelt zu hinterlassen. Das heißt Bauen mit nachwachsenden Rohstoffen genauso, wie an die Entsorgung eines nicht mehr benötigten Bauwerkes zu denken und recyclebare Materialien zu verwenden. Auch während des Betriebs muss ein Gebäude ressourcenschonend sein.

Ein für uns relevanter Teilaspekt von Nachhaltigkeit sind gesundes Bauen und Wohnen als Zusammenspiel physiologischer, psychologischer, architektonischer und physikalisch-technischer Aspekte. Wichtig ist uns vor allem der ganzheitliche Blick auf die Wechselwirkung zwischen Bauwerk, Menschen und deren Umwelt. Das ist für uns Baubiologie im umfassenden Sinn.

Wir erachten dabei folgende Punkte als wesentlich:

Ökologisches und gesundes Bauen beginnt mit der Standortfindung. Das Niedrigenergiehaus aus Holz mit Wolldämmung und Lehmputz ist zwar baubiologisch gesund. Liegt es aber weitab jeglicher öffentlicher Versorgung (Infrastruktur, Verkehrserschließung), ist es nicht ökologisch. Womöglich werden durch die tägliche Fahrt zur Arbeit mit dem Auto und das Stehen im Stau dann mehr Ressourcen verbraucht als mit der Photovoltaikanlage eingespart werden.

Immer mehr junge Menschen träumen von einem idyllischen Leben auf dem Land; jeder möchte möglichst in Alleinlage bauen. Doch zu einer ökologischen Denkweise gehört auch ein sparsamer Landschaftsverbrauch. Wo der Zersiedelung nicht Einhalt geboten wird, steigen die

---

[73] vgl. Aachener Stiftung, Kathi Beys: Lexikon der Nachhaltigkeit. http://www.nachhaltigkeit.info/artikel/nachhaltigkeit_1398.htm (Stand 2013)

Kosten für Infrastruktur und vor allem für Verkehr. In Österreich werden täglich 24 Hektar an Grundfläche neu verbaut.

Eine Selbstverständlichkeit sollte im ökologischen Bauen daher die Verwendung von Baustoffen sein, deren Rohstoffgewinnung und deren Nutzung umweltverträglich sind und die einfach entsorgt werden können, die idealerweise biologisch abbaubar sind. Regionalen Baustoffen, die ohne großen Energie- und Transportaufwand hergestellt werden, sollte der Vorrang gegeben werden. Biologische Tropenhölzer sind allein aufgrund der langen Transportwege als weniger ökologisch anzusehen als z. B. die heimische Lärche, selbst wenn sie nicht aus biologischem Anbau stammen sollte.

Auf geringen Energieverbrauch und den Einsatz alternativer Energieformen zu achten, fällt den meisten noch relativ leicht. Das Wissen über alternative Energieformen, effiziente Wärmedämmung, das Zusammenspiel aus Bauphysik und technischer Gebäudeausrüstung hat in den letzten Jahren enorm zugenommen. Der Energieverbrauch hat zudem unmittelbare Auswirkungen auf die eigene Geldbörse.

Wir möchten diese Prinzipien allen ans Herz legen, die im weitesten Sinne mit der Planung und Gestaltung von Räumen zu tun haben, nicht nur bei der Errichtung von Wohngebäuden. Wir wünschen uns, dass ökologische und nachhaltige Prinzipien auch bei Büro- und Gewerbebauten und im Siedlungsbau sowie in der Stadtplanung in naher Zukunft der Normalfall werden. Nachhaltig zu bauen soll eine allgemeingültige Werthaltung werden, damit Wohnen wirklich WERTvoll wird, bei gleichzeitiger Leistbarkeit auch für kleinere Brieftaschen. Denn wenn etwas Standard wird, wird es auch günstiger: Es verliert die Exklusivität.

Innere Werte machen mich reich – der Eingang im Thema *Werte–Reichtum*

Wer seine Wohnung im Feld *Werte–Reichtum* betritt, für den scheinen Fragen der Werthaltungen des Lebens im Mittelpunkt zu stehen. Menschen in einem solchen Haus weisen wahrscheinlich eine starke Werteorientierung auf. Die Konzentration erfolgt sowohl auf innere als auch auf äußere Werte: Im einen Fall strebt der Mensch nach Sinn und innerer Zufriedenheit, im anderen Fall sucht er materielle Sicherheit, Geld und Status.

In einer solchen Eingangssituation fehlen die Themen *Wissen–Erfahrung* und *Familie–Sicherheit*. Durch das Fehlen der

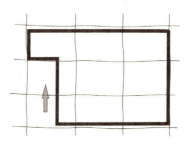

Abbildung 59:
Der Eingang im Feld
Werte–Reichtum

beiden Lebensthemen – sie liegen entweder im Außen oder sind durch eine andere Wohnung fremdbesetzt[74] – geht es wie in kaum einer anderen Eingangssituation um das Bewusstmachen der negativen Aspekte des Lebensthemas und den damit verbundenen Hemmnissen. Die Wohnenden finden in ihrem Sein, in ihrem augenblicklichen Wohnen kaum Zugang zu ihrem Wissen und Urvertrauen. Sie tun sich schwer, Erlerntes und Erfahrenes in Wissen umzuwandeln und sich selbst und dem Leben zu vertrauen. Weil auch das Thema *Familie–Sicherheit* im Außen liegt, fühlen sich solche Menschen oft unverwurzelt, unsicher und wenig in das gesellschaftliche Umfeld eingebunden. Je mehr etwas fehlt, desto größer wird der Druck, es zu suchen. Selbstvertrauen, Zugehörigkeit und Sicherheit werden anderweitig, wahrscheinlich häufig in den materiellen Vergnügungen gesucht. Die fehlgeleitete Suche führt eventuell sogar in Sucht und Abhängigkeit von Dingen, Substanzen und Menschen. Wem Vertrauen, Sicherheit und Zugehörigkeitsgefühl fehlen, der ist eher geneigt, zu streng wertgeleiteten Gruppierungen Zuflucht zu suchen. Extreme Beispiele wären etwa Sekten und extreme politische Gruppierungen.

Auf der Achse der inneren Prägung (S. 185) befinden sich *Wissen, Erfahrung und Urvertrauen* in der Vergangenheit als dort erworbene Ressourcen, *Familie–Sicherheit* sind die in der Gegenwart prägenden Elemente. *Werte, Glück und Reichtum* gilt es, in der Zukunft zu erlangen. Das heißt also, je mehr wir auf dieser Achse der Prägung mit der Eingangssituation in Richtung Zukunft wandern, desto instabiler wird durch das Fehlen des Vergangenheits- und Gegenwartsbezuges das Werte-System, mit umso mehr Fragezeichen, Lernaufgaben und Herausforderungen ist es in der Zukunft verbunden. Das kann oft auch schmerzhafte Erfahrungen und hartes Lernen bedeuten: Zwei wesentliche Lebensthemen entziehen sich dem Bewusstsein, sind also ausgeblendete Themen.

Eine Klientin schilderte die Lebensphase, in der sie eine Wohnung mit genau solcher Eingangssituation bewohnte, als eine Zeit, in der kein Stein auf dem anderen blieb. Intensivste Selbsterfahrungsseminare, Psychotherapie, Supervision, berufliche Weiterbildung, die Suche nach immer neuen Erfahrungen mit sich selbst, die Suche nach Freundschaften und Partnerschaft prägen jene Zeit, in der sie diese Wohnung bewohnte. Mit dem Aufzeigen der symbolischen Bedeutung einer derar-

---

74 Von „fremdbesetzt" sprechen wir, wenn im Grundriss einer Wohnung Teile der Novagrammthemen in eine fremde Wohnung ragen, weil der Grundriss keine vollständige quadratische/rechteckige Form aufweist. Dazu auch das Thema „Fehlbereiche" S. 118

Die drei Felder des Lebenssinns – Werte, Reichtum und Gesundheit

tigen Eingangssituation können diese ausgeblendeten Themen in die Bewusstheit des Lebens hereingeholt werden.

In einem unserer Seminare stießen wir auf ein anderes interessantes Beispiel. Die Jungfamilie betrat ihre Wohnung durch das Thema *Werte–Reichtum* und unmittelbar gegenüber, den Rest dieses Lebensthemas abdeckend, war das Kinderzimmer positioniert. Das Credo der Familie war: „Für unser Kind ist uns nichts zu teuer." Das Kind wird so zum Aushängeschild und damit leider meist überfordert.

Die Vorratskammer und das Chefbüro als Repräsentanten der Werte

Welche Räume stellen den Speicher für die Werte einer Familie bzw. eines Menschen dar? Wir gehen davon aus, dass von alters her alle Plätze zur Lagerhaltung, die Speisekammer und der Vorratsraum, symbolisch den Reichtum ausdrücken und damit diesem Grundthema entsprechen.

Die Vorratskammer oder Speisekammer, im Alpenraum auch kurz als Speis bezeichnet, dient der Aufbewahrung von Speisen und Lebensmitteln.

Bereits ab dem Neolithikum begannen die Menschen, saisonale Versorgungsengpässe durch Bevorratung zu überbrücken, um das Überleben zu sichern. Wer einen Teil des Jahres keine Chance hatte, genügend Nahrung zur Sicherung seines Überlebens zu beschaffen, war genötigt, in der restlichen Zeit so viele lagerfähige Vorräte anzusammeln, dass er den periodischen Mangel überstehen konnte. Da die Vorratshaltung aus einer Situation des Mangels entstanden ist, stellt die erfolgreiche Bevorratung einen Reichtum dar. Reich war, wer volle Vorratskammern hatte und damit das Überleben der Sippe sichern konnte. Da die Vorräte begrenzt waren, war es auch notwendig, diese vor Zugriff zu schützen. Der einfachste Schutzmechanismus ist der des Vergrabens in der Erde – daraus entstanden in weiterer Folge die Vorratshöhlen, -gruben und später -keller. Dazu kommt natürlich, dass die Lebensmittel unter der Erde vor Überhitzung und vor Frost geschützt waren. Aus archäologischen Funden ist bekannt, dass sich derartige Stellen häufig an zentralem Ort unter dem Haus befunden haben.[75] Die alten Griechen hatten bereits Vorratsräume zu ebener Erde, in unmittelbarer Nähe der Kochstelle.

---

75 vgl. dazu Kose, A.: in Höpfner, W. (Hg.): Geschichte des Wohnens. Band 1. Stuttgart 1999, S. 67

Lebensthemen

Vorräte mussten aber auch eingeteilt werden, sodass sie bis zum Ende der Mangelzeit reichten. Daher standen und stehen diese Räume symbolisch auch für die Fähigkeit, wirtschaften zu können. Die Speisekammer bzw. der Vorratsraum zeigt uns, welche Werthaltungen die Menschen zum Thema Wirtschaften, aber auch zum Thema Ernährung und Gesundheit entwickeln. Ist die Speisekammer gut mit selbst Eingemachten gefüllt oder lagern in ihr nur Fertigprodukte – aus der Füllung lässt sich so manche Einstellung der Menschen ablesen.

Interessant war für uns zu entdecken, dass in den Bauernhäusern des Alpenraumes sehr häufig Speisekammer und Wirtschaftsräume links vorne im Grundriss gelegen sind. In modernen Wohnungen und in Zeiten immerwährender Verfügbarkeit von Lebensmitteln verlagert sich die Lebensmittellagerung weg von einem eigenen Raum hin zu einem Bereich in der Küche. Der Vorratsschrank und vor allem der Kühlschrank hat die Funktion der Lagerhaltung übernommen.

Wer Werte vorgibt – das Chefbüro als Repräsentant für Unternehmenswerte

„Wenn der Meister regiert, ist sich das Volk kaum bewusst,
dass es ihn gibt.
Der Zweitbeste ist ein Führer, den man liebt.
Der Nächste einer, vor dem man Angst hat.
Der Schlechteste ist einer, den man verachtet.
Der Meister redet nicht, er handelt.
Wenn sein Werk getan ist, sagt das Volk:
‚Unglaublich, wir haben es ganz allein vollbracht.'"
Laotse

Wirtschaften heißt, Werte schaffen. Wer gibt normalerweise in einem Unternehmen vor, nach welchen Werten das Unternehmen arbeitet, nach welchen Werten Werte geschaffen werden? Es ist die Führungskraft. Deshalb wollen wir auch das Chefbüro als Repräsentanz für Werte definieren.

Wertorientierte Führung lebt vom Vorbild. Die Führungskraft ist jene Person, an der sich normalerweise Mitarbeitende orientieren. Sie müssen ihn oder sie daher sowohl physisch als auch symbolisch wahrnehmen können. Die Führungskraft braucht eine Position, von der aus sie das betriebliche Geschehen überblicken kann. Nicht zufällig scheinen uns die meisten Führungskräftebüros in den oberen Etagen der

Firmengebäude positioniert zu sein.[76] Eines ist vielen gemeinsam – sie haben eine herrliche Aussicht. Hier landen wir beim Kern der Sache: Von einer Führungskraft erwartet man, dass sie zukunftsweisend die Linie vorgibt. Daher ordnen wir dem Repräsentanten für die unternehmerischen Werte, dem Büro der Führungskraft auch die zeitliche Komponente der Zukunft zu.

Da wertorientierte Führung zugleich Sinnstiftung ist, zeigt sich die Führungsqualität von Unternehmern und Unternehmerinnen vor allem darin, dass sie Sinnmuster vorgeben, an denen sich die Mitarbeitenden orientieren können. Dabei gehe es nicht nur um Wachstum und Gewinnmaximierung, sondern ebenso um die Qualität guter Arbeit und persönliche Wertschätzung, sagt Markus Vogt, Professor an der Katholisch-Theologischen Universität München. Sinnstiftung gelingt, wenn der oder die Führende einen Raum der Kommunikation öffnet, in dem sich die Mitarbeitenden über ihre unterschiedlichen Vorstellungen von einem guten Unternehmen austauschen können und jeder an seinem Ort Mitverantwortung tragen kann.[77] Dieser symbolische Raum der Kommunikation wird unterstrichen durch den tatsächlichen Raum, von dem aus die Führungskraft kommuniziert. Das so genannte Chefzimmer kann auf unbewusste Weise, sozusagen subliminal, Werthaltungen vermitteln.

Die Mitarbeitenden erhalten eine völlig andere Botschaft, wenn das Büro der Führungskraft schlicht und einfach ausgestattet, mitten unter den anderen Räumlichkeiten der Mitarbeitenden sich befindet, als bei einem Büro, das feudal möbliert in der obersten Etage thront.

Bei einer Unternehmensanalyse werden wir daher immer auch auf die Position und die symbolische Aussagekraft der Büroräume in der Führungsebene achten. Dort finden wir die Hinweise darauf, wie Werte in dem Unternehmen vermittelt werden. Und die heimlichen Werte, die nicht offensichtlichen, sind nicht nur die interessantesten, sie sind auch meist diejenigen, die bei Problemen Hinweise für Lösungen liefern.

---

76 Ein interessanter Beitrag findet sich dazu auf der Website der „Wirtschaftswoche": Eine Fotogalerie der „Schreibtische der Macht" bietet eine herrliche Gelegenheit, die Symbolkraft und Aussagekraft von Chefbüros zu studieren: http://www.wiwo.de/erfolg/management/chefbueros-ein-blick-auf-die-schreibtische-der-macht/4718380.html (Stand Juli 2014)

77 Vogt, M.: Wertorientierte Führung von Unternehmen. Referat zum F&S-Symposium Fürstenfeldbruck 15./16. 10. 2009: http://www.kaththeol.uni-muenchen.de/lehrstuehle/christl_sozialethik/personen/1vogt/texte_vogt/vogt_werte-fuehrung.pdf (Stand Juli 2014)

Lebensthemen

Dies zeigt ein Beispiel einer Führungskraft einer großen Abteilung der öffentlichen Verwaltung. Er ersucht um die Begleitung einer Teambildungsklausur, bei der es vordergründig um die Zusammenführung von vormals getrennten Bereichen in einer Abteilung unter einer neuen Führung gehen soll. Im ersten Vorbereitungsgespräch schildert der neue Teamleiter die eigentliche Problematik. Die Teammitglieder beklagen, dass er zu häufig abwesend sei und schwer erreichbar. Sein Büroraum und vor allem die Position seines Schreibtisches bilden das Gefühl der Teammitglieder symbolisch ab. Er sitzt mit dem Rücken zur Türe und damit auch mit dem Rücken zu seinem Team. Er hatte bei der Übernahme der Führungsposition das Zimmer und die Möblierung so vorgefunden und nicht in Frage gestellt, weil die technischen Anschlüsse die Schreibtischposition vorgegeben haben, wie er sagt. Intuitiv hat er jedoch gespürt, was er selbst braucht. Er hielt die Türe ständig offen und setzte sich immer öfter an den Besprechungstisch, an dessen Stirnposition er in Richtung seiner Abteilung sehen konnte. In dieser Position könne er kreativer und freier denken, meinte er im Gespräch. Als wir dann über die Symbolkraft und Wirkung seiner Handlungen sprachen, wurde ihm bewusst, dass er mit der offenen Tür ganz eindeutig zeigen wollte: „Meine Tür steht euch immer offen." Gleichzeitig hatte aber die Schreibtischposition die gegenteilige Botschaft vermittelt, sie kam auch offenbar stärker bei den Mitarbeitenden an. Abgesehen davon hatte er für sich mit dieser Situation auch eine zusätzliche Stressbelastung kreiert, denn wer mit dem Rücken zu einer offenen Türe sitzt, fühlt sich immer unsicher und ungeschützt, alle Sinne sind in Alarmbereitschaft. Dass er sich unbewusst daher immer öfter die durch die Wand geschützte Kontrollposition am Besprechungstisch suchte, war ganz logisch.

Eine beim Workshop durchgeführte Teamaufstellung brachte zusätzlich zutage, dass er seine Führungsrolle noch nicht voll angenommen hatte. Durch konkrete Maßnahmen auf der räumlichen Ebene – Platztausch von Schreibtisch und Besprechungstisch – konnte er seine veränderten inneren Bilder von der eigenen Führungsrolle verankern. Indem er seinen Schreibtisch mit Rücken zur Wand positionierte, schuf er sich selbst eine stärkende und sichere Position. Durch die Sitzposition mit Blick zur Türe wandte er sich im buchstäblichen Sinne auch räumlich seinem Team zu und erlangte damit auch psychisch das Gefühl von Überblick und Kontrolle. Selbst bei geschlossener Türe empfindet er nun mehr Nähe zu seinen Leuten. Die Teammitglieder nehmen in der Folge einen präsenteren Teamleiter wahr, fühlen sich besser geleitet und beklagen sich nicht mehr über seine Abwesenheiten. Insgesamt hat sich in der Abteilung das Zusammengehörigkeitsgefühl verbessert.

Experimentieren Sie einmal mit Ihrem Arbeitsplatz: In welcher Sitzposition fühlen Sie sich stärker und kompetenter?

Gibt es einen Raum, eine Position, wo Sie das Gefühl eines besseren Kontaktes zu den anderen Menschen in Ihrem Umfeld haben?

Spüren Sie die Unterschiede?

Und dann bewerben Sie sich um die nächste frei werdende Führungsposition! ; –)

Hingabe – der Schlüssel zu Liebe und Beziehung

In der Auseinandersetzung mit den Inhalten dieses Feldes rechts oben mussten wir uns mit der Enge und Weite des Begriffs Partnerschaft befassen. Zu sehr wird mit diesem Begriff die Mann-Frau-Beziehung verbunden. Wir sind der Meinung, dass der Inhalt dieses Lebensthemas breiter gesehen werden muss – so gelangten wir über das Thema *Partnerschaft* und den erweiternden Terminus *Beziehung* bis hin zum Begriff der umfassenden *Liebe*. *Hingabe* ist der Schlüssel zu Liebe und Partnerschaft und daher wesentlicher Aspekt des Lebensthemas. Liebe basiert auf Resonanz – wir setzen uns daher in diesem Abschnitt auch mit dem Prinzip der Resonanz zwischen dem Menschen und seinem Umfeld auseinander.

Auch der Schlaf braucht Hingabe. Im Schlaf kann sich am besten entspannen, wer die Fähigkeit besitzt, sich vollständig fallen zu lassen, sich hingeben zu können im vollen Vertrauen auf das Leben. Auch in der Verbindung liebevoller Sexualität erfährt der Mensch durch Hingabe ekstatische Momente.

Abbildung 60:
Das Feld *Beziehung–Hingabe*

Den damit verbundenen Aktivitäten haben wir Örtlichkeiten zugewiesen – sie passieren ja meist im Schlafzimmer und im Bett. Der Repräsentant für *Beziehung–Hingabe* ist daher natürlicherweise der Schlafraum. Gemeinsam in einem Bett zu schlafen bedarf eines hohen Vertrauensgrades. In der Sexualität geschieht Hingabe pur, auch im Schlaf geben wir uns hin – im vollen Vertrauen an das Umfeld, gut behütet am Morgen wieder aufzuwachen.

Lebensthemen

Das Lebensthema *Beziehung–Hingabe*

Liebe, diese „alles verbindende und durchdringende Kraft" resultiert aus dem Urvertrauen des Menschen, seiner Fähigkeit, mit der Umwelt in Beziehung zu treten und seiner Bewusstheit der Verwurzelung in dieser Welt. Wirklich lieben kann nur, wer selbstbewusst in der Welt steht. Liebe und Hingabe wirken auf Körper, Geist und Seele, auf allen drei Ebenen gleichzeitig. Sie durchdringen unser gesamtes Leben, wirken über das Individuum hinaus. Wir betrachten diese Kraft als uns und der Natur zugehörig, nehmen sie häufig aber gar nicht bewusst wahr.

In der Philosophie des chinesischen I Ging wird diese Kraft mit der Metapher des Windes beschrieben. Die Kraft der Liebe wirkt wie der Wind. Wind entsteht aus einem Ungleichgewicht. Es ist die Spannung, die zwischen zwei Gegensätzen entsteht. In absoluter Harmonie entsteht kein Wind, es herrscht Stillstand. Daher ist auch nicht Harmonie das Ziel von Partnerschaft und Beziehung, sondern Austausch.

Jede Form von Beziehung braucht diese Kraft des Austauschs. Auch eine berufliche Kooperation basiert auf der Spannung zwischen zwei einander ergänzenden und befruchtenden Teilen. Wenn der Austausch von Energie zum Erliegen kommt, entstehen Leere und Stillstand.

Wahre Liebe gibt frei, sie fördert die Entfaltung individueller Freiheit. Partnerschaft fordert geschmeidige Anpassung, ohne sich selbst zu entwurzeln, wie ein Baum oder eine Pflanze, die sich im Wind wiegt und auch Stürme aushält. Wir erleben die Luftigkeit und Leichtigkeit des Seins in der ersten Verschmelzung von Verliebtheit ebenso wie in der reifen und weisen Beziehung des Alters.

Der Zustand dieser Verschmelzung ist ein wesentlicher Teil dessen, wonach wir im Leben streben. Daher ist auch die Liebe im Zeitkontinuum der Zukunft zugeordnet.

Ist in einer Wohnung über dem Thema *Beziehung–Hingabe* beispielsweise die Küche positioniert, so geht die Liebe möglicherweise im sprichwörtlichen Sinne „durch den Magen". Hier wird genussvoll gekocht, um dem Partner oder der Partnerin die Liebe zu beweisen.

Wer die partnerschaftliche Energie (neuerlich) beleben möchte und in die Grundqualität dieses Themas, die Hingabe, stärker hineinwachsen möchte, der ist wahrscheinlich gut beraten, den Schlafraum in den Bereich des Urthemas *Beziehung–Hingabe* zu verlegen. Die Qualität des Archetypus unterstützt in diesem Fall.

Liebe basiert auf Resonanz – Wechselwirkung zwischen Mensch und Raum

Lassen Sie uns diesen Abschnitt mit einer ganz persönlichen Geschichte über Resonanz beginnen: *„Helga auf der Suche nach den Örtlichkeiten ihres inneren Bildes."*

„Zwei Jahre lang tauchte es immer wieder auf, dieses Bild einer Landschaft, in der ich mich wohl fühlte, die mir Kraft gab, in der ich in Zukunft leben wollte. Ob ich in einer Trance meine berufliche Vision entwickelte, ob ich mir die zukünftige Beziehung ausmalte, ob ich meditierte: immer das gleiche Bild in mir. Es geschah alles in einer Landschaft aus sanften (immer-)grünen Hügeln, ein See war in der Nähe, und etwas weiter weg sah man die Berge. Als das Bild in mir immer stärker wurde, begab ich mich ganz bewusst auf die Suche. Ich spürte mit all meinen Sinnen jede Landschaft, die ich besuchte, schränkte immer mehr ein und fuhr schließlich mit einer Freundin durch meinen jetzigen Wohnort am Irrsee. Hier ist es, entfuhr es mir. Alles in mir erklang, so als würden sich meine inneren Bilder urplötzlich mit dem Außen verbinden. Die Hügel, der See, das Grün, ein Déjà-vu, als wäre ich schon hunderte Male hier durchgekommen. Eine Stunde später im Cafe an einem anderen See, ein Blick in die Zeitung. Ein winziges Inserat fällt mir sofort ins Auge: Startwohnung am Irrsee. Und obwohl der Verstand sich noch wehrt, nein sagt zu diesen ‚Zufällen', vereinbare ich einen Maklertermin. Auf dem Weg zur Besichtigung Herzrasen wie bei einem ersten Rendezvous und beim Betreten der Wohnung, trotz schrecklichem Zustand derselben, ein Gedanke: Ich habe meinen Platz gefunden!" – So hat die Autorin schon hunderte Male beschrieben, wie sie zu ihrem heutigen Wohnort gelangte. Etwas ist angeklungen.

In der soziologischen Systemtheorie von Niklas Luhmann ist Resonanz eine Übertragungsmöglichkeit zwischen miteinander verbundenen Systemen bzw. Systembestandteilen. Das bekannteste Beispiel ist das Mitschwingen einer nicht gespielten Saite, wenn ein gleichgestimmtes Instrument ertönt.

Resonanz zwischen Organismen wird u. a. durch die so genannten Spiegelneuronen im Gehirn ausgelöst. Diese werden im Augenblick der Aufnahme eines (unbewussten oder bewussten) Reizes aktiviert, dies unabhängig davon, ob dieser Reiz aus dem Organismus selbst oder aus einem nur beobachteten System kommt.[78]

---

[78] vgl. dazu auch: Bauer, J.: Warum ich fühle, was du fühlst – das Geheimnis der Spiegelneuronen. Hamburg 2006

Lebensthemen

Beziehungen zu unserem Umfeld, zu dessen Strukturen und Ordnungen hinterlassen in unserem Gehirn Spuren, man könnte sie auch Abdrücke nennen, ebenso wie dies zwischenmenschliche Beziehungen und emotionale Ereignisse tun. Erleben wir zu einem anderen Zeitpunkt, in einem anderen Kontext ähnliche Reize, wird eine sogenannte Resonanz ausgelöst. Das Damalige wirkt zurück. Der Mensch reagiert ähnlich oder gleich wie in der Vergangenheit, auch wenn die aktuelle Situation eine völlig andere ist. So brachte das äußere Bild der Landschaft das innere vorgestellte Bild der Autorin zum Schwingen. Sie ging in Resonanz, würden wir sagen.

Es gibt einerseits emotionale Grundmuster, auf die fast jeder Mensch gleich reagiert. Wärmende Sonne erlebt fast jeder Mensch als Freude.

Und es gibt andrerseits sehr individuelle Resonanzen, wie wir in unserer Beispielgeschichte von Helgas innerem Bild gesehen haben. Resonanz wird ausgelöst, sobald ein Gegenstand mit einer emotionalen Bedeutung verknüpft ist, sei es als Symbol für vergangene oder künftige Ereignisse oder mit einer Erinnerung an die Kindheit. Wer als Kind vom Vater, nach dessen langer Abwesenheit, eine Schneekugel geschenkt bekam, wird beim Anblick einer ähnlichen Schneekugel ein Gefühl von Wiedervereinigung und Geborgenheit haben wie damals. Wer nach einem Streit der Eltern die Schneekugel zerschmettert am Boden sah, wird beim Anblick der ähnlichen Kugel möglicherweise in Angst und Panik verfallen.

Nicht nur die zwischenmenschlichen Beziehungen der Kindheit, sondern auch die uns im Aufwachsen umgebenden räumlichen Strukturen und Ordnungen prägen sich in unserem Gehirn ein und werden über Generationen weiter gegeben. Auf diese Weise haben sich im Lauf der Menschheitsgeschichte unserer Meinung nach auch kulturübergreifende Muster des Wohnens entwickelt und zu einem Grundmuster verdichtet. Dieses Muster ist für uns bis heute in der bäuerlichen Lebens- und Wohnform nachvollziehbar. In diesem erdverbundenen Milieu halten sich Traditionen am beständigsten, und so lassen sich in Grundrissen von Bauernhäusern die Ableitungen der neun Archetypen des Novagramms bis in das Wohnen der heutigen Zeit nachverfolgen.

Vertrautes löst immer wieder Resonanzphänomene aus. Wir finden uns wahrscheinlich auch bei häufigen Wohnungswechseln in ähnlichen Strukturen wieder, wie wir bei der Auseinandersetzung mit der Achse der inneren Prägung detaillierter erläutern werden. (S. 188)

"In Liebe gestalte ich meine Beziehungen" – der Eingang im Lebensthema *Beziehung–Hingabe*

Führt der Weg durch das archetypische Feld von *Beziehung–Hingabe* in ein Haus, zeigt dies unserer Erfahrung nach eine starke Orientierung an Gestaltmerkmalen der Liebe auf. Die Beziehung des Menschen zu sich selbst, zu anderen und zur Natur wird zum Thema, die Klärung der Frage, was Partnerschaft und Beziehung ausmacht, wie Liebe entsteht, wird wahrscheinlich das Leben prägen. Die Suche nach dem höchsten Gefühl, der Liebe, steht im Mittelpunkt. Im (Sexual-)Partner, in der (Sexual-)Partnerin glaubt der Mensch, die Liebe zu finden. Doch in einer solchen Eingangssituation haben wir es, wie schon beim Eingang im Lebensthema *Werte–Reichtum*, mit einem gravierenden Fehlbereich zu tun. Zwei Lebensthemen sind zum Teil oder sogar völlig ausgeblendet. Die Felder *Sozialer Austausch* und *Kreativität–Entwicklung* fehlen. Alles, was fehlt, ist dem Bewusstsein nicht zugänglich. Das legt nahe, dass die negativen Aspekte des Themas, die Schattenseiten wirksam werden.

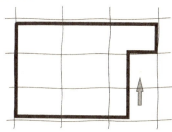

Abbildung 61:
Der Eingang im *Feld Beziehung–Hingabe*

Ähnlich wie bei der schon beschriebenen Eingangssituation im Feld *Werte–Reichtum*, geht es auch hier um die ständige Suche nach etwas, was in der Vergangenheit nicht erfahren wurde und in der Gegenwart auch nicht vorhanden ist. Wenn sozialer Austausch und Kreativität nicht vorhanden oder sehr stark reduziert sind, wird versucht, das Manko in der Partnerschaft auszugleichen. Wechselnde Partnerschaften oder einseitige Abhängigkeiten sind oft das Mittel, mit dem versucht wird, Liebe zu erlangen. Die größte Herausforderung bei einer solchen Konstellation ist es, von der dualen Spiegelung im Partner oder der Partnerin zur Dualität in der Einheit, nämlich zur Selbstliebe zu gelangen. Nur wer sich selbst bedingungslos liebt, kann sich einer dauerhaften liebevollen Partnerschaft hingeben. Es geht hier generell um die Entwicklung einer liebevollen Beziehung zur materiellen und immateriellen Umwelt, zu Menschen, zur Natur, manche mögen sagen zu Gott oder zur Schöpfung im Gesamten. Das könnte die Lernaufgabe in einer solchen Eingangskonstellation sein.

Der Schlafraum, das Bett – Repräsentanten für Hingabe und Beziehung

Das Schlafzimmer ist neben WC und Bad der intimste Raum einer Wohnung. Seine Ausgestaltung spiegelt wider, wie jemand mit seiner

Intimsphäre umgeht. Zum Intimsten des Menschen zählen nämlich der Schlaf selbst, aber auch Nacktheit und Sexualität.

Das Wort Schlaf ist altgermanischen Ursprungs. Schlafen bedeutet ursprünglich schlapp werden und ist mit dem Eigenschaftswort schlaff verwandt. Puls, Atemfrequenz und Blutdruck sinken ab, und die Gehirnaktivität verändert sich. Der Schlaf ist ein Zustand der Schlaffheit, der äußeren Ruhe. Die Übergänge vom Wach- in den Schlafzustand, wie auch umgekehrt, gehören zu den wichtigsten Grenzerfahrungen des Menschen. Sie laufen allerdings sehr unbewusst ab. Im Schlaf ist der Mensch völlig ungeschützt, sozusagen nackt, er gibt die Kontrolle ab. Nur wenn sich jemand wirklich sicher und geborgen fühlt, kann er auch gut schlafen und sich erholen. Man muss sich auf das Umfeld verlassen können, um sich dem Schlaf in Ruhe hinzugeben und damit gesund zu bleiben oder zu werden.

Ähnliches gilt für die Sexualität. In der sexuellen Ekstase geht die Kontrolle verloren. Eine derartige Hingabe ist jedoch nur möglich, wenn man einerseits dem Partner oder der Partnerin und andererseits dem Schutz des Umfelds, dem sicheren Raum, vertrauen kann. Insofern ist also nicht nur das Bett, sondern auch das Zimmer, in dem das Bett seinen Platz hat, von essentieller Bedeutung.

In Mitteleuropa sind Schlafzimmer eine relativ neue Erfindung. In historischer Zeit waren Schlafzimmer hier weitgehend unbekannt, man wohnte und schlief meist in ein und demselben Raum. Belege für Betten gibt es in unserem mitteleuropäischen Kulturkreis erst ab dem Frühmittelalter. Bis dahin schlief man auf Strohlagern. Die frühen Hochkulturen, allen voran die Ägypter und die Griechen aber hatten bereits um 2000 v. Chr. eigene Räume zum Schlafen, wie archäologische Funde zeigen. Anfänglich waren Betten ein Privileg von Adligen, reicheren Bürgern und sehr wohlhabenden freien Bauern. Einfache Bauern schliefen mit dem Vieh als Wärmespender unter einem Dach. Noch bis in das 20. Jahrhundert hinein waren Schlafzimmer vor allem für die arbeitende Bevölkerung ein unerschwinglicher Luxus. Der geschützte und damit gesunde Schlaf in einem geschützten intimen Raum könnte so auch gleichgesetzt werden mit Luxus und der Chance auf ein gesundes Leben.

Das wesentliche Möbel im Schlafraum ist das Bett. Es teilt mit diesem seine symbolische Bedeutung. Der Schlafraum symbolisiert, gleichermaßen wie das Bett, die Themen Liebe, Partnerschaft, Sexualität und Geborgenheit. Die Ausstattung und Beschaffenheit dieses Raumes sagt uns etwas darüber, wie Menschen mit diesen intimen Lebensthemen umgehen.

Häufig gleichen aber Schlafräume mehr Abstellräumen, in denen deponiert wird, was dem kritischen Blick von Besuchern und Besucherinnen entzogen werden soll. Andere wiederum schauen wie Bibliotheken aus, und das viele Wissen rund um das Bett lässt den Geist nicht zur Ruhe kommen. Oft sind sie überlastet mit technischen und elektronischen Geräten, vom Fernseher über das Fitnessgerät bis zum Computer. Selbst der Schreibtisch im Schlafzimmer ist keine Seltenheit. Was heißt das alles für die Themen Liebe, Partnerschaft, Intimität, Geborgenheit?

Haben Sie sich schon einmal bewusst gefragt, wie Ihr Schlafraum Sie bei Ruhe und Entspannung unterstützt?

Welchen anderen Nutzungen dient mein Schlafraum noch? Und was bedeutet das in Bezug auf oben zitierte Themen? Von welchem Urthema wird Liebe, Partnerschaft und Sexualität beeinflusst?

Darauf gibt Ihnen die Position Ihres Schlafraumes im Wohnungsgrundriss eine Antwort.

Wer sein Schlafzimmer bzw. sein Bett ins Urthema *Sozialer Austausch* verlegt hat, bei dem mögen Beziehungen eine eher freundschaftliche Komponente aufweisen oder die Beziehung möglicherweise auch immer um Diskussionen der gerechten Verteilung, von was auch immer, beeinflusst sein. Liegt das Schlafzimmer im Lebensthema *Selbst-Identität*, dient möglicherweise die Beziehung der ständigen Selbstfindung und Selbstreflexion.

Im Schlaf ist der Mensch besonders anfällig für Störungen aller Art. Elektrosmog durch technische Geräte stört den Schlaf und verursacht im Körper Stresssymptome. Wer schlecht schläft, sollte zuerst einmal alle technischen Geräte aus dem Schlafzimmer entfernen. Eingeschaltetes Mobiltelefon und Funkwecker halten auch den ruhesuchenden Menschen im Standby-Modus – sie sollten in einem Schlafraum Tabu sein. Aber auch das Fernsehgerät und der Computer im Standby-Modus setzen mit ihrer Strahlung den schlafenden Menschen unter Strom. In jungen Jahren sind die Auswirkungen vielleicht noch wenig bewusst, nimmt aber beruflicher Stress zu und können sich Körper und Geist im Schlaf nicht mehr fallenlassen, steigt die Gefahr, dass das System kippt und Krankheitssymptome entstehen.

Gleiches gilt für natürliche Strahlungen wie Wasseradern oder geologische Störungen. Sie belasten auf subtile Art und werden oft erst beachtet, wenn bereits krankheitswertige Störungen auftreten. Dem geht aber oft eine jahrzehntelange Belastung voraus.

Kennen Sie die energetische Qualität Ihres Schlafplatzes?

Wird Ihr Schlafplatz durch die Abstrahlung elektrischer Geräte vielleicht sogar regelrecht aufgeladen?

Lebensthemen

Das Bett – Zufluchtsort vor den Unbilden des Lebens

Das Bett begleitet den Menschen durch sein ganzes Leben, von der Geburt bis zum Tod. Er wird im Bett geboren und das Bett ist meistens der Platz, an dem er sich von dieser Welt verabschiedet. In der sprachlichen Ableitung des lateinischen Wortes *torus* haben wir einen Hinweis auf die starke Verbindung zwischen Bett und Partnerschaft entdeckt. Torus bedeutet Polster, Lager, Sofa, Bett, Ehebett, Liebe und schließlich Ehe. In dieser Gleichsetzung des Begriffs für Lager und Bett mit dem Begriff für Liebe und Ehe liegt die zentrale symbolische Bedeutung des Bettes. Es stellt unseres Erachtens das Symbol für Liebe, Ehe, Sexualität und Partnerschaft schlechthin dar. Und, wie wir schon sagten, teilt es diese Symbolik mit dem Raum, den es mit seiner Anwesenheit zum Schlafraum macht.

Dementsprechend wichtig war und ist die kulturelle Bedeutung des Bettes. Schon im alten Ägypten schlief man auf kunstvoll verzierten, hochbeinigen Liegen, mit Polstern belegt und mit einem Mückennetz ringsum abgeschlossen. Assyrer, Meder und Perser hatten ähnliche Betten mit bunten, prächtigen Teppichen und mit Dekor aus Metall, Perlmutter und Elfenbein.

Betten im antiken Rom waren ähnlich konstruiert und oft mit großem Luxus ausgestattet. Ein Gestell aus Holz oder Bronze stand auf meist bronzenen Füßen, die mit kostbarem Metall oder Elfenbein verziert waren. Es trug auf Gurten eine mit Schilf, Heu, Wolle oder Federn von Gänsen oder Schwänen gefüllte Matratze. Bei allem, was wir von den diversen Hochkulturen wissen, war die *Liegstatt* immer ein besonderer Platz, weil offensichtlich die Menschen im Schlafen immer schon etwas Paradiesisches gesehen haben. Das Hinübergleiten in den Schlaf ist eine dem Tod vergleichbare Schwellenerfahrung. Man begibt sich in eine andere Welt. Das bedarf eines hohen Grads an Vertrauen und Schutz. Die Zeit des Schlafes ist nämlich die Zeit, wo der Mensch am Verletzlichsten ist, dem Außen völlig ungeschützt ausgeliefert. Daher suchte sich der Mensch von jeher für den Schlaf eine sichere und geschützte Position. Das ist auch der Hintergrund dafür, dass die Schlafbereiche schon von unseren Vorfahren so gewählt wurden, dass sie die größtmögliche Entfernung vom Eingang aufwiesen. Analog gilt dieses Prinzip auch für die Bettposition in einem einzelnen Raum.

Die gute Position des Bettes im Raum trägt zum Sicherheitsgefühl bei. Wie kann dies durch eine Positionierung des Bettes erreicht werden?

Dazu laden wir Sie auf ein Experiment ein: In welchem Bett würden Sie gerne schlafen? V1, V2, V3 oder V4?

Die Mehrheit unserer Seminarteilnehmer und -teilnehmerinnen entscheidet sich für Variante 1. Warum wohl?

In der Verletzlichkeit des Schlafes braucht der Mensch eine gute Rückendeckung durch die schützende, abschirmende Wand und den größtmöglichen Abstand zur Türe. Aus dieser sogenannten Kontrollposition hat der Mensch auch in der Unbewusstheit des Schlafes die unbewusste Kontrolle und damit das Gefühl, noch rechtzeitig reagieren zu können, wenn jemand zur Türe hereinkommt.

In einer Partnerschaft kommt noch ein Aspekt dazu: In einem Bett mit einem anderen Menschen zu schlafen, im ungeschützten Zustand des Schlafes einen anderen Menschen neben sich zu haben, das erfordert ein Höchstmaß an Vertrauen, das erfordert Hingabe. Das Ehebett ist daher ein Zeichen der innigsten Verbundenheit zweier Menschen. Der Ausdruck „Trennung von Tisch und Bett", als Bezeichnung einer partnerschaftlichen Zerrüttung, zeigt uns die wichtige Bedeutung dieser beiden Möbelstücke für Partnerschaft und Gemeinschaft auf.

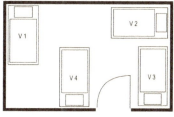

Abbildung 62:
Mögliche Bettpositionen

Ein paar Fragen an Sie und Ihr Bett: Welche intimen Geschichten gibt es zu erzählen? *Was würde Ihr Bett sagen, was Sie so in ihm treiben? (fernsehen, lesen, arbeiten ...)*

Wo im Raum steht Ihr Bett?

Kann es in dieser Position ihr Schutzbedürfnis stillen und zu Ihrer Erholung beitragen?

Wohin will ich? – Die Erfüllung im Leben

Die Lebenserfüllung ist, wie bereits Werte und Liebe, ein Zukunftsthema, etwas, wonach wir streben. Wer seine *Ziele* erreicht, wird als erfolgreich angesehen.

Im mittleren Feld der Zukunftsebene angelangt, nach vorne sehend, ein Ziel, das Lebensziel vor Augen, da benötigen wir klare Sicht. Deshalb beschäftigen wir uns in diesem Abschnitt, neben den Aspekten des Lebensthemas, auch mit der symbolischen Bedeutung des Fensters im Raum. Das Fenster schafft im Haus die Verbindung von innen nach außen. Mit dem Fenster wird deklariert, wie viel ich wie von meinem Inneren preisgeben möchte. Erfolg ist daher auch jener Aspekt der Erfüllung, den wir nach außen präsentieren. Der räumliche Repräsentant für diese Außenwahrnehmung scheint uns, von seiner Geschichte her, das Wohnzimmer zu sein.

Abbildung 63:
Das Feld *Ziel–Erfüllung*

Lebensthemen

Wer im Thema *Ziel–Erfüllung* die Wohnung betritt, hat sein Ziel schon erreicht, hat aber wahrscheinlich keine Ahnung, wie er oder sie dorthin gekommen ist – es fehlen *Selbst–Identität* und *Weg–Orientierung*. Sie gilt es in einer solchen Situation zu suchen.

Das Lebensthema *Ziel–Erfüllung* – Wohin es mich zieht

Stellen Sie sich vor, der Mensch blickt aus der Position der Mitte, aus dem Thema *Selbst–Identität*, der Gegenwart vorwärts in die Zukunft. Welche Themen kommen da auf ihn zu? Was bringt das Leben zur Vollendung?

Zu diesem Zeitpunkt, am Schritt in die Zukunft, ist der Mensch schon Persönlichkeit geworden, er oder sie ist unverwechselbar, hat Ziele und Visionen vor sich, hat eine Ahnung von der Erfüllung des Lebens. Das ist der Ausgangspunkt des Urthemas *Ziel–Erfüllung*.

Mit Vision ist hier ein Bild von der Erlangung höchster geistiger, körperlicher und seelischer Einheit gemeint – die Erfüllung und das Ziel aller Wünsche. Dieses Feld ist Symbol für das Erkennen und die Verwirklichung des Lebenssinns. Dorthin will jeder Mensch gelangen.

Wenn die inneren Bilder für die Zukunft dem Handeln in der Realität entsprechen, wenn Innen und Außen im Einklang sind, wenn der Mensch auch so gesehen wird, wie er gesehen werden möchte, dann sprechen wir davon, dass er oder sie sich „in Fluss" fühlt. In diesem archetypischen Lebensthema geht es um die Klarheit der Zukunftsvorstellungen, deren Umsetzung und Darstellung, aber auch um die Selbstdarstellung. Hier handelt es sich auch um das Aktive im Leben, das Handlungsprinzip, die Willensstärke. Um Projekte und Vorhaben konkret voranzutreiben, sind Entschlossenheit, Motivation und Tatendrang vonnöten, sowie die Bereitschaft zur Erneuerung. Jemand bringt seine Ideen ins Reine, macht sie sichtbar. Nur wer sich zeigt, wird auch gesehen, nur wer über seine Vorhaben spricht, seine Bedürfnisse und Wünsche artikuliert, wird auch dementsprechend von seiner Umwelt wahrgenommen. Mit Charisma und Überzeugungskraft, dem Bewusstsein der eigenen Wirkung nach außen, lässt sich vieles leichter durchsetzen. Das mündet in Anerkennung und wird als Erfolg auch im äußeren Erscheinungsbild wahrgenommen. Damit beinhaltet dieses Lebensthema auch den Status und die Stellung des Menschen in der Gesellschaft.

Bezogen auf den gesamten Lebensweg könnten wir von der Lebenserfüllung sprechen. Wenn der Mensch am Ende des Lebens zurückblickt, möchte er sagen können, all das erreicht zu haben, was ihm vorgeschwebt ist, das Erträumte im Einklang mit dem Erreichten sehen können.

Die drei Felder des Lebenssinns – Die Erfüllung im Leben

Welche Vorstellung haben Sie von Ihrem zukünftigen (Lebens-)Erfolg?
Was bedeutet Erfüllung für Sie in Ihrem Leben?
Was wird von Ihnen im Außen sichtbar, wie zeigen Sie sich?

Vielleicht entdecken Sie an der Ausstattung Ihrer Wohnung in diesem Bereich manche Dinge mit symbolhaftem Charakter, können einen Bezug zu Ihrem Lebensthema herstellen.

In modernen Wohnungen entspricht der Wohnraum der Symbolik dieses Urthemas. Vorläufer des Wohnzimmers war nämlich der Salon. Dorthin luden die wohlangesehenen und wohlhabenden Bürger ihre Gäste zum angeregten Gespräch. Dort präsentierte man sich den Gästen. Der Wohnraum zeigt, wie wir wahrgenommen werden und wie wir gesehen werden wollen.

Häufig sind über dieser Urthematik Kinderzimmer positioniert. In so einem Fall werden wahrscheinlich die Eltern sehr stark über die Kinder wahrgenommen. Die Eltern wiederum sehen ihre eigene Zukunft in den Kindern und projizieren vielleicht auch ihre Wünsche und Visionen in die Kinder. Die Kinder sollen es besser haben und all das erreichen, was einem selbst vielleicht verwehrt geblieben ist.

Ein interessantes Beispiel für die Verbindung von Raumsymbolik und Wirkung auf das Leben entdeckten wir bei einem jungen Paar. Die beiden bauen gerade gemeinsam eine Agentur auf, in der sie Unternehmen dabei unterstützen, ihre Marke zu entwickeln. Das Paar hat in seiner Wohnung die Küche über dem Archetypus *Ziel–Erfüllung* positioniert. Beide kochen und essen gerne. Mit ihren Kunden und Kundinnen entwickeln sie die kreativsten Ideen gemeinsam in der Küche – der des Büros –, und die wird gefärbt vom Thema *Kreativität–Entwicklung*. Das kreative Zusammenwürfeln der diversen Ressourcen eines Unternehmens, um daraus in einem geistigen Transformationsprozess eine Vision, eine Marke und ein Erscheinungsbild zu kreieren, hat sehr viel Ähnlichkeit mit dem Prozess ihres meist gemeinsamen, privaten Kochens: der Blick in den Kühlschrank (das Unternehmen), die vorhandenen Zutaten (Ressourcen) sichten, das eine zum anderen fügen, die Ideen des jeweils anderen (der Mitarbeitenden) aufgreifen, die richtigen Gewürze finden, kosten lassen, sich an dem Neuen erfreuen und das gemeinsame Mahl als Erfolg zelebrieren.

 Lebensthemen

Die Verbindung nach draußen – das Fenster als Symbol

Die Augen sind die Fenster der Seele.
Hildegard von Bingen

Die Fenster sind die Augen der Häuser.
Jules Barbey d'Aureville

In diesen beiden Aussagen steckt wieder einmal, was wir zum Ausdruck bringen wollen – die Verbindung von Körper und Haus in einer symbolischen Sprache. Etymologisch stammt das Wort Fenster vom lateinischen Wort *fenestra* ab. Der entsprechende gotische Begriff ist das *windauga* (Windauge), das noch im englischen Begriff *window* steckt, althochdeutsch heißt es dann *augadoro* (Augentor). So wie die Augen dazu dienen, Dinge im außen wahrzunehmen, ist ein Fenster eine Öffnung in einer Wand, mit dem Zweck, den Kontakt zwischen Außen- und Innenwelt herzustellen. Durch das Fenster kommen Licht und Luft in das Innere des Gebäudes, es dient dem Hinaus- oder Hineinsehen. Über das körperliche Auge nimmt der Mensch zu anderen Kontakt auf, das Fenster ermöglicht den Kontakt zur Welt außerhalb der schützenden Wohnhülle.

Fenster erlauben nicht das körperliche Durchschreiten wie die Tür, sondern ermöglichen nur das Durchschauen. Wir benötigen das Fenster zur Orientierung in der Umwelt. Der Blick aus dem Fenster zeigt die Position im und den Bezug zum unmittelbaren Umfeld. Wir werten das Fenster als Symbol für das Eingebundensein in die Umwelt. Fenster geben Auskunft über die Beziehung des Menschen nach Draußen.

Otto Bollnow meint dazu in seiner Betrachtung des Wohnens: „Es ist nicht eine romantische Gewohnheit, die den Menschen an den Fenstern festhalten lässt. Aus einem Bedürfnis seiner Freiheit heraus verlangt er nach dem Fenster und wehrt sich gegen das Eingeschlossensein im fensterlosen Raum ... " Ein Raum ohne Fenster nimmt dem Menschen die Möglichkeit des Kontaktes nach außen. Dem Menschen wohnt ein Bedürfnis inne, aus dem geschützten Innen(-raum) das Außen wahrzunehmen und zu kontrollieren. Bollnow meint dazu: „Diesem tiefen Wunsch im Menschen entspricht wahrscheinlich auch der Versuch des amerikanischen Militärs, den fensterlosen Bunkern durch aufgemalte Fenster die Illusion des freien Blicks in die Landschaft zu geben. Man will ihnen damit die Bedrückung nehmen."[79] Dasselbe Prinzip verfolgt die Architektur mit aufgemalten Fenstern, mal innen, mal außen. Innen will man damit in fensterlosen oder dunklen Räumen dem Menschen das Gefühl der Eingebundenheit in die Umwelt geben.

---

79 Bollnow, O.: Mensch und Raum. Stuttgart 1963, S. 159 ff

Außen werden kahle, fensterlose Häuserfronten durch solche Trompe l'oeil genannten Illusionsbilder häufig in das Ensemble der umgebenden Häuser eingebunden.

Sie schaffen den Eindruck einer Verbindung von draußen nach drinnen. Sie spiegeln dem Gehirn diese Verbindung vor. Und es lässt sich täuschen. So können in kahlen engen Räumen mit derartigen Illusionsbildern Gefühle der Weite und Perspektive hergestellt werden.

Der Blick durch ein Fenster erleichtert auch die Orientierung im Haus. Wenn man zum Beispiel in einem großen mehrgeschoßigen Gebäude in den vielen Gängen die Orientierung zu verlieren droht, dann hilft oft ein Blick aus dem Fenster, um wieder zu wissen, wo man sich befindet.

Fenster zeigen einen Ausschnitt aus der Welt, sie reduzieren sie zu einzelnen Bildern. Und der Blick von innen nach draußen vermittelt die Illusion, gleichzeitig in der Welt draußen und in der geschützten Hülle des Hauses zu sein.

Fensterkreuze oder Sprossen verstärken den Eindruck des Schutzes. Je enger die Sprossen, je kleiner der Ausschnitt, desto mehr fühlt man sich vom Geschehen im Außen abgeschnitten und geschützt im Innen. Es entsteht ein Gefühl der Sicherheit im Innen bei gleichzeitiger Kontrolle des Außen. Ein ähnlicher Effekt wird durch Vorhänge erzielt. Sie verhindern je nach Material zum Teil gänzlich den Blick von draußen nach drinnen. Die in unseren Breiten so beliebten

Abbildung 64:
Fenster oder nicht?

durchscheinenden Gardinen erlauben es aber weiterhin, das Außen zu beobachten. Dasselbe gilt für Jalousien, durch deren Lamellenzwischenräume der Blick nach draußen offen bleibt.

Dem Bedürfnis der Beobachtung des Draußen und der Kommunikation mit dem Umfeld wird das bauliche Element eines Erkers in besonderer Weise gerecht. Er ragt aus der Fassade heraus und nimmt einen kleinen Teil des Straßenraumes ein. Der Bildausschnitt der Außenwelt wird größer, die Perspektive erweitert. Besonders wichtig war dies in alten Städten mit ihren engen Gassen, wo der Blick nach draußen schon nach wenigen Metern am Haus gegenüber hängen blieb und so das Gefühl der Beengtheit aufkommen ließ. Der Blick aus dem Erker in die lange Gasse bewirkt das Gegenteil und lässt den Menschen am Leben draußen teilhaben.

Lebensthemen

Durch das Ritual des Zuziehens der Vorhänge, dem Schließen der Rollläden oder Fensterläden am Abend zieht man sich bewusst von der Außenwelt in die Geborgenheit und den Schutz des Hauses oder der Wohnung zurück. Sind auch tagsüber die Vorhänge geschlossen, weist das aber möglicherweise auf ein Rückzugsbedürfnis und Einschließen im eigenen inneren Raum hin, es könnte auch als ein Hinweis auf die Angst vor der Welt gewertet werden.

Wenn also Fenster als Symbol für den Kontakt nach außen angesehen werden, dann können wir die Größe der Fenster als ein Zeichen dafür ansehen, wie sehr sich der Mensch nach außen öffnet und er oder sie mit der Umgebung verbunden ist. Ein Haus mit großen Fenstern kann ein Hinweis sein, dass darin weltoffene, visionäre, kontaktfreudige Menschen wohnen. Kleine Fenster können auf Bewohner und Bewohnerinnen hin weisen, die lieber in sich zurückgezogen sind und den Schutz und die Geborgenheit des Hauses mehr als andere brauchen. Stadtmenschen lieben oft alte Bauernhäuser mit kleinen Fenstern als Freizeitwohnsitz. Vielleicht ein Hinweis auf den Wunsch nach Rückzug zu sich selbst, weg von der beruflichen Hektik und Außenorientierung der Großstadt.

Seit circa zwanzig Jahren ist der Trend zu transparenten Glasfassaden bzw. immer größeren Fensterfronten, vor allem bei öffentlichen Gebäuden und Unternehmen zu beobachten. Wir interpretieren das so, dass die Erbauer damit ihrem Wunsch nach mehr Transparenz symbolisch Ausdruck verleihen wollen. Gleichzeitig aber kommt es bei den Menschen, die in ein solches Gebäude übersiedeln sollen, vermehrt zu Widerständen, weil diese übermäßige Transparenz dem Bedürfnis des Menschen nach Intimität zuwiderläuft. Bollnow schreibt dazu schon 1963: „Die Begeisterung, mit der hier manche Strömungen der neueren Architektur die modernen technischen Möglichkeiten aufnahmen, ging auf Kosten der wirklich umfriedenden, Ruhe gewährenden Wirkung des Hauses."[80] Würde Bollnow die Transparenz-Entwicklung heute sehen, würde er erst recht den Verlust der Geborgenheit anprangern.

Natürlich hat die (glas-)technische Entwicklung diesen Trend erst möglich gemacht. Sicherheitsglas ermöglicht raumhohe Fenster, die verbesserte Lichtdurchlässigkeit schafft helle Räume trotz zunehmender Glasstärke. Dadurch werden ganze Fassaden aus Glas gestaltbar.

Andererseits lässt die starke Zunahme von transparenten Glasbauten auch die Annahme zu, dass sich der Mensch in seiner jetzigen Umwelt zunehmend sicherer fühlt. Er braucht nicht mehr den Schutz der

---

[80] Bollnow, O.: Mensch und Raum. Stuttgart 1963, S. 151

undurchsichtigen dicken Mauern. Der Glastrend begann gegen Ende des vergangenen Jahrhunderts, ziemlich zeitgleich wurde im privaten Wohnbau die Verpflichtung zu Schutzräumen abgeschafft. Gäbe es in Europa effektive Bedrohungen, würden wir möglicherweise weniger „Glashäuser" bauen. Wir öffnen uns in Friedenszeiten vermehrt in die Natur hinaus, holen uns diese, wie auch Licht, Wärme und Sonne tief ins Haus herein, manchmal mehr als uns gut tut. Das kann zu paradoxen Situationen führen. Planende und Errichtende von Bauwerken wollen mit großen Glasfronten die Sonnenenergie einfangen und damit eine höhere Energieeffizienz erzielen. Somit wird der Technik Vorrang gegenüber dem Grundbedürfnis nach Schutz und Geborgenheit gegeben. Da sich aber das Grundbedürfnis nach Schutz nicht so einfach ignorieren lässt, bleiben in manchen Häusern dann die Jalousien den ganzen Tag unten.

Die Zunahme diffuser Ängste in der Bevölkerung ist, so denken wir, auch ein Stück weit darauf zurückführen, dass die technischen Möglichkeiten zu mehr Transparenz den Menschen in seiner persönlichen Entwicklung überholen und ihn damit möglicherweise überfordern. Jedenfalls können wir eine Zunahme von Stresssymptomen bei Menschen beobachten, die in solcher Transparenz arbeiten (müssen).

Vielleicht haben Sie Lust nachzuspüren: *Wie fühle ich mich in einem rundherum einsichtigen Raum?*

Wie wäre es für mich, in einem solchen Raum zu arbeiten?

Wie fühle ich mich in einem Raum mit großen, mit kleinen Fenstern, wie in einem Raum ohne Fenster?

Wie wichtig sind mir Vorhänge und Jalousien vor den Fenstern?

Es könnte Spaß machen, einmal das Gegenteil des Gewohnten auszuprobieren und sich dabei in den eigenen Reaktionen zu beobachten.

Abbildung 65:
Gewerbliches Objekt mit Glasfassade

Lebensthemen

„Ich verwirkliche meine Ziele im Einklang von Innen und Außen" – der Eingang im Thema *Ziel–Erfüllung*

Wer im Bereich *Erfüllung* sein Haus oder seine Wohnung betritt, der glaubt schon am Ziel zu sein. Der äußere Erfolg steht möglicherweise als Ziel allen Handelns im Vordergrund. Es ist nur wichtig, wie die Außenwelt einen wahrnimmt. „Was werden die Leute dazu sagen?" könnte eine, jedes Tun begleitende und jedes Ziel determinierende Frage sein. Dadurch könnte sich das Gefühl von großer Fremdbestimmtheit ergeben, denn immer zu tun, was von einem erwartet wird, lässt nichts Eigenes zu.

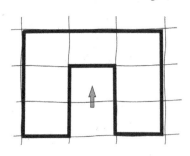

Abbildung 66:
Eingang im Feld Ziel–Erfüllung

In dieser Eingangssituation fehlen zwei essentielle Themen des persönlichen Weges. Die Orientierung auf dem persönlichen Weg und auch das Lebensthema *Selbst–Identität* liegen im Außen, sind also gewissermaßen ausgeblendete Themen. Es ist daher sehr wahrscheinlich, dass die negativen Aspekte der Situation stärker zum Tragen kommen, das Bewusstsein für Selbstreflexion fehlt. Wegweiser zur persönlichen Orientierung sind wenig bewusst, die Identität beeinflussende Faktoren können oft nicht wahrgenommen werden. Es ist beim Betreten der Wohnung so, als ob es keine Vergangenheit der hier wohnenden Menschen gäbe. Der Zugang zum Haus ist wie der Weg in eine Sackgasse. Kaum hat man die Wohnung betreten, sieht man sich auch schon am Ende. Steht man am Eingang zum Haus, dreht sich um und blickt zurück, dann sieht man einen leeren Weg, einen Weg ohne Inhalt, ohne Schutz, ein Weg, der vielleicht von vielen anderen Menschen benutzt wird. Man marschiert auf ein Ziel los, ohne einen klaren Startpunkt zu haben, nicht wissend, wo man überhaupt weggeht. Der Weg ist unsicher, weil ungeschützt im Freien gelegen. Sie kennen vielleicht das Gefühl, das entstehen kann, wenn man einen Weg regelmäßig mit dem Auto fährt. Man ist plötzlich am Ziel und erinnert sich nicht mehr, wie man hierhergekommen ist. Wie bei einem Blackout entzieht sich der Weg dem Bewusstsein. So könnte sich das Leben bei dieser Eingangssituation anfühlen.

Die Lernaufgabe und Herausforderung in einer solchen Eingangssituation ist das Füllen der Ziele mit konkreten Inhalten. Eine ständige Reflexion der Vergangenheit, des Weges und der Selbstentwicklung mit außenstehenden Personen könnte notwendig und hilfreich sein. Die Ziele müssen in diesem Fall aber erst erarbeitet und definiert werden. Der ganze Blick auf die das Ziel beeinflussenden Ressourcen aus der Vergangenheit ist immer wieder ganz bewusst herzustellen.

Da wir hier sozusagen am Ziel angelangt sind, können Sie schon ein bisschen mehr über Ihre eigene Situation reflektieren: *Über welches*

Grundthema betreten Sie Ihre Wohnung/Ihr Haus, und welche Bedeutung haben die Qualitäten dieses Grundthemas in Ihrem Leben?

Vielleicht entsteht in Ihrem Inneren dabei die Frage: *War ich in meinem Leben schon öfter mit den Herausforderungen (Schattenseiten) dieses Themas konfrontiert? Oder Mitglieder meiner Familie?*

Hat es in der Wahrnehmung des Themas in den vergangenen Jahren Veränderungen gegeben? Wenn ja, welche?

Das Wohnzimmer als Repräsentant für *Erfolg und Erfüllung*

Der Begriff des Wohnzimmers, wie wir es heute in unserem Kulturraum verstehen, leitet sich aus zwei Entwicklungslinien ab. In Mitteleuropa spielte sich für den Großteil der Bevölkerung bis zum Ende des 17. und dem Beginn des 18. Jahrhunderts das gesamte Leben eines Haushalts und einer Familie in einem Raum, der so genannten Wohnstube ab. Hier wurde gekocht, gegessen, gespielt, gearbeitet, wurden Gäste bewirtet und wurde mit ihnen gefeiert.

Im Großbürgertum hatte sich zu dieser Zeit schon der Salon (abgeleitet aus dem französischen *salon*, was „großer Saal" bedeutet) durchgesetzt. Der Salon war das Gesellschaftszimmer eines großen Hauses, in dem man sich mit Freunden und Familienmitgliedern zum Austausch und Plaudern traf. Oft wurde der Salon auch als Empfangszimmer bezeichnet, weil man sich hier mit Gästen zusammensetzte und austauschte.

Beide Entwicklungslinien treffen in Gutshöfen, Gasthäusern und Bauernhäusern zusammen und sind bis heute in den Stuben, mit der Aufteilung in einen privaten Treffpunktraum und einen (halb-)öffentlichen Raum, nachvollziehbar. Die Unterschiede zwischen Alltagsstube und der so genannten „guten" Stube haben wir schon im Abschnitt zur Ebene der Ressourcen behandelt (S. 73).

Schritt für Schritt, parallel zur wirtschaftlichen Entwicklung, schufen sich auch die weniger betuchten Bevölkerungsschichten ihr Wohnzimmer. Bedeutung erhielt das Wohnzimmer in Anlehnung an den großbürgerlichen Salon als Treffpunkt für Gäste. In den Wohnungen der Arbeiterschicht hielt das Wohnzimmer erst in der zweiten Hälfte des letzten Jahrhunderts Einzug, mit Polstermöbeln und repräsentativen Wohnwänden, die während der Woche gut behütet und nur an besonderen Tagen zum Feiern mit Gästen geöffnet wurden. Analogien zu diesen Raumdefinitionen haben wir in der englischen Sprache entdeckt. Die gute Stube hat ihre Entsprechung im englischen „best room", der wiederum Synonym für „parlour" ist, ein gesellschaftlicher Treffpunkt, abgeleitet vom französischen Wort *parler* für sprechen, plaudern, austauschen. Die ureigene Nutzung des Salons ist hier noch in der Bezeichnung enthalten. Dagegen birgt das englische Wort *living room* die frühe Bedeutung der Alltagstube in sich. Der deutsche Begriff „Wohnzimmer" vereint beide Bedeutungen und symbolisiert so das Leben einer Familie, eines Haushalts schlechthin, jedoch immer mit einem hohen Repräsentationsaspekt.

Das Wohnzimmer gibt uns somit Antwort darauf, welche Lebensziele Vorrang haben. Präsentiert sich das Wohnzimmer eher als Spielzimmer, könnte man sagen, die Kinder stehen im Mittelpunkt.

Ist immer peinlichst aufgeräumt und präsentiert sich das Wohnzimmer mit seiner Einrichtung eher als Präsentationsobjekt, scheint uns naheliegend, dass sich die Aufmerksamkeit auf die Frage: „Wie möchten wir gesehen werden?" richtet. In solchen Familien herrscht oft eine unausgesprochene Regel: „Wie es innen ausschaut geht niemanden draußen etwas an." Die Botschaft, die nach außen gezeigt wird, lautet: „Unser/mein Leben ist in Ordnung."

Wie möchten Sie gesehen werden, und welche Sprache spricht dazu Ihr Wohnzimmer?

Gleicht das Wohnzimmer eher einer Bibliothek, können wir annehmen, dass Wissen und Wissenserwerb eine große Bedeutung haben.

Wird ein Wohnzimmer nur zu ganz besonderen, aber im Lauf des Lebens regelmäßig immer wiederkehrenden Anlässen genutzt, wie z. B. zu Taufen, Hochzeiten, Weihnachten, Ostern und Muttertag, dann könnte das ein Hinweis auf Beständigkeit sein, vielleicht auch ein Zeichen für starre Regeln. „Alle Weihnachten kommt die gesamte Familie zusammen – ohne Ausnahme." Dieses Zusammenkommen passiert nicht zufällig im Alltag, sondern unterliegt einem Muster. Das Ausbrechen aus einem solchen familiären Muster gestaltet sich dann meist schwierig.

6. Die Ebene des Lebenssinns – die Zukunft

Wir haben jetzt alle Themen der Zukunftsebene behandelt. Setzen wir die drei zuletzt beschriebenen Lebensthemen miteinander in einen systemischen Bezug, erhalten wir ein Bild dessen, was eines Menschen Lebenssinn ausmacht. Im Bereich des Sinns angelangt, soll es keine Zweifel mehr geben. Alles hat Bedeutung, ist am richtigen Platz, besitzt die richtige Wertigkeit, ist voll Liebe und Hingabe. In diesem Bezug, die drei Lebensthemen der Zukunftsebene

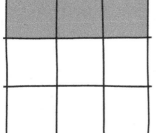

Abbildung 67:
Die Ebene des Lebenssinns –
die Zukunft

in einen Zusammenhang bringend, erkennt der Mensch den Sinn seines Lebens. Er oder sie fühlt sich reich und wertvoll, erfüllt und in Liebe verbunden. Dorthin wollen die meisten Menschen gelangen. Dieses Bild tragen wir als Zukunftsbild, wie die sprichwörtliche Karotte vor der Nase, vor uns her. Dieser Sehnsucht folgen wir.

Dem Erlebten Sinn geben – Synchronizitäten erkennen

Was wir unter dem Begriff der Synchronizität verstehen, wird vielleicht am besten an einem Beispiel deutlich. Der Filialleiter einer Bank, der schon seit längerem mit seiner Situation unzufrieden ist, bittet um Beratung bei der Farbgestaltung des Kassenraumes. Wir betreten den Kassenraum und nehmen die Situation einfach wahr. Ohne dass es erklärt werden kann, taucht intuitiv ein Bild auf, das uns zur fast rhetorischen Frage veranlasst: „Sind Sie hier wirklich der Chef?"

Der Arbeitsplatz des Leiters befindet sich unmittelbar neben dem Eingang, wie ein Rezeptionist sitzt er eigentlich am Empfangsschalter. Beim Bankleiter tritt tiefe Betroffenheit ein, hat er sich doch schon die längste Zeit mit dem Problem beschäftigt, dass sein Team ihn als Vorgesetzten nicht akzeptiert und eher ein Mitarbeiter informell diese Rolle einnimmt. In dem Augenblick, wo wir ihm erklären, wie sich sein innerer Zustand im Außen, in den räumlichen Gegebenheiten ausdrückt, kann der Betreffende eine Chance auf Veränderung seines Zustandes erkennen. Die räumliche Konstellation und die Äußerung bekommen für den Ratsuchenden plötzlich Sinn. Er erkennt, dass er bewusst im Außen Veränderungen setzen kann, um sein inneres Problem zu lösen. Wenn er die räumliche Konstellation ändert, wird er sowohl vom Team als auch den Kunden und Kundinnen der Bank anders wahrgenommen. Er verlegt seinen Arbeitsplatz dorthin, wo sie ihn intuitiv von einer Leitungsperson erwarten würde, nämlich entfernt von der Eingangstüre, dort, wo er den größtmöglichen Überblick hat, in die sogenannte Kontrollposition. So wird er dann auch eher in dieser Führungsrolle angesprochen, dies führt sofort zu einem verbesserten Selbstwertgefühl und damit zu einem sichereren rollenadäquaten Auftreten. Er erkennt einen neuen erweiterten Handlungsspielraum und setzt Initiativen im Außen. Er beansprucht seinen Raum, er gestaltet. Damit zeigt er, dass er jetzt als Leiter und Vorgesetzter handelt und den Fokus der ihn umgebenden Menschen auf sich konzentriert.

In diesem Beispiel hat der Bankleiter über die Beschäftigung mit seinem Arbeitsbereich durch Synchronizität einen sinnvollen Bezug zu seiner inneren Befindlichkeit als Führungskraft gefunden.

Das Wort Synchronizität ist abgeleitet von griechisch *synchron*, das bedeutet „gleichzeitig". Carl Gustav Jung bezeichnet mit diesem Begriff zeitnah aufeinander folgende, an sich unabhängige Ereignisse, die aber mit einem persönlichen Sinn miteinander verbunden werden. Der Psychologe Theodor Seifert hat sich mit dem von C. G. Jung eingeführten Begriff der Synchronizität intensiv auseinandergesetzt. Er beschreibt das Phänomen folgendermaßen: „Bei jedem Synchronizitätserlebnis zeigt sich, dass eine äußere und eine innere Ereigniskette zu einem ganz bestimmten Zeitpunkt miteinander in Verbindung kommen. Und dieser Zeitpunkt ist zugleich der Zeitpunkt des Sinnerlebens."[81] Drei wesentliche Aspekte definieren Synchronizität: Es braucht erstens ein persönliches Sinnerlebnis, die subjektive Wahrnehmung muss zweitens ernst genommen werden, sowie drittens müssen Innenwelt und Außenwelt durch die Synchronizität verbunden werden.

Gleichzeitigkeit alleine genügt also nicht, ein Sinnbezug muss hergestellt werden, um als Synchronizität interpretiert zu werden.

Menschen neigen dazu, sich gerade in schwierigen Situationen, wie in Krisenzeiten, immer wieder die Frage zu stellen, welchen Sinn denn nun ein Ereignis für das Leben habe. Wir kennen aus der Geschichte einige sehr eindrückliche Beispiele, wo Menschen die bedrohlichsten Situationen überlebten, weil sie einen Sinn für ihr eigenes Leben daraus schöpfen konnten. Das bekannteste Beispiel stellt Viktor Frankl dar, der, nachdem er das Konzentrationslager überlebt hatte, seine „Sinntherapie", die er dann Logotherapie nannte, entwickelte. Synchronizitäten in der Wahrnehmung stellen eine sehr gute Möglichkeit dar, die Sinnfrage in allen Lebenslagen zu beantworten. Leider mögen wir Menschen allzu oft einer inneren Stimme erst Glauben schenken, wenn wir sogenannte objektive Fakten und entsprechende Zahlen vorliegen haben. Wer aber mit Gleichzeitigkeiten arbeitet, der wird feststellen, dass ihm immer mehr solche auffallen und gewisse „Zufälle" immer mehr Sinn ergeben. Wer also Antworten auf die Sinnfrage in seinem Leben finden will, sollte sehr sorgfältig auf Synchronizitäten achten.

In unserer Arbeit machen wir uns die Bilder des menschlichen Lebensraumes zu Nutze, um die Möglichkeiten der synchronen Wahrnehmung zu erweitern und solche Gleichzeitigkeits- und Sinnerlebnisse herzustellen.

---

81 Seifert, Th.: Der Archetyp – Synchronizität als Mittler zwischen Materie und Geist. Vortrag beim 4. Symposion des Instituts für systemische Beratung im März 2002, veröffentlicht im Internet, http://www.systemische-professionalitaet.de/isbweb/component/option,com_docman/task,doc_view/gid,606/ (Stand Juli 2014)

Ein Beispiel: Eine Frau kommt zum Coaching mit der Aussage „Ich glaube, ich muss mich von meinem Freund trennen." Eine Coachingstunde lang beschäftigt sie sich mit den vergangenen Erlebnissen, eigenen Glaubenssätzen und zukünftigen (Lösungs-)Möglichkeiten. Am Ende wird zwischen Coach und der Klientin ein Blick auf den aktuellen Wohnungsgrundriss vereinbart. Die räumliche Konstellation, verbunden mit einem eklatanten Fehlbereich im Feld *Wissen–Erfahrung* gibt einen möglichen Hinweis auf das Thema Trennung. Die Klientin erkennt durch diese Synchronizität einen Sinn hinter ihrem Unwohlsein – sie hat sich in dieser Wohnung, die sie sich nach der Scheidung vom ersten Partner kaufte, nie wohl gefühlt. Sie erkennt über die äußere Grundrisssituation, dass das innere Thema Trennung noch nicht genügend bearbeitet ist und sich daher in der neuen Partnerschaft erneut widerspiegelt. Die Klientin entscheidet sich, anstatt der sofortigen Trennung vom Lebenspartner, für den Verkauf der Wohnung und ein bewusstes Finden einer neuen Wohnung, die den Bedürfnissen beider gerecht wird.

Synchronizität entsteht, wie in diesem Beispiel, dadurch, dass sich jemand in seinem Inneren mit einer bestimmten Thematik beschäftigt, für die er dann im Außen, in der Konstellation seines Lebensraumes eine sinnvolle Erklärung (oft auf symbolischer Ebene) findet. Durch das Erkennen des Sinnzusammenhanges entstehen dann oft völlig neue Handlungsmöglichkeiten.

Fallen Ihnen beim Lesen dieser Zeilen Situationen in Ihrem Leben ein, in denen Sie vorerst völlig unabhängige Ereignisse in einen Sinnzusammenhang gebracht haben und plötzlich für sich eine Bedeutung finden konnten?

Natürlich soll nicht jeder Mensch seine Wohnung gleich verkaufen, wenn er oder sie eine Ungereimtheit entdeckt; oft genügen kleine Maßnahmen, wie das bewusste Ausräumen, Umstellen von Möbeln, Gestalten von Wänden mit Bildern oder Aufstellen von Gegenständen mit Symbolcharakter. Die bewusste Auseinandersetzung mit dem Thema im Tun, und die darauf folgende tägliche Erinnerung: Sie bewirken nachhaltige Veränderungen auf der psychischen Ebene.

Das Wesentliche einer Synchronizität ist also, dass ein Individuum einen Zusammenhang zwischen zwei oder mehreren zeitnahen Ereignissen erkennt und diese nicht als Zufall abtut, sondern einen Sinn dahinter sehen kann. Dazu gehört auch, dass Intuition, im Volksmund als „Bauchgefühl" bezeichnet, als wichtige, ernst zu nehmende Möglichkeit sinnlicher Wahrnehmung akzeptiert wird. Daher sollten wir

Lebensthemen

lernen, mit unserer Intuition, unserem sechsten Sinn genauso sicher und selbstbewusst umzugehen wie mit Sehen, Hören, Fühlen.

Durch das Angebot von äußeren Bildern in der Symbolik und Struktur von Räumen und Möbeln, ermöglichen wir mit unserer Arbeit den Menschen solche Synchronizitätserlebnisse, anhand derer sie für sich gute Lösungen für ihre Probleme finden können.

Die zeitliche Schichtung: Zukunft

Die Ebene des Lebenssinns ordnen wir analog zu den drei Ebenen der Neunfelder-Aufstellung von Insa Sparrer der zeitlichen Qualität der Zukunft zu. Wie wir schon sagten, tragen wir Menschen in uns ein Bild der Sinnerfüllung, dem wir in allen Vorstellungen von einem zukünftigen Sein nachjagen. Aus diesem inneren Bild entsteht eine tiefe Sehnsucht: die Sehnsucht nach einer ressourcenreichen zukünftigen Lösung. Sie treibt uns an und lässt uns weiter vorwärts schreiten – in Richtung der Erfüllung aller Lebensträume.

Welchen Kontext braucht die sinnstiftende Erfüllung im Leben? Es braucht Orientierung an inneren Werten, den Glauben an sich und seine Visionen, die liebevolle Beziehung zu anderen Menschen und zur gesamten natürlichen Umwelt. Mit anderen Worten könnte man auch sagen: Diese Ebene entspricht der Triade Glaube, Hoffnung, Liebe. Glaube als eine Form der Werteorientierung, Liebe als Ausdruck der Hingabe zu anderen Wesen, die Hoffnung als erstrebenswertes Zukunftsbild schlechthin. Der Lebenssinn kann unseres Erachtens nicht im Erreichen des einen oder anderen gesehen werden. Sinn ergibt sich nur aus der Verknüpfung aller drei.

In der Sinnkrise der sogenannten Midlife-Crisis werden z. B. bisherige Werte hinterfragt: Die Ziele müssen einer Überprüfung standhalten, und oft gehen Beziehungen an dieser allgemeinen Unzufriedenheit zugrunde. Alles wird neu geordnet. Was will der Mensch in der zweiten Hälfte seines Lebens noch erreichen – was soll sich ändern? Welche Werte sollen in den Vordergrund rücken? Was stellt in Zukunft die wirkliche sinnstiftende Erfüllung dar? Mit wem soll all das erreicht werden? Die Fragen dieser Zeit zeigen eine Zäsur an, sie rufen nach einer Veränderung, auch des äußeren Rahmens. Kinder ziehen aus, Raum wird dadurch frei, aber auch Leere kann entstehen. Auch körperliche Veränderungen zeigen ihre Wirkung – das Leben zeigt sich in seiner Endlichkeit. Der Mensch muss einsehen, dass er nicht alles erreichen kann, was er einmal als Wunschtraum definierte. Es heißt auch loslassen. Wer in dieser Lebensphase seinen vier Wänden eine neue

Farbe gibt, ausmistet und sich Raum für neue begeisternde Beschäftigung schafft, vielleicht sogar ausbricht aus den alten Strukturen und die Wohnung wechselt, erhält im Außen einen neuen Spiegel seiner inneren Zustände, im besten und bewussten Fall Unterstützung bei den Fragen nach dem Sinn des weiteren Lebens.

Weil, aus der Mitte des Selbst betrachtet, diese Ebene vor dem Menschen liegt, symbolisiert diese Verknüpfung eben die zeitliche Komponente der Zukunft. Alle Räume einer Wohnung, die auf dieser Ebene des Lebenssinns positioniert sind, stellen ein Symbol für die Zukunft dar und geben Hinweise auf die sinnstiftenden Themen der hier Wohnenden. Wird z. B. fast die gesamte Ebene vom Wohnzimmer eingenommen, werten wir das als Zeichen dafür, dass den Menschen die Frage der Stellung in der Öffentlichkeit wichtig ist. In einem solchen Fall achten wir besonders auf die Symbolik in den Details. Dominiert die Bücherwand, möchten die Bewohner und Bewohnerinnen womöglich als Belesene wahrgenommen werden, sticht der Arbeitsbereich, ein Home-Office ins Auge, fühlt sich der Mensch wahrscheinlich sehr in seiner Arbeit erfüllt und bestätigt.

Die überdimensionale Medienwand gibt ebenso Hinweise auf den Lebenssinn wie das überall verstreute Spielzeug der Kinder.

Welche Räume sind in Ihrer Wohnung/Ihrem Haus dieser Ebene zugeordnet?

Wenn Sie mögen, durchwandern Sie diese Räume und lassen Sie deren Symbolik auf sich wirken.

Was haben die Symbole mit Ihrer Sicht der Zukunft zu tun?

Obergeschoß und Dachgeschoß als Repräsentanten für die Zukunft

Was in einer Wohnung, bei der alle Räume auf einer Ebene angeordnet sind, die Ebene der Sinnstiftung mit den von ihr gefärbten Nutzungsräumen ist, das wird in einem Haus von den oberen Geschoßen repräsentiert – die Zukunft liegt oben. Das Obergeschoß repräsentiert symbolisch das, was sein wird und sein kann: Wünsche und Hoffnungen, Ideen und Visionen.

Durch das Wohnen im Obergeschoß oder in oberen Geschoßen wird gleichsam eine Metaposition eingenommen, Zusammenhänge können besser erkannt werden. Der Ausblick und Überblick ist umso besser, je weiter man oben ist, der Handlungsspielraum wird vergrößert und Perspektiven für die Zukunft werden entwickelt. Kreativität, Ideen, Visio-

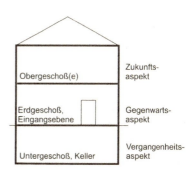

Abbildung 68:
Zeitliche Schichtung

nen und Ziele können hier leichter entstehen. Symbolisch steht das Obergeschoß in einem Haus daher für das Zukünftige, das noch nicht Vollbrachte oder Umgesetzte. Es ist das Symbol für die Potenziale künftiger Entwicklung.

In Geschäftsgebäuden ist im obersten Stockwerk häufig die Führungsetage untergebracht. Die Leitung braucht den Überblick, hier herrscht aber auch die Kontrolle, hier geschieht Unternehmensentwicklung.

Wie zeigt sich das in dem Unternehmen, in dem Sie arbeiten? Wer repräsentiert hier die Zukunft?

Im mehrgeschoßigen Wohnbau kann man davon ausgehen, dass die Wohnungen umso begehrter sind, je weiter oben sie angesiedelt sind. Hier hat die Höhe auch mit Macht zu tun. Penthouse Wohnungen sind daher die begehrtesten und teuersten. Die Gefahr in solchen Wohnungen könnte jedoch der Verlust des Realitätsbezuges sein. Gerade in der Finanzkrise hat sich das in mehreren Fällen gezeigt. Bankdirektoren thronten in Penthousewohnungen über ihren Banken, bezogen abgehobene Gehälter und trafen waghalsige Entscheidungen im Umgang mit fremdem Geld.

In Einfamilienhäusern befinden sich meist die Wohnräume der Kinder in den Obergeschoßen. Kinder sind das Zukünftige – sie sind das Symbol für sichtbare Entwicklung und schöpferische Zukunftsideen. Sind die Schlafräume im oberen Stock, kann man das, neben dem schon erwähnten Sicherheitsgefühl der Entfernung von der Haustür, so interpretieren, dass im Schlaf durch das Träumen die Verarbeitung von Informationen kreativer, spielerischer und leichter erfolgt. Visionen entstehen im Traum.

Wird ein Haus umgekehrt geplant, nämlich im Obergeschoß die Alltagsräume Küche und Wohnen und im Erdgeschoß das Schlafen von Eltern und Kindern, wie wir das bei einem jungen Paar erlebten, könnte das den Hinweis liefern, dass der visionäre Traum mehr Bedeutung hat, als das Alltägliche in der Realität zu verankern. Die Niederungen des Alltags können noch nicht wirklich wahrgenommen werden. Solch eine Gestaltung könnte entstehen, wenn den jungen Menschen noch die Erfahrung gemeinsamen alltäglichen Wohnens fehlt.

Beim Organismus Mensch ist das oberste Geschoß der Kopf, das „Dachgeschoß", der Sitz des Geistes. Man könnte also sagen, Obergeschoße und speziell das oberste Geschoß entsprechen analog dazu dem Prinzip der geistigen Entwicklung.

Als oberste Ebene des Hauses symbolisiert der Dachboden jenen Bereich in der Zukunft, den es neugierig zu erkunden gilt. Es ist der

Die Ebene des Lebenssinns – die Zukunft

Sitz des Unheimlichen, dessen, von dem wir selbst oft noch nicht wissen, dass es das geben könnte.

Deshalb birgt die Auseinandersetzung mit der Symbolik des Dachbodens große Entwicklungschancen. Wird der Dachboden ausgebaut und zum Wohnraum umfunktioniert, so ist dies eine Maßnahme in die Zukunft, eine bewusste geistige Auseinandersetzung mit dem, was kommen wird. Wie wird der ausgebaute Dachboden in Zukunft genutzt? Als Rückzugsbereich zum Lesen, zum Meditieren – für eine bewusste geistige Entwicklung? Als Arbeitsraum – zur Unterstützung kreativer neuer Geschäftsideen? Als Kinderzimmer – als bewusste räumliche Hilfestellung für das geistige Wachstum der nächsten Generation? Als Hobbyraum für die Modelleisenbahn – als Möglichkeit des Rückzugs in das kindlich-spielerische Prinzip?

Im deutschsprachigen Raum wird der Dachboden auch als Speicher bezeichnet. Das, was man in Zukunft wieder braucht bzw. brauchen könnte, wurde und wird auf dem Dachboden gespeichert. Der Zustand eines Dachbodens gibt uns daher auch Auskunft darüber, mit welchen Ressourcen wir auf unsere Zukunft zugehen. Ist der Dachboden mit altem Gerümpel zugeräumt, können wir das als blockierende Gedankenmuster aus der Vergangenheit sehen. Sie haben die Gegenwart überdauert und haben uns auch in der Zukunft fest im Griff. Psychologisch gesehen stellt der Dachboden das Über-Ich im Sinne Freuds dar. Der Dachboden stellt das Symbol für die verinnerlichten elterlichen und gesellschaftlichen Regeln, das Gewissen und die Gedankenmuster aus der Vergangenheit, die uns auch in der Zukunft immer wieder einholen und bremsen können, dar.

Können Sie im Dachboden Ihres Hauses Symbole erkennen, die, alte Gedankenmuster und Glaubenssätze repräsentierend, Ihre Zukunft behindern könnten?

Sollten Sie aber kein Haus Ihr Eigen nennen, werden Sie sich vielleicht fragen: Wie können wir aber die Qualitäten des Dachbodens und seine Repräsentation in eingeschoßigen Gebäuden und in Wohnungen entdecken? Ein Dachboden ist meist schwieriger erreichbar, dem Alltagsgeschehen durch schwere Türen oder Zugtreppen verschlossen, durch Leitertreppen Enge erzeugend. Er dient im besten Fall dem Aufbewahren von Gegenständen, die man wieder gebrauchen möchte.

Wir wenden uns daher in eingeschoßigen Wohnungen auf der Suche nach dem Über-Ich jenen Möbelstücken und Gegenständen auf der Ebene des Lebenssinns zu, die den obengenannten Qualitäten entsprechen. Das können Kästen und versperrte Vitrinen, schwer zugängliche

Lebensthemen

Räume, Bilder und Symbole auf der Außenwand, verbaute Loggien und ähnliches sein.

Wieder einmal möchten wir Sie zum Abschluss eines Kapitels dazu einladen, Ihre Wohnung oder Ihr Haus mit neugierigem Blick und die folgende Frage zu erforschen: *Welche Personen sind im Obergeschoß bzw. auf der Ebene der Zukunft mit ihren Räumen situiert und damit stärker auf Zukunft und Entwicklung ausgerichtet?*

Der Blick auf die zeitlichen Repräsentationen von Wohnungen und Häusern erscheint uns ein wesentlicher weiterer Mosaikstein im Erkennen der Zusammenhänge im System Mensch–Lebensraum zu sein. So kann z. B. von der Beobachtung, dass in einer Wohnung die Bewegung von den eher ressourcenorientierten Räumen wie Abstell- und Vorratsräumen, Kleiderkästen und Schrankräumen auf der Vergangenheitsebene hingeht zu eher offenen Räumen wie Wohn- und Essbereich in der Zukunft, abgelesen werden, dass die Wohnenden sich offensichtlich offen für die Zukunft zeigen. Aus der Tatsache, dass sie auf der Vergangenheitsebene Raum für Ressourcen schaffen, schließen wir, dass das Thema Vergangenheit integrierter Bestandteil des täglichen Lebens ist.

Befindet sich aber die offenere Wohnebene in der Vergangenheit und liegen die Ressourcenräume im Bereich Zukunft, könnte das ein Hinweis auf eine zu starke Lebensfokussierung auf die Vergangenheit sein. Und, etwas salopp formuliert, könnte der Lebenssinn im Ressourcen Sammeln und Bunkern bestehen, wobei der Blick in die Zukunft stark verbaut werden kann, wenn das Sammeln überhandnimmt.

Nehmen wir einen sehr wesentlichen Nutzungsbereich, das Bad und das WC als Beispiel. Befinden sich diese Bereiche in der Vergangenheitsebene, nehmen wir einen Zusammenhang zur Vergangenheitsbewältigung, zum Bereinigen und Loslassen im jeweiligen Lebensthema an, in dem diese Räume positioniert sind. Wir stellen dazu z. B. die Frage: Was gibt es in Bezug auf sozialen Austausch oder das Gleichgewicht von Geben und Nehmen, aus der Vergangenheit rührend, zu bereinigen?

Bad und WC in der Gegenwart können bedeuten, dass die tägliche Pflege, die Erneuerung als Routine und natürlicher Prozess im Tagesablauf empfunden wird – bezogen natürlich wieder auf das Thema, das den Raum färbt. Ist das WC genau im Mittelthema, dem Feld *Selbst-Identität* positioniert, kann dies aber auch ein dauerndes In-Frage-Stellen des eigenen Selbstbildes bedeuten, weil ständig etwas von der persönlichen Identität wieder losgelassen wird.

In der Zukunft positioniert, weist uns der Sanitärbereich auf eventuelle gesundheitliche Vorsorge hin. Das reinigende Wasser bekommt möglicherweise fast einen Wellnesscharakter: Wasser wird zum essentiellen Entspannungselement. Das WC im Thema Liebe kann bedeuten, immer wieder loszulassen, um für Neues frei zu werden.

Die Archetypen spüren – eine vertiefende Übung

Zum Beginn unserer Wanderung durch das Haus haben wir Sie eingeladen, die unterschiedlichen Qualitäten im Novagramm wahrzunehmen. Jetzt, wo Sie sich mit den dem Neunfeld innewohnenden archetypischen Lebensthemen schon näher auseinandergesetzt haben, können Sie etwas tiefer einsteigen:

Stellen Sie sich vor, dass das Leben, einem Bild gleich, vor Ihnen liegt. Sie sind gerade in die Welt der Lebenden gekommen wie ein Baby.

Gehen Sie dann auf diesen Rahmen, das Novagramm zu. Gehen Sie direkt auf die Mitte der vorderen Kante zu und treten Sie in das erste Feld ein. Sie sind auf Ihrem Weg. Kommen Sie an diesem Platz an, fühlen Sie die Qualität dieses Feldes. „Wie bin ich auf meinem Weg?" Achten Sie genau und einfühlsam auf die Reaktionen Ihres Körpers. Vielleicht möchten Sie sich Notizen zu ihren Wahrnehmungen machen. Schreiben Sie sich bei jedem neuen Feld ein paar Stichworte auf, an denen Sie später die gravierendsten Unterschiede festmachen können.

Was nimmt sich anders wahr, wenn Sie sich in das Feld zu Ihrer Linken stellen? Um die Qualität des Themenkreises zu spüren, nehmen Sie sich wieder Zeit anzukommen und sich gut einzuspüren in den Körper, die Atmung, in Gedanken und Gefühle. Stellen Sie sich jetzt die Frage: „Was bringe ich mit?" „Mein Urwissen, das Vererbte, im Laufe der Evolution Angeeignetes, meine Fähigkeit zu lernen, menschentypische Verhaltensmuster, an denen ich mich orientiere?" Achten Sie auf Körpergefühle, innere Stimmen und Bilder, die auftauchen, wenn Sie im Feld des Wissens, der Erfahrung und des Urvertrauens stehen.

Steigen Sie hinüber in das Feld ganz rechts und lassen Sie sich wieder Zeit anzukommen. Verbinden Sie das Einfühlen mit den Fragen: „Wer steht mir als Vorbild zur Verfügung?", „Wer hilft mir, gibt mir Feedback, wer begleitet mich auf meinem Weg?", „Wie gestaltet sich der soziale Austausch in meinem Leben?"

Welchen Unterschied können Sie wahrnehmen? Welche Gedanken, Gefühle und Körperphänomene tauchen auf, wenn Sie an den äußeren Kontext Ihrer Entwicklung als Mensch denken?

Stellen Sie sich jetzt in die Mitte des Novagramms. Was brauchen Sie, um im Hier und Jetzt, in Ihrer Mitte zu sein? Welchen Rahmen? Welche Dynamik? Spüren Sie die Qualität des Feldes „Selbst-Identität".

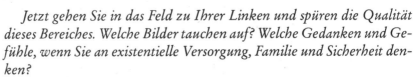

Lebensthemen

Jetzt gehen Sie in das Feld zu Ihrer Linken und spüren die Qualität dieses Bereiches. Welche Bilder tauchen auf? Welche Gedanken und Gefühle, wenn Sie an existentielle Versorgung, Familie und Sicherheit denken?

Das nächste Feld ist rechts der Mitte. Stellen Sie sich hinein, kommen Sie in Ruhe an und spüren die Qualität. Welche Bilder entstehen hier? Welcher äußere Kontext ist nötig, damit Sie in Ihre Leichtigkeit und Kreativität gelangen können?

Kehren Sie zurück zur Mitte. Wenn Sie im Hier und Jetzt der Gegenwart stehen und nach vorne schauen: Was macht das Leben in der Zukunft vollendet?

Steigen Sie in das vor Ihnen auf der Mittelachse liegende Feld „Ziel-Erfüllung" hinein und spüren dessen Qualität in Bezug auf Ihre Lebenserfüllung.

Spüren Sie sich nacheinander in das linke Feld, dann in das rechte ein. Welche Unterschiede können Sie wieder zwischen dem linken und dem rechten Feld wahrnehmen?

Links bauen wir Wertvorstellungen auf und streben nach Gesundheit, Glück und Zufriedenheit, rechts vollendet emotionale Partnerschaft die Vision vom Glück.

Kehren Sie ins Feld „Ziel-Erfüllung" zurück, drehen Sie sich noch einmal um und blicken „auf Ihr Leben zurück". Zu welchem Quadrat verspüren Sie im Augenblick die größte Resonanz? Welcher Themenbereich berührt Sie jetzt besonders? Gehen Sie in dieses Feld nochmals hinein und spüren Sie nach! Vielleicht tauchen Bilder auf, vielleicht Emotionen, vielleicht Fragen, vielleicht ergeben sich sogar Antworten. Lassen Sie sich spielerisch ein bisschen auf Ihr Unbewusstes ein.

Lesen Sie Ihre Notizen, auch die von der allerersten Begehung, nach. Welche unterschiedlichen Qualitäten können Sie entdecken?

Trainieren Sie Ihre Wahrnehmung, auch wenn Sie das erste Mal vielleicht wenig oder keine Unterschiede gespürt haben. Vielleicht spüren Sie jetzt schon mehr. Sie werden sehen, dass Ihr Körper von Mal zu Mal sensibler auf Unterschiede reagiert.

C. Achsen und Bezüge – Vertiefendes und praktische Beispiele

Die Achsen beschreiben einen Entwicklungsprozess, immer von den Einflüssen der Vergangenheit ausgehend über die Gegenwart bis in die Zukunft. Sie liefern uns, so wie auch die Ebenen, in ihren Themenbezügen zusätzliche Informationen über psychosoziale Aspekte im Leben der Wohnenden.

Die Achse der inneren Prägung – Streben nach Sicherheit

Im Ganzen genommen hat das Elternhaus uns die Hierarchie und die verschiedenen Funktionen des Wohnens eingeprägt. Wir sind das Diagramm der Wohnfunktionen jenes Hauses, und alle anderen Häuser sind nur Variationen eines fundamentalen Themas.
Gaston Bachelard

Ja, auch Wohnen prägt! Prägung nennt man in der Verhaltensbiologie eine irreversible Form des Lernens: Während eines meist relativ kurzen, genetisch festgelegten Zeitabschnitts (sensible Phase) werden Reize der Umwelt derart dauerhaft ins Verhaltensrepertoire aufgenommen, dass sie später wie angeboren erscheinen.[82] Beim Menschen gibt es aber laut wissenschaftlicher Diskussion vermutlich keine eigentliche Prägung; es ist eher von optimalen Perioden des Lernens und der Stimulation auszugehen, es bestehen aber gewisse Parallelen zur Prägungsphase in der Tierwelt. Der Begriff Prägung, angewandt bei Menschen, soll daher auf eine große Stabilität des einmal Erlernten hinweisen. Lebensphasen, in denen Menschen leichter geprägt werden, werden in der Psychologie „sensible Phasen" genannt. Was sich einem Mensch in solchen Phasen einprägt, also stabil gelernt wird, hängt wesentlich von seiner Umwelt und den ihn umgebenden Einflüssen ab.

Abbildung 69:
Die Achse der inneren Prägung

---

82 Konrad Lorenz (1935) beobachtete das Verhalten junger Graugänse nach dem Schlüpfen: Vom Muttertier isolierte Tiere zeigen die Tendenz, bewegten Dingen geeigneter Größe, die Lautäußerungen von sich geben, zu folgen. Lorenz prägte die Küken auf sich selbst. Bei der Konfrontation mit dem Muttertier und der Person von Lorenz folgten die Küken Lorenz und nicht der wirklichen Mutter. Er erhielt für seine diesbezüglichen Forschungen den Nobelpreis.

Achsen und Bezüge

Das Umfeld, in das ein Kind hineingeboren wird und in dem es dann aufwächst, beeinflusst nicht nur durch die von den umgebenden Menschen vermittelten psychosozialen Reize die Entwicklung des kindlichen Gehirns, nein, unserer Meinung nach trägt auch die Struktur des Wohnumfeldes zur Entwicklung der neuronalen Verschaltungen bei. Das sich entwickelnde Gehirn des Kindes passt sich in seiner Struktur und Arbeitsweise an das an, womit es in enger Beziehung steht. Wir gehen daher davon aus, dass der Wohnraum, die sich wiederholend präsentierenden Strukturen beim Betreten der Wohnung und einzelner Räume, die immer gleiche Orientierung, dazu beitragen, dass im heranwachsenden Gehirn die Nervenzellenverschaltungen so aufgebaut werden, dass sie später bei der Wohnungssuche des erwachsenen Menschen Resonanzphänomene produzieren, wenn ähnliche bekannte Muster wahrgenommen werden.[83]

Je häufiger solche Muster wiederholt werden, umso stabiler werden die Verschaltungen im Gehirn eingeprägt. Ein derart fixiertes Muster kann sich dann, von Generation zu Generation weitergegeben, zu einem (Arche-)Typus verfestigen. Aus der Verhaltensforschung kennen wir Konditionierungen über einzelne Reize und Merkmale.[84] Wohnen ist aber ein sehr komplexer Wahrnehmungsvorgang und wurde bisher wenig untersucht. Je komplexer die Wahrnehmungsreize, desto nachhaltiger ist unseres Erachtens die Prägung und umso weniger bewusst sind dem Menschen die Auswirkungen des Wohnumfeldes auf sein Wohlbefinden.

Erst mit dem Erkennen und dem bewussten Durchbrechen des (Wohn-)Musters wird auch ein persönlicher Entwicklungssprung möglich. Dabei kann gerade die Analyse mit dem Novagramm sehr hilfreich sein, weil durch die Visualisierung der Struktur in den Grundrissen das innere Bild mit dem äußeren verglichen und damit bewusst erkannt werden kann. Mitgenommene Muster lassen sich im Vergleich mehrerer Wohnsituationen sichtbar machen. In der Planung einer neuen Wohnsituation bedeutet dies, die Analyse der bestehenden Wohnung mit einzubeziehen, um Veränderungspotenziale und deren Bedeutung herauszuarbeiten. Damit kann mit dem Wohnungswechsel und der achtsamen Auseinandersetzung eine völlig neue, bewusste Entwicklung in Gang gesetzt werden, losgelöst und bereinigt von alten Mustern. Das Wohnen wird für einen nächsten Lebensabschnitt völlig

---

[83] vgl.: Hüther, G.: Was wir sind und was wir sein könnten – ein neurobiologischer Mutmacher. Frankfurt 2011, S. 40 ff
[84] vgl.: Pawlow, L. u. a.

neu definiert. Neue Lebensziele können damit schon im Grundriss wahrnehmbar gemacht werden.

Ich sehe wahrscheinlich meine (bisher unbewussten) inneren Bilder in der realen Welt gespiegelt und kann auch meine inneren Veränderungen in der realen Welt als räumliche Veränderungen manifestieren. So schaffe ich mir einen Anker, um dem neuen Verhalten immer wieder Kraft zu geben.

Auf der Achse der inneren Prägung bildet sich eine eindeutige Bewegung nach vorne, von der Vergangenheit in die Zukunft ab. Aus dem eigenen (Ur-)Vertrauen heraus, dass das Tun Nahestehender (z. B. das der Eltern) als einzig Richtiges darstellt, übernimmt der Mensch deren Verhaltensmuster. Das ergibt ohne langes Reflektieren ein Gefühl der Sicherheit, verschiedene Lebenssituationen jederzeit bewältigen zu können. Das Streben nach Sicherheit verleitet den Menschen dazu, Verhaltensmuster (in und von der Familie) vorerst unreflektiert zu übernehmen. Diese Prägung entwickelt sich zu festen Regeln und Glaubenssätzen. Die unbewusste Prägung wird schließlich verinnerlicht und als innere Werthaltungen zu eigen gemacht.

Das Baby, das in einer bestimmten Situation immer in das angstvolle Gesicht der Mutter blickt, lernt, vor dieser Situation Angst zu haben. Später verwandelt sich das, sofern nicht im Außen reflektiert, zu einer Werthaltung der (über)großen Vorsicht.

Wir bekommen aber natürlicherweise auch sehr viele nützliche Verhaltensweisen überliefert, die es uns jederzeit ermöglichen, in Alltagssituationen schnell zu reagieren. Zeigt sich im Leben ein Problem, können wir aus jedem der auf dieser Achse befindlichen Lebensthemen Möglichkeiten der Lösungsfindung entdecken. Wir können aus dem Wissen der Vergangenheit schöpfen, die Antwort in unserem reichen Erfahrungsschatz versteckt orten, oder auch auf unser Urwissen, unsere Intuition vertrauen. Wir können uns an familiären und gesellschaftlichen Regeln und Normen orientieren, den Sicherheit gegebener Strukturen vertrauend. In der Besinnung auf die eigenen Wertvorstellungen können wir zukunftsorientierte Lösungen finden. Die wertorientierten und sinnstiftenden Lösungen sind meist die nachhaltigsten.

Welche Lösungen lassen sich in meinem Inneren finden?
Was hat mich in meinem Leben geprägt?
Das sind die der linken Achse zugeordneten Fragen.

Unsere Erfahrung zeigt uns, dass, analog zu inneren Prägungen in Verhaltensmustern, auch Wohnmuster aus der Kindheit prägend wirken: Je länger die Zeiträume des Wohnens sind, desto nachhaltiger. In vielen Gesprächen und Analysen von Grundrissen haben wir die Er-

Achsen und Bezüge

fahrung gemacht, dass sich Menschen trotz mehrmaliger Übersiedlungen häufig in ähnlichen Grundrissen wiederfinden. Meist werden in der Struktur Analogien zu den wesentlichen Merkmalen des Elternhauses sichtbar. Wir werten dieses Phänomen als starken Hinweis auf unbewusste Prägungen, die in der Kindheit und im Elternhaus ihren Ursprung haben. In der Kindheit geprägte Sicht-, Verhaltens- und Denkmuster finden ihre Manifestation auch in der Struktur von Wohnungen. In den seltensten Fällen ist dies den Bewohnern und Bewohnerinnen bewusst. Im Gespräch über die Wohnung können Entwicklungsschritte in Gang gesetzt werden, die ohne die bewusste Auseinandersetzung mit der Symbolik der Wohnstrukturen kaum möglich wären.

Wie nachhaltig solche im Elternhaus eingeprägte Strukturen sein und welche Wirkung sie auf Persönlichkeit und Entwicklung eines Menschen haben können, wollen wir im folgenden Beispiel aufzeigen. Im Vergleich der verschiedenen Grundrisse laden wir Sie ein, sich selbst Ihre Gedanken zu den Wirkungen auf die Psyche der betroffenen Frau zu machen.

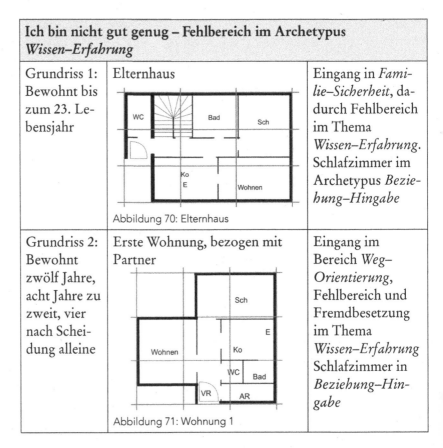

Ich bin nicht gut genug – Fehlbereich im Archetypus *Wissen–Erfahrung*		
Grundriss 1: Bewohnt bis zum 23. Lebensjahr	Elternhaus Abbildung 70: Elternhaus	Eingang in *Familie–Sicherheit*, dadurch Fehlbereich im Thema *Wissen–Erfahrung*. Schlafzimmer im Archetypus *Beziehung–Hingabe*
Grundriss 2: Bewohnt zwölf Jahre, acht Jahre zu zweit, vier nach Scheidung alleine	Erste Wohnung, bezogen mit Partner Abbildung 71: Wohnung 1	Eingang im Bereich *Weg–Orientierung*, Fehlbereich und Fremdbesetzung im Thema *Wissen–Erfahrung* Schlafzimmer in *Beziehung–Hingabe*

188

Die Achse der inneren Prägung – Streben nach Sicherheit

Grundriss 3: Bewohnt fünf Jahre	Zweite Wohnung, alleine 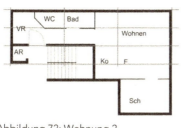 Abbildung 72: Wohnung 2	Eingang im Thema *Familie–Sicherheit*, Fehlbereich im *Wissen–Erfahrung und Weg–Orientierung* Schlafzimmer im Ergänzungsbereich *Sozialer Austausch*
Grundriss 4: nach Wechsel von Großstadt aufs Land in Verbindung mit völliger Neuorientierung	Dritte Wohnung, alleine  Abbildung 73: Wohnung 3	Eingang in *Familie–Sicherheit*, nahezu völliges Fehlen von *Wissen–Erfahrung*, Schlafzimmer wieder im Thema *Sozialer Austausch*
Grundriss 5: Bewohnt seit vierzehn Jahren	Haus gemeinsam mit neuem Lebenspartner  Abbildung 74: Wohnung 4 Abbildung 75: Grundstück zu Wohnung 4	Eingang in *Weg–Orientierung*, kleine Fehlbereiche in *Wissen–Erfahrung*, *Weg–Orientierung* und *Sozialer Austausch*. Dafür aber ein wesentlicher Ergänzungsbereich bezogen auf das Grundstück, genau dort, wo in den Wohnungen bisher immer ein Fehlbereich war – im Thema *Wissen–Erfahrung*.

189

Achsen und Bezüge

Dieses Beispiel ist äußerst signifikant für die Wiederholung eines Musters. Durch fünf Wohnungen zieht sich bei der Klientin die Analogie des Fehlbereichs im Lebensthema *Wissen–Erfahrung*. Das durch den Zugang im Bereich *Familie–Sicherheit* repräsentierte Familienbewusstsein zeigt sich bei der Klientin in starkem Maße. Sie sucht und findet Rückhalt in der Familie. Insbesondere in den Phasen ohne fixen Partner. Alle jene Wohnungen, die die Klientin ohne Partner bewohnte (einschließlich Elternhaus) weisen eine völlig identische Eingangssituation auf. Bei den beiden anderen, mit Partnern bewohnten Wohnungen, ist der Eingang in der Mitte im Urthema *Weg–Orientierung* gelegen, wenngleich das Grunddefizit im Bereich *Wissen–Erfahrung* auch hier weiter wirkt.

Die Klientin beschäftigte sich schon lange, bevor sie diese äußeren Musterwiederholungen erkannte, mit dem Glaubenssatz: „Ich bin nicht gut genug" und seinen für die persönliche Entwicklung einschränkenden Wirkungen. Bereits im Elternhaus wird rückblickend der starke Einfluss sichtbar. Das Ehepaar hat zwei Kinder, bei beiden steht die Frage, ob ein Arbeiterkind ins Gymnasium gehen darf, im Mittelpunkt. Das erwachsene Leben der Klientin ist geprägt von dem Bedürfnis nach ständiger Weiterbildung. Die Klientin beginnt nach der Scheidung nebenberuflich ein Studium, nach dem Studium folgt eine pädagogische Fortbildung nach der anderen. Die Zeit in der zweiten eigenen Wohnung ist von großen Entwicklungsschritten, Selbsterfahrung und Selbstreflexion geprägt. Sie macht die Weitergabe von Wissen zu ihrem Beruf. Trotzdem beschreibt sie immer diese einschränkenden Gedanken: „Ich bin (noch) nicht gut genug." Die Befreiung wird erst im letzten Haus, das sie mit dem Lebenspartner bezieht, sichtbar. Das Grundstück weist eine große Erweiterung im Bereich *Wissen–Erfahrung* auf und stellt somit symbolisch eine Ressource dar. Diese Erweiterung kann von der Klientin als Aufforderung verstanden werden, mit ihrem Wissen hinaus zu gehen; sie hat genug an Erfahrungsressourcen, um Wissen zu vermitteln. Dass auf diesem Erweiterungsbereich ein Carport positioniert ist, könnte man als Hinweis deuten, dass die Weitergabe des Wissens Mobilität erfordert. Als Trainerin ist die Klientin viel unterwegs.

Besonders massiv wirken sich solche Musterübertragungen im bäuerlichen Bereich aus. So ist das Muster auf einem Erbhof über Generationen wirksam. Bei Neubauten von Jungfamilien aus Erbhöfen wird das alte Muster häufig unbewusst wieder in die neue Wohnungs- bzw. Hausplanung mit einbezogen.

Aus der Arbeit in Betrieben und mit Selbständigen wissen wir ebenfalls, dass derartige Mitnahmen von Mustern im betrieblichen Kontext ebenso wirksam sind. Sie werden aus dem privaten Leben, wie Elternhaus und/oder Wohnsituation in die unternehmerischen Strukturen mitgenommen. Oft zeigen sich solche Muster, insbesondere bei Familienbetrieben, als beträchtliche Hemmschuhe in der betrieblichen Entwicklung. Das Sichtbarmachen mittels Vergleichs von Grundrissen und das Aufzeigen von Analogien befördern die Hintergründe ans Tageslicht und ermöglichen somit bewusste Veränderung.

Ein kleines Angebot an Fragen soll sie dazu anregen, sich näher mit den Prägungen Ihres (Wohn-)Lebens auseinanderzusetzen:

Wenn ich meine aktuelle Wohnsituation mit früheren vergleiche: Was kommt mir bekannt vor?

Was erkenne ich aus meinem Elternhaus wieder?

Welchen Bezug haben diese Analogien zu meinen wichtigsten, eventuell auch immer wiederkehrenden Lebensthemen?

Weisen die Wohnsituationen meiner Kinder Ähnlichkeiten zu meiner eigenen auf?

Die Achse des sozialen Handelns – der Weg zur sozialen Kompetenz

Die drei Felder der rechten Achse beschreiben alle Aspekte sozialen Handelns, den äußeren Rahmen und Kontext des Verhaltens in Vergangenheit, Gegenwart und Zukunft. Wer oder was beeinflusst den Menschen in seinem Sozialverhalten? – Das sind die Fragen, die sich in diesem Bezugssystem stellen. Im Bezug zueinander behandeln die Themen dieser Achse die Prägungen im sozialen Kontext.

Beziehungsfähig werden – das Thema der sozialen Prägung

Wie erklärt sich nun die Achse der sozialen Prägung? In der Vergangenheit ist im Austausch mit dem sozialen Netz aus begleitenden Menschen und dem Umfeld des Lebensraumes ein stützender Handlungsraum entstanden. Vorbilder haben von Kindesbeinen an ihre Wirksamkeit entfaltet. Durch Nachahmung und kreative Auseinandersetzung, manchmal auch durch Rebellion hat der Mensch seine Verhaltensmuster in Bezug auf andere Menschen aufgebaut. Wie geht man miteinander um? Wie benimmt man sich? Wie laufen Beziehungen ab? Im kreativen Spiel trainieren Kinder schon früh ihre soziale Kompetenz.

Abbildung 76:
Die Achse des sozialen Handelns

Achsen und Bezüge

Kreatives Handeln setzt Auseinandersetzung mit der Umwelt voraus, es ist soziales Handeln und Selbstreflexion gleichzeitig. Das heißt aber auch: Wenn Menschen an den in der Vergangenheit erlernten Handlungsstrategien und sozialen Umgangsformen in der Gegenwart zu sehr festhalten, wird es schwer für sie sein, in einen freien, luftigen Entscheidungs- und Handlungsraum in der Zukunft zu gelangen. Es wird schwer sein, Liebe zu entwickeln, denn Liebe verträgt nichts Starres. Das auch für Kreativität stehende Element Wasser zeigt uns wie es gehen kann. Es sucht sich immer einen (Aus-)Weg, ist dabei äußerst kreativ, aber auch sehr beharrlich im Tun. Kinder probieren im Spiel immer wieder neue Handlungsräume aus, beobachten Beziehungsmuster im sozialen Austausch mit ihrem Umfeld und erweitern dabei ständig ihre Grenzen. Sie versuchen sich in verschiedenen Rollen, in verschiedenen Variationen. Entwicklung und Kreativität entstehen in der ständigen Anregung und Kommunikation. Liebe und Liebesfähigkeit bauen auf diesem Austausch auf.

Wir alle kennen Situationen, in denen durch das Beisammensein mit anderen Menschen in einem dialogischen Austausch Ideen nur so sprudeln, sich Kreativität aufschaukelt zu ganz ungewöhnlichen Lösungen, die alleine im stillen Kämmerlein nie gefunden worden wären. Am Ende steht eine tiefe Verbundenheit mit den Menschen, mit denen dieser Austausch stattgefunden hat. Wer Ideen teilt, gemeinsam „spinnt" und spielt, ist partnerschaftlich verbunden.

Die Kraft der Liebe trägt wie der Wind die Ideen weiter, lässt sie in der Reibung einer Partnerschaft reifen und in Weisheit münden. Liebe und Partnerschaft bilden das erstrebenswerte Zukunftsszenario menschlicher Interaktion.

Wir laden Sie wieder ein, sich mit ein paar Fragen dazu bewusst auseinanderzusetzen: *Von welchen Aspekten und Meilensteinen ist mein soziales Handeln geprägt?*

Wer hat mich wie unterstützt, meinen kreativen Weg zur Liebe und zu Partnerschaft zu finden?

In unserer praktischen Erfahrung zeigt sich immer wieder folgendes Phänomen. Kinder, die auf der rechten Seite einer Wohnung ihr Kinderzimmer haben, entwickeln, so scheint es, eine besondere soziale Kompetenz und Sensibilität gegenüber den Bedürfnissen und Wünschen ihrer Mitmenschen. Besonders ausgeprägt scheint dies bei Kindern zu sein, die im Lebensthema *Beziehung–Hingabe* ihr Zimmer haben. Ein Elternpaar, dessen Sohn in einer solchen Konstellation schläft, schilderte uns, dass dieser jede feinste Nuance einer Unstimmigkeit bei den Eltern wahrnimmt und fast angstvoll jede Uneinigkeit schlichten will.

Mit dieser Kompetenz kann aber auch der Nachteil verbunden sein, dass die Einfühlung in einer Art Selbstaufgabe mündet. Das Kind entwickelt ein besonderes Sensorium gegenüber der Umwelt und vergisst dabei, die eigenen Bedürfnisse wahrzunehmen. Häufig deutet bei solchen Kindern später auch die Berufswahl in eine soziale Richtung, jedenfalls scheinen Menschen mit einer starken Prägung auf dieser Achse besonders teamfähig zu sein.

Befinden sich auf dieser Achse die Räume des familiären Alltagslebens, wie Küche, Essbereich und/oder Wohnzimmer, ist das Familienleben wahrscheinlich stärker von Kommunikation und Austausch geprägt als bei anderer Positionierung in der Wohnung. Wahrscheinlich besteht auch eine größere Offenheit nach außen.

Sanitärräume auf dieser Achse könnten ein Hinweis darauf sein, dass es in Bezug auf die Orientierung nach dem Außen den Wunsch nach einer Bewusstseinsänderung gibt.

Immer wieder begegnen uns Beispiele, in denen diese Achse teilweise oder fast zur Gänze von einer fest mit dem Haus verbundenen Garage eingenommen wird. Die Symbolik der Garage weist auf das Thema Mobilität und Orientierung nach außen hin. Die sozialen Kontakte, die kreative soziale Auseinandersetzung und auch Beziehungen sind von Mobilität geprägt, was immer das für die Betroffenen bedeuten mag.

Welche Zusammenhänge mit Ihrem sozialen Handeln können Sie aus der Betrachtung der Symbolik der auf dieser Achse angeordneten Räume erkennen?

Wenn zwei sich zusammentun – Partnerschaft und Wohnungsmuster

Zwei Menschen sind auf Wohnungssuche. Verliebt, verlobt, verheiratet – am Beginn einer Partnerschaft steht oft der gemeinsame Nestbau. Wie wir in der Auseinandersetzung mit Prägung erfahren haben, sind wir zu einem Gutteil das Produkt unseres Elternhauses, auch die Struktur von Räumen betreffend. Je mehr Lebens- und damit Wohnerfahrungen jemand hat, desto ausgeprägter können unter Umständen auch die im Gehirn gespeicherten Wohnstrukturen sein.

So kann es passieren, dass zwei Menschen auf der Wohnungssuche sich einfach nicht zu einer Wohnung entschließen können. Immer wieder wird etwas besichtigt, einmal hat die eine mehr Resonanz zur Wohnung, ein andermal der andere. Falls dies geschieht, können sehr unterschiedliche Prägungen dahinterstehen und das Gemeinsame blockieren. In einem solchen Fall könnte es hilfreich sein, die Grundrisse der frü-

Achsen und Bezüge

heren Wohnungen inklusive des Elternhauses zu vergleichen und nach Analogien zu suchen.

So könnten Ähnlichkeiten, wie in folgendem Beispiel in Abb. 77, bedeuten, dass jener Teil, der in seinen Wohnungen derartige Analogien entdeckt, Beziehung als wichtige Basis zur Lebensorientierung braucht. Gleichzeitig weist uns das Schlafzimmer im Urthema *Sozialer Austausch* darauf hin, dass die Beziehung von reger Kommunikation begleitet wird. Es könnte auch ein Hinweis ein, dass in der Vergangenheit wechselnde Partnerschaften zur Orientierung und zur Klärung des Lebensweges beitrugen.

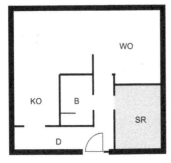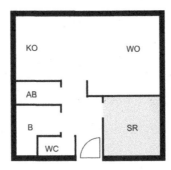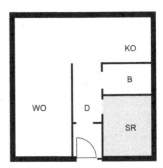

Abbildung 77:
Grundrisse mit Analogien: Eingang mittig, Schlafraum rechts

Wer solche Ähnlichkeiten zwischen Elternhaus und früherer Wohnung entdeckt, hat wahrscheinlich sein persönliches Muster gefunden und kann sich den psychologischen Hintergrund bewusst machen und loslassen. Dann gilt es, eine gemeinsame Vision zu entwickeln: Wohin wollen wir uns als Paar bewegen? Das Gemeinsame aus der Vergangenheit heraus zu filtern und es für die gemeinsame Zukunft weiter zu entwickeln, das ist Nahrung für eine partnerschaftliche Beziehungsgestaltung und den damit verbundenem Nestbau. Auf eine wesentliche Frage darf dabei nicht vergessen werden: Wer hat wo seinen eigenen Rückzugsbereich? Denn wieder greifen wir auf ein Wissen aus der Beziehungsberatung zurück – Beziehung braucht Frei-RAUM. Im gemeinsamen Wohnen muss auch Platz sein, sich zu sich selbst als Individuum zurückzuziehen.

Eine ähnliche Vorgangsweise ist auch dann zu wählen, wenn ein Paar eine neue Bleibe plant, ohne Strukturvorgabe einer Wohnungsgenossenschaft oder eines Vermieters. Häufig kommt es dabei vor, dass sich die beiden nicht darauf einigen können, wo bestimmte Räume im Haus situiert werden sollen. Das kann für den Architekten, die Planerin ein starker Hinweis auf unterschiedliche Wohnprägungen sein.

Wieder gilt es, in die Zukunft zu schauen: Was wollen wir als Paar? Wohin uns als Familie entwickeln? Wohin möchte sich jede/r Einzelne auch einmal zurückziehen können? Welche symbolische Bedeutung verbindet jede/r mit den unterschiedlichen Funktionsräumen? Mithilfe des Novagramms können diese Fragen achtsam geklärt werden. Es passiert Auseinandersetzung auf einer sehr konstruktiven und tiefgehenden Ebene – Bewusstsein wird geschaffen und Verständnis für die jeweils andere Seite.

Schwieriger gestaltet sich die Situation, wenn Mann oder Frau am Beginn einer neuen Partnerschaft in die Wohnung der anderen Person zieht. Jede/r bringt Prägungen in die Partnerschaft mit. Eine/r davon hat sich in der eigenen Wohnung schon eine Struktur geschaffen und den Raum besetzt. Auch wenn die Liebe noch so groß ist, es kommt bewusst oder (meist) unbewusst zu Anpassungsproblemen auf beiden Seiten. Oft entsteht ein unbewusster Machtkampf. Ein anderer Mensch zieht in die besetzten Räumlichkeiten ein und sieht sich im schwierigsten Fall einer völlig fremden Struktur gegenüber. Der oder die hier Wohnende ist gezwungen, Raum abzugeben, d. h. das eigene Territorium zu verkleinern und Platz zu schaffen für das Neue. Eine dominante Person wird sich Raum nehmen, sich breitmachen und vielleicht versuchen umzubauen. Eine weniger dominante Person wird sich an die vorgegebenen Strukturen anpassen. Im guten Fall führt das zu einer Bewusstseinserweiterung, neue Verhaltensmuster können entstehen. Im schlechten Fall fühlt sich die Person eingeengt, findet keinen Platz, keine Resonanz zu den eigenen Prägungen und fühlt sich daher in der Wohnung nicht wohl. Allzu oft entstehen daraus partnerschaftliche Diskussionen und manchmal auch Konflikte.

Ein Beispiel: Eine Frau zog mit Sack und Pack und vollständigem Hausrat in die kleine Wohnung des Partners. Sie besetzte die Wohnung im sprichwörtlichen Sinn. Einige Jahre Machtkampf und eine Scheidung später, beim Ausziehen aus der Wohnung, wurde das Grundübel erst sichtbar. Seine Wohnung wurde völlig leer. Sie hatte ihn bei ihrem Einzug überfallen, die Wohnung angeeignet und ihm keinen Raum mehr gelassen. Dieser Mangel an Platz und eigenem (Rückzugs-)Raum führte dazu, dass er ständig um Anerkennung ringen musste und schließlich seinen Platz im Außen, in einer neuen Partnerschaft suchte. Gleichzeitig musste aber auch sie ständig ringen, wollte die Wohnung gestalten, umbauen, dekorieren, mit einem Wort, das fremde Muster zu ihrem eigenen machen. Oft bleibt es in einer solchen Situation nicht dabei, die Wohnung zu verändern: Wir versuchen, auch den Partner zu verändern.

Achsen und Bezüge

Hier müssen wir uns bewusst sein, dass es für beide wichtig ist, etwas herzugeben, um dem Neuen Raum zu geben. Eine Person muss Raum loslassen und freiwillig hergeben, die andere auf Dinge aus der Vergangenheit verzichten. Beide müssen sich über ihre Bedürfnisse austauschen, kreativ reflektieren, müssen ausmisten, bevor das neue gemeinsame Wohnen und damit das Beziehungsleben entstehen können. Wer schläft schon gerne in einem Bett, in dem mit der verflossenen Partnerin Intimität geteilt wurde? Wer fühlt sich nicht beobachtet, wenn die Partnerin überall die Bilder und Accessoires der Eltern präsent hat? Wer fühlt sich nicht eingeengt, wenn für die eigenen mitgebrachten Dinge kein Raum geschaffen wird? Wer fühlt sich nicht unsicher, wenn die Struktur so überhaupt nichts mit dem Gewohnten und Vertrauten zu tun hat. Der Blick auf die prägenden Wohnungen, auf Analogien und auf Gemeinsamkeiten im Wohnen schärft das Gefühl für die Grundlagen der Beziehung. Bewusstsein schafft Vertrauen.

Welche Geschichte bringt der Partner/die Partnerin mit?
Und wie zeigt sich das im Gemeinsamen?
Ist ein Muster dominant?
Was heißt das für die Partnerschaft?

Das sind Fragen, die, gemeinsam geklärt, solches Vertrauen schaffen können.

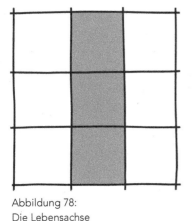

Abbildung 78:
Die Lebensachse

Die Lebensachse – Der Weg ist das Ziel

Die Lebensachse setzt sich zusammen aus den Urthemen *Weg-Orientierung*, *Selbst–Identität* und *Ziel–Erfüllung*. Zwischen dem Weg und dem Ziel passiert das Leben, ist Sein. Schon die Begriffe „Weg" und „Ziel" beinhalten eine Dynamik. Deshalb setzen wir uns in diesem Abschnitt auch mit dem dynamischen Prozess der Aufmerksamkeit im Wohnen auseinander.

Das Selbst in der Mitte definiert den Menschen in seiner Identität, hinter sich den bisher gegangenen Lebensweg, vor sich sein Lebensziel, die Erfüllung.

Der Fluss der Aufmerksamkeit – die Lebendigkeit einer Wohnung

So wie der Weg durch die Wohnung verläuft, wie es sich anfühlt, die Lebensachse entlang zu gehen, so könnte sich auch der eigene Lebensweg anfühlen. Dort, wo meine Sinne angezogen werden, dorthin wird meine Aufmerksamkeit gelenkt. Räume, die öfter mit Aufmerksamkeit bedacht werden, fühlen sich frischer, lebendiger an. Sie haben mehr Atmosphäre, sagt man dann.

Unsere Aufmerksamkeit springt von Fokussierungspunkt zu Fokussierungspunkt, dabei fließt sie wie Wasser den Weg des geringsten Widerstandes. Es gibt nur einen wesentlichen Unterschied zu Wasser: Unsere Aufmerksamkeit wird von Glasscheiben nicht blockiert oder abgelenkt.

Im Wesentlichen kann man das Diagramm der Aufmerksamkeiten auch als Wahrnehmungsfluss bezeichnen. Worauf fällt der erste Blick beim Betreten der Wohnung? Wohin der zweite usw.? Wodurch wird meine Aufmerksamkeit abgelenkt, geteilt oder neu angeregt? Daraus lässt sich ein Diagramm erstellen: Welche Bereiche meiner Wohnung werden oft mit meiner Aufmerksamkeit bedacht, welche entgleiten ihr sehr oft? In der Architektur wird dieser Fluss in einer ziemlich verkürzenden Weise als Gehlinie bezeichnet; der Wahrnehmungsfluss ist mehr als das.

Abbildung 79:
Schema Aufmerksamkeitsfluss

Im positiven Fall sollen auf dem Weg entlang der Lebensachse alle wesentlichen Wohnräume abwechselnd in den Fokus geraten und so gleichmäßig mit Aufmerksamkeit bedacht werden.

Führt jedoch ein langer schmaler Gang schnurstracks in die Zukunft, und ist dort womöglich auch noch ein Fenster positioniert, das die Aufmerksamkeit gleich wieder nach draußen lenkt, dann könnte es sein, dass man im Leben immer wieder mal Gefahr läuft, über´s Ziel hinauszuschießen.

Es kann ein guter Test für eine optimale Organisationsaufteilung einer Wohnung sein, mit der Fokussierung auf den Wahrnehmungsfluss einen Grundriss zu durchwandern. Hat man dabei das Gefühl einer fließenden Bewegung ohne größere Bremsen, dann ist die Wahrscheinlichkeit gegeben, dass auch das alltägliche Leben in dieser Wohnung halbwegs friktionsfrei zu organisieren ist.

Durch eine abwechslungsreiche Gestaltung lässt sich die Aufmerksamkeit bewusst lenken.

Abbildung 80:
Flussdiagramm der Gehlinie

Mit Bildern und Objekten, mit Pflanzen, Farben und Materialien lässt sich die menschliche Wahrnehmung steuern. Transparente Türen fangen durch ihre Helligkeit die Aufmerksamkeit stärker ein, sie lassen ja auch mehr Licht und damit mehr Energie in die dahinterliegenden Räume als Volltürblätter. Genutzte Räume bekommen mehr Aufmerksamkeit als ungenutzte Bereiche, Pflanzen bremsen den Blick und damit die Geschwindigkeit des Flusses. Wesentlichen Einfluss auf Fließrichtung und -geschwindigkeit hat die Aufgerichtung der Türen, wie wir schon

Achsen und Bezüge

beim Kapitel zur Orientierung ausführlich beschrieben haben. Muss ich auf der Lebensachse beim Öffnen einer Türe immer zwei Schritte zurückweichen, weil sich die Türe gegen meinen Gehfluss öffnet, könnte auch der Lebensweg vom Gefühl „Zwei Schritt vor – einer zurück" geprägt sein, wie wir das in dem von uns eingangs erwähnten Beispiel einer Klientin beschrieben haben (S. 43). Indem sie die Türe zu sich, entgegen dem Gehfluss öffnen muss, und hinter ihr die Treppe „lauert", ist sie gezwungen, mit ihrer Aufmerksamkeit nach hinten zu wandern. Der Aufmerksamkeitsfluss wird dadurch unterbrochen, gestoppt und kann erst nach einem kurzen Innehalten wieder nach vorne gelenkt werden. Erschwerend kommt in diesem Beispiel hinzu, dass hinter der Türe, die schräg in die Wohnung führt, die nächste Aufmerksamkeitsfalle wartet. Die Klientin kann nicht, dem inneren Fluss folgend, voranschreiten, sondern läuft schnurstracks auf eine Mauerkante zu. Stellen wir uns vor, Wasser würde derart in die Wohnung fließen: Es würde geteilt, ein Teil fließt rechts und ein Teil links an der Kante vorbei. Dasselbe passiert mit der Aufmerksamkeit – Wohin wende ich mich, nach rechts oder nach links? Die Klientin bestätigt, dass sie auf ihrem Lebensweg immer wieder Schwierigkeiten hat, sich zwischen zwei Möglichkeiten zu entscheiden. Häufig entscheidet sie sich gar nicht, so übt sie z. B. auch zwei Berufe, jeweils in Teilzeit parallel aus.

Das Thema der Lebensachse – in gutem Fluss voranschreiten

Betrachten wir die Gehlinie einer Wohnung auf der symbolischen Ebene, heißt das, dass optimalerweise auf dem Lebensweg immer alle Lebensthemen präsent sein und abwechselnd in den Aufmerksamkeitsfokus geraten sollten. Zwischen der inneren und der äußeren Prägung, repräsentiert durch die linke und die rechte Achse der Wohnung, gestaltet sich der Lebensweg des Menschen. Man könnte auch sagen, beeinflusst von seinen kognitiven Erfahrungen, den verinnerlichten Regeln und Werthaltungen einerseits und den von außen kommenden Einflüsterungen, Vorbildern und Rahmenbedingungen andererseits, geht der Mensch seinen Weg. Der Weg führt über die Selbstentwicklung zum Lebensziel, zur Lebenserfüllung.

Durch das Hinten und Vorne in der Relation zum Menschen in der Mitte entsteht eine klar vorgegebene, vorwärts gerichtete, zum Lebensziel führende Bewegung. Wie bei einer Gratwanderung geht der Mensch seinen Lebensweg von einem Ausgangspunkt zu einem Ziel. Das, was an Einflüssen von rechts und von links kommt, wird aufgenommen, quasi als Nahrung einverleibt, gespeichert und für den Weg vorwärts verwendet wie ein Reißverschluss, der im Wechselspiel von rechten und linken Krampen sich verzahnt und schließt. Der Mensch ist der Transformator. Die von rechts kommenden sozialen Einflüsse und Umweltfaktoren, wie Beziehungen zum Umfeld, zu Menschen, der Natur, dem Lebensraum und die links wirkenden inneren Prozesse, von den Urerfahrungen über angeeignetes Wissen, dem Gefühl von Sicherheit, der inneren Geborgenheit, stellen auch Ressourcen dar, die den Menschen auf seinem Lebensweg unterstützen.

Auch wenn Insa Sparrer diesen Bereich als Grenze zwischen innerem Kontext und äußerem Kontext bezeichnet,[85] so ist das nicht als harte Grenze zu verstehen, sondern als ein Bereich des Überganges, der Wandlung und des Zusammenführens, der Integration. Im Spannungsfeld von links und rechts liegt die eigentliche Kraft, die uns vorwärts treibt. Die von uns hier so genannte Lebensachse stellt also den Menschen in seiner körperlichen, seelischen und geistigen Entwicklung dar. Das, was den Menschen in seinem Leben ausmacht, wird auf dieser Achse repräsentiert.

Alles, was der Mensch an Erfahrung aus der Vergangenheit mitbringt, bestimmt(e) seinen Weg. Der Umgang mit dieser Erfahrung determiniert das Ziel.

In unseren Analysen spielt die Lebensachse eine wichtige Rolle. Die Mittelachse einer Wohnung oder eines Gebäudes muss nämlich relativ viel können. Sie muss Richtung vorgeben, den Weg klar definieren, Orientierung schaffen und in der Lage sein, links und rechts ineinander überfließen zu lassen. Damit man das Links und das Rechts einer Wohnung positiv verbinden kann, braucht es in der Mitte Kommunikation unterstützende Elemente und einen gewissen ruhenden Pol.

Haben Sie sich schon einmal gefragt, welche Qualität für Sie ein attraktives Ortszentrum aufweisen muss? Aus Ihrer eigenen Antwort bekommen Sie wahrscheinlich Hinweise auf eine positive Gestaltung Ihres Wohnungszentrums, und zwar so, dass Sie Ihren Lebensweg frei gehen können.

Wir achten daher besonders auf Gehfluss und blockierende Elemente, wie Wände, Schränke, Abstellräume, WCs und Freiraum in der Mitte: So wie in alten Bauernhäusern mit breitem Erg (Diele) ein Begegnungsraum geschaffen wurde. Dort war nämlich meist der Backofen, der seine Wärme im ganzen Haus verbreitete. Ein breiter Gang verbessert die Kommunikation zwischen links und rechts, weil man

---

85 Sparrer, I.: Wunder, Lösung und System. Heidelberg 2001, S. 243

Achsen und Bezüge

dort auch gerne mal sich plaudernd aufhält. Ein schmaler Gang erhöht die Geschwindigkeit der Bewegung, für einen Plausch weniger geeignet.

An dieser Stelle möchten wir Sie zu einem kleinen Experiment einladen:

Stellen Sie sich einen langen, schmalen, linienförmigen Gang vor, und vergleichen Sie Ihre Wahrnehmung und Ihr Gefühl mit dem Gehen auf einem wohlproportioniert rechteckigen bis quadratischen, breiten Gang. Welche Unterschiede in Ihrer Aufmerksamkeit können Sie feststellen? Welche Unterschiede in der Gehgeschwindigkeit werden sich ergeben? Was verändert sich, wenn links und rechts Bilder aufgehängt sind oder Pflanzen die Aufmerksamkeit an sich ziehen? Welchen Unterschied macht es, ob am Ende des Ganges ein Fenster ist oder eine Wand?

Leider gibt es sehr viele Beispiele für Erschließung über einen schmalen Gang, von dem sich links und rechts die Räume wie Zellen aneinanderreihen: in Schulen, Heimen, Krankenhäusern und Bürogebäuden. Man kann links und rechts nur schubladenartig zugreifen, ohne die Möglichkeit zu haben, alles miteinander zu vernetzen.

Ein interessantes Beispiel dazu haben wir in einem Gemeindeamt gefunden. Dem Bürger und der Bürgerin erschließt sich das Amt durch einen langen Gang. Fast verloren wirkt man vor den vielen Türen. Wo muss ich hin? Elemente, die Verbindung fördern würden, wie Wartebereiche, fehlen. Interessanterweise gibt es aber innerhalb der Räume eine zweite gangartige Verbindung zwischen den Zimmern, damit sich die Bediensteten vernetzen können. Leider gelingt das aber nur den Beschäftigten von jeweils einer Seite. Mit den Kolleginnen und Kollegen „von gegenüber" gibt es wenig Kontakt.

Besonderes Augenmerk schenken wir den Räumen am Ende der Lebensachse, im Zukunftsbereich. Sie geben uns Hinweise auf die unbewussten Lebensziele und -wünsche der Wohnenden. Essplätze deuten auf die Offenheit der Kommunikation hin, bei der Küche könnte die Erhaltung des Familienbewusstseins im Vordergrund stehen, Bad und WC könnte die Sehnsucht nach Veränderung bedeuten.

Was kann der Bürger oder die Bürgerin erwarten, wenn im oben genannten Gemeindeamt am Ende des Ganges ein türgroßer Spiegel den Weg in der Wahrnehmung ins Unendliche verlängert?

Erinnern wir uns an das Beispiel der pädagogischen Wohngemeinschaft für sozial benachteiligte Kinder vom Anfang des Buches. Die Lebensachse wird in diesem Wohnungsgrundriss im Wesentlichen vom Gang eingenommen, rechts und links zweigen die Wohnräume und die Zimmer der Kinder ab, der Blick wird beim Betreten der Wohnung

Die Lebensachse – Der Weg ist das Ziel

vom im Ziel gelegenen Abstellraum angezogen. Wir erinnern uns, der Abstellraum hat immer einen Vergangenheitsbezug; etwas in der Vergangenheit Erworbenes wird abgestellt, um bei Bedarf hervorgeholt zu werden. Das symbolische Signal in unserem Beispiel ist daher, dass die Zukunft der Kinder durch die Erlebnisse der Vergangenheit blockiert wird. Eigentlich sollte aber die Wohngemeinschaft dazu dienen, die Vergangenheit loszulassen und eine positive Perspektive zu entwickeln.

Leider sind Wohnungen nicht immer so gebaut, dass sie den freien Lebensfluss zulassen, wie auch das Leben immer wieder Krisen und Hindernisse bereit hält. Krisen können ja auch hilfreich sein, um bewusst innezuhalten und den bisherigen Weg zu hinterfragen. Wer in schwierigen Situationen und Krisen bewusst auf die Blockaden auf seiner Lebensachse achtet, bekommt wahrscheinlich Antworten und Erklärungen zu den Hemmnissen seines Lebensweges.

Problematisch wird es zum Beispiel, wenn querlaufende Wände ständig einen Umweg erzwingen oder ein massiver Schrank in der Mitte der Wohnung den fiktiven Blick in die Zukunft behindert.

Wessen Lebensachse durch eine Längswand zweigeteilt ist, kann vielleicht auf Dauer das Gefühl entwickeln, immer gespalten zu sein, häufig zwischen zwei Optionen sich entscheiden zu müssen oder zwischen Kopf und Bauch sich nicht entscheiden zu können.

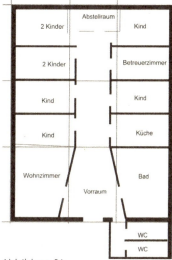

Abbildung 81:
Grundriss Wohngemeinschaft

Besonderes Augenmerk schenken wir der Lebensachse immer dann, wenn Menschen mit Fragen der Lebensreflexion, wie sie auch typisch für die sogenannte Midlife-Crisis sind, in die Beratung kommen. Wie bin ich in der Gegenwart unterwegs? Welche Rahmenbedingungen bestimmen meinen augenblicklichen Weg? Was möchte ich in meinem Leben (noch) erreichen? Drei Fragen, auf die sich die Ratsuchenden mit einem Blick auf die Wohnung oft Antworten erhoffen.

Wir betrachten in solchen Fällen gerne die Verknüpfung der Themen, wie sie sich aus der Überschneidung von Lebensachse und Ebene des aktiven Handelns ergeben. Der Blick auf diesen so genannten Kreuzbezug kann einer schnellen Standortbestimmung dienen.

In der Mitte des Lebens – Lebensachse und Ebene des aktiven Handelns

Die Schnittmenge der auf diesem Kreuzbezug durch die Symbolik der Räume angezeigten Themen liefert uns Hinweise auf den aktuellen Zustand der Wohnenden. Die Mitte repräsentiert symbolisch das Bewusstsein, das sich aus den Ressourcen und Belastungen der Vergangenheit auf dem Weg in die Vorstellungen der Zukunft bildet und gleichzeitig von der Wechselwirkung zwischen gesellschaftlichen Regelwerk und kreativem Freigeist inspiriert wird. Die Aufmerksamkeit auf die aktuellen Themen, die die Wohnenden begleiten, eröffnet eine Reihe von Fragen. Wie ist es dazu gekommen, dass es so ist, wie es in der Gegenwart ist? Wo stecken in der Gegenwart die Chancen und Möglichkeiten für die Zukunft? Wie sind sie realisierbar und umsetzbar? Vorne, hinten, rechts oder links? In welches der Themen, die die Gegenwart beeinflussen, wollen die Wohnenden in der Analyse einsteigen?

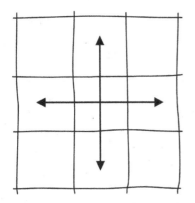

Abbildung 82:
Der Kreuzbezug im Novagramm

Versuchen wir diesen, vielleicht nicht ganz einfachen Bezug anhand eines Beispiels nachzuvollziehen:

Es handelt sich um ein Einfamilienhaus, bewohnt von einem Paar mit ihren zwei Kindern, einem Sohn, (zehn J.), einer Tochter (acht J.). Das Haus besteht aus Kellergeschoß und Erdgeschoß, weist gesamt 130 m² Wohnnutzfläche auf. Die wesentlichen Räume, in denen Gemeinschaft und Kommunikation stattfinden, befinden sich auf der rechten, der emotional-sozialen Seite. Der Fluss der Aufmerksamkeit

Abbildung 83:
Grundriss Einfamilienhaus in OÖ

Abbildung 84:
Nur der Wohnraum wird ausreichend wahrgenommen

In der Mitte des Lebens – Lebensachse und Ebene des aktiven Handelns

dreht sich vom Eingang über die linke Seite rechts hinüber zum Wohn- und Essbereich. Der Fokus der Wahrnehmung richtet sich beim Betreten des Hauses auf WC, Kellerabgang und Gang. Schreitet man weiter fort, rückt der Wohnraum in den Mittelpunkt der Wahrnehmung, die Räume links entziehen sich weitgehend der Aufmerksamkeit.

Damit die Analyse nicht zu komplex wird, konzentrieren wir uns im Wesentlichen auf die Hauptmerkmale auf der Lebensachse, das sind Stiege und WC im Lebensthema *Weg–Orientierung* (Vergangenheit), der Verbindungsgang im Thema *Selbst–Identität* (Gegenwart) und der Schlafraum im Bereich *Ziel–Erfüllung* (Zukunft). Der Weg, die persönliche Orientierung, ist in unserem Fall ganz offensichtlich besonders stark von einem Vergangenheitsbezug geprägt. Das Lebensthema wird nämlich von der Kellerstiege überlagert und stellt somit die Verbindung zur Vergangenheit, symbolisiert durch den Keller, her. Man könnte sagen, der persönliche Weg kann nur unter Rückgriff auf die Ressourcen und die unbewussten Muster und Prägungen der Vergangenheit begangen werden. Daraus könnte man das Bild einer eher an Traditionen orientierten Familie ableiten. Wahrscheinlich beeinflusst das herkömmliche Bild von Mann und Frau, wie es z. B. die Eltern vorgelebt haben, die Zukunftsvorstellungen in ganz hohem Maße. Die Zukunft wird in der Dualität von Mann und Frau gesehen. Woraus wir diese Annahme ableiten? Das Schlafzimmer, als Symbol für Beziehung, im Urthema *Ziel–Erfüllung* weist uns darauf hin.

Vielleicht fragen Sie sich nun, was denn die Kellerstiege mit den Rollenbildern zu tun hat. Und vielleicht haben Sie dazu auch Lust auf ein Experiment:

Übung:

Wählen Sie einen guten Platz, verankern Sie sich und nehmen Sie Ihren Körper gut wahr. Stellen Sie sich vor, Sie hätten die Zukunft, Ihre Ziele und Wünsche vor sich. Dann imaginieren Sie hinter sich eine Stiege in den Keller. Was passiert in Ihrem Körper, was fühlen Sie?

Was könnten diese Gefühle mit der Verbindung von Vergangenheit und Zukunft zu tun haben?

Vielleicht konnten Sie einen mehr oder weniger starken Zug nach hinten spüren. Nehmen wir an, Ihr Zukunftsthema ist, wie in unserer Beispielfamilie, auch das Thema Beziehung, so wird dieses Thema durch den Zug nach hinten, von Aspekten der Vergangenheit beeinflusst. Das kann eben bewirken, dass sich unsere Beispieleltern auf ihrem Lebensweg, in ihrer Beziehung, aber auch im Umgang mit den Kindern an den von ihren Ahnen vorgelebten Mustern orientieren.

Warum im Umgang mit den Kindern? Wir achten auf den zweiten Teil des Kreuzbezuges: Die Ebene des aktiven Handelns wird in unserem Beispielhaus im Wesentlichen aus Teilen der beiden Kinderzimmer, dem Verbindungsgang sowie dem Essbereich gebildet.

Das Selbstbild dieser Familie scheint einerseits beeinflusst von der kognitiven Entwicklung der Kinder – das schließen wir aus der Position der Kinderzimmer links. Andrerseits prägt es der emotionale Austausch in der Gemeinschaft – das schließen wir aus dem Essplatz rechts: Der Essplatz ist Ort der Kommunikation. Hier scheint auch der Lösungsansatz zur Vergangenheitsbewältigung und für die persönliche Entwicklung zu liegen. Auf beiden Seiten des *Selbst* haben wir das Thema *Entwicklung* symbolisiert, links durch die Symbolik der räumlichen Repräsentanten, die Zimmer der Kinder, und rechts durch den Essplatz im archetypischen Feld *Kreativität–Entwicklung*. Der Essplatz scheint der Ort zu sein, an dem immer wieder in gelockerter Atmosphäre und kreativer Reflexion die Muster aus der Vergangenheit zerpflückt werden.

Auch im Loslassen – symbolisiert durch das WC – können sich neue Bilder für die Zukunft entwickeln.

Aufgrund dieser ersten Standortanalyse setzten wir in der Beratung dieser Familie auch bei den Fragen nach den Traditionen an. Auf Hintergründe und Lösungsmöglichkeiten dieses Beispiels wollen wir später noch intensiver eingehen (S. 215). Zuerst wollen wir uns noch einem weiteren wichtigen Bezugssystem widmen.

Diagonalbezug – Wo liegen die Ursachen?

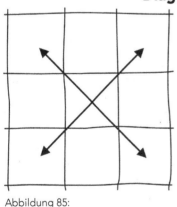

Abbildung 85: Diagonalbezug

Wir gehen davon aus, dass die Auswirkungen von Handlungen der Vergangenheit sich in der Zukunft abbilden, und zwar im diagonal gegenüberliegenden Urthema. Wir sehen uns daher meist die Diagonalbezüge an, wenn in einem der Eckpunkte einer Wohnung ein Fehlbereich bzw. ein Ergänzungsbereich, jedenfalls Auffälligkeiten auftreten. Beginnen wir mit der Diagonale zur Entwicklung von Werthaltungen und sehen uns auf der Zukunftsebene zuerst einmal links den Bereich *Werte–Reichtum* an. Wie entstehen innere Werte? Wie bereits bei der Erörterung des Lebensthemas Werthaltungen und bei der Achse der inneren Prägung beschrieben, entwickeln sich Werte aus einem Prägungsprozess heraus. Ganz wesentlichen Einfluss hat

Diagonalbezug – Wo liegen die Ursachen?

unserer Meinung nach darauf aber auch die Reflexion im *Sozialen Austausch*. Werte sind auch das Ergebnis der Aktivitäten im Themenkreis des *Sozialen Austauschs* auf der Ebene der Vergangenheit. Aus der Ausgewogenheit im *Geben und Nehmen* entstehen Wohlstand und Reichtum, aus Freundschaft und Kameradschaft bildet sich das soziale Gewissen, es entstehen die persönlichen Werthaltungen – im Vergleich zur eher unbewussten Prägung hier auf einer bewussten Ebene, weil über den Weg der Identitätsbildung in der Mitte ständig Reflexion geschieht.

Versuchen wir wieder anhand eines Beispiels den Hintergründen dieser Diagonale auf die Spur zu kommen. Die Diagonale in diesem Grundriss erregt unsere Aufmerksamkeit, weil sowohl im Thema des *Sozialen Austausches* als auch im Thema *Werte* ein Ergänzungsbereich vorhanden ist.

Die Position von Bad und WC auf der Vergangenheitsebene im Bereich *Sozialer Austausch* weist auf einen Fluss der Kommunikation sowie Bereinigung und Loslassen alter Werte hin. Meinungen werden ausgetauscht, reflektiert und auch wieder losgelassen. Das zusätzliche Potenzial durch den Ergänzungsbereich kann eine gute Basis für eine erfolgreiche Bewältigung des in den Werthaltungen repräsentierten Themas sein. Neugierig macht auch die Funktionszuordnung Essen und Arbeiten in diesem Themenfeld. Die Kombination aus Essen und Arbeit erscheint eher ungewöhnlich. Handelt es sich hier etwa um die Werthaltungen in Bezug auf Vereinbarkeit von Familie und Beruf? Die Erweiterung im Thema *Werte–Reichtum* weist, so scheint es, auf eine besondere Wichtigkeit der Frage hin. Die Stube ist Verbindungsglied über die Mitte, verbindet Gegenwart und Zukunft. Ja, das Wort Stube selbst scheint ein Hinweis auf diese Verbindung von Tradition und Moderne zu sein, ist dieser Traditionsbegriff aus dem Bäuerlichen in modernen Wohnbezeichnungen eher ungewöhnlich. Möglicherweise werden im Alltagsgeschehen, repräsentiert durch die Stube, die Strategien zur Vereinbarkeit in der Zukunft immer wieder neu definiert. Die Entwicklung eines klaren Selbstbildes dazu scheint von Zweifeln getragen. Die Stiege im vorderen Teil des Urthemas *Selbst–Identität* ist Bindeglied zwischen den zeitlichen Ebenen, zwischen Keller, Erdgeschoß und Obergeschoß. Ein ständiges Hin und Her zwischen traditionellen Vorbildern und zukünftigen Vorstellungen kann die Folge sein.

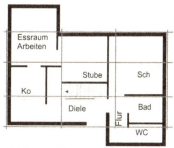

Abbildung 86:
Ergänzungsbereiche in den Feldern *Sozialer Austausch* und *Werte–Reichtum*

Die zweite Diagonale im Novagramm beschreibt das menschliche Lebensthema der Entwicklung vom Ich zum Du. Wie Liebe und Partnerschaft gelebt wird, hat seine Basis und Ursache im Urvertrauen und

Achsen und Bezüge

in bisherigen Erfahrungen. Erst ein vertrauendes Ich kann sich auf ein Du in liebevoller Beziehung einlassen.

Eine häufig auftretende Situation: Im Lebensthema *Beziehung–Hingabe* fehlt ein Stück vom Wohnungsgrundriss. Wir werten eine solche Situation als starken Hinweis, dass es entweder keine oder eine unbefriedigende Partnerschaft gibt.

Aus unserer Praxis: Zwei Klientinnen wenden sich unabhängig voneinander an uns. Beide haben erst kürzlich eine neue Wohnung bezogen und bitten um eine Wohnungsanalyse. Beide Wohnungen sind fast gleich strukturiert.

Die Wohnräume finden wir bei beiden im Themenfeld der *Beziehung* vor, bei beiden ist das Wohnzimmer noch nicht vollständig eingerichtet. Beide hatten unmittelbar nach der Scheidung die besagte Wohnung bezogen. Der Fehlbereich im Thema *Beziehung–Hingabe* weist frappant darauf hin. Auf der Suche nach den Ursachen sehen wir uns das diagonal in der Vergangenheit gegenüberliegende Thema an. Wir betrachten die Räume im Archetypus *Wissen–Erfahrung–Urvertrauen*. Das Bad in diesem Thema liefert den Hinweis, dass in Bezug auf das Urvertrauen ein Bereinigungsprozess im Gange ist; nach einer Trennung ist ein derartiger Prozess nachvollziehbar, ja sogar notwendig. Interessanterweise sehen beide Klientinnen ihre momentane Wohnung als Zwischenlösung an. Es scheint so zu sein, dass erst, wenn der Bereinigungsprozess abgeschlossen, das Vertrauen wieder hergestellt ist und Partnerschaft möglich wird.

Sie werden sich sicher fragen, ob dieser Prozess durch Maßnahmen in der augenblicklichen Wohnung beschleunigt werden kann. Beiden Klientinnen wurde durch die Reflexion des Grundrisses klar, dass sich ihre innere Befindlichkeit im Grundriss der Wohnung widerspiegelt.

Abbildung 87:
Zwei Wohnungen, zwei Frauen, ein Thema

Im Gespräch wurde ihnen bewusst, dass sie offensichtlich in der Situation der Scheidung zu einer ganz bestimmten Grundrisskonstellation in Resonanz gegangen waren. Diese Struktur lässt einen neuen Partner schwer zu, ehe nicht das Vertrauensthema aufgearbeitet ist. Beide äußern daher den Wunsch nach Ideen zur vollständigen Einrichtung des Wohnraums, um die Wohnung trotzdem für einen potenziellen neuen Partner attraktiv zu machen. Auch wenn die Gestaltung ganz unterschiedlich ausfiel: Wichtig für diesen Prozess ist die bewusste Auseinandersetzung mit der Phase der Heilung und den Bedürfnissen in einer neuen Partnerschaft im Zuge der Einrichtungsplanung.

Was uns immer wieder auffällt ist, wie Menschen in bestimmten Lebenssituationen in Resonanz zu Wohnungsstrukturen gehen, die ihre aktuelle Lage exakt widerspiegeln. Menschen in vergleichbaren Lebenssituationen greifen zu ähnlichen Grundrissen. Aufgrund dieser Erfahrungen können wir mittlerweile immer rascher bei bestimmten Grundrissmerkmalen, wie z. B. dem obigen in Bezug auf Partnerschaft, auf bestimmte Lebenssituationen schließen und daher punktgenau unsere Fragen und Hypothesen formulieren.

Und noch ein Beispiel zum Thema Partnerschaft: Wie Symbole wirken

Wir haben in diesem Buch nicht nur die Urthemen und die Räume in ihrer Symbolik beschrieben, sondern auch die symbolische Bedeutung raumbildender Elemente wie Türen, Schwellen und Fenster sowie von Einrichtungsgegenständen und Objekten kennengelernt. Aus dem Verständnis der Symbolik können vertiefende Detailannahmen getroffen werden. So wie das Zimmer mit seiner Funktion und Symbolik in einem Bezug zum Novagramm der gesamten Wohnung steht, so steht ein Gegenstand oder das Möbel in einem Bezug zum Novagramm des einzelnen Raumes. Ein Kasten im Urthema *Wissen–Erfahrung* des Wohnzimmer-Novagramms hat eine ähnlich blockierende Wirkung wie der Abstellraum im Bereich *Wissen–Erfahrung* des Wohnungs-Novagramms. Symbole haben häufig die Eigenschaft, sich gut zu verstecken, um nicht gleich offensichtlich erkannt zu werden, wie unser nächstes Beispiel zeigt:

„Warum laufen mir die Partner immer wieder weg, wenn es ernst werden würde?" Das war die Fragestellung, mit der die Klientin eine Raumanalyse in ihrer Wohnung wollte.

Bei der Wohnung handelt es sich um eine Dachgeschoßwohnung, Größe etwa 80 m². Der Grundriss ist nahezu quadratisch, der Eingang

Achsen und Bezüge

Abbildung 88:
Dachgeschoßwohnung einer Klientin

liegt im Feld *Weg–Orientierung*. Die Türe öffnet sich nach innen rechts. Die Gehlinie und damit der Fluss der Aufmerksamkeit entwickelt sich im Urzeigersinn, analog dazu die Abfolge der Räume: links vom Eingang in einem Ergänzungsbereich des Feldes *Wissen–Erfahrung* ein Abstellraum. Im Urthema *Wissen–Erfahrung* ist der Schlafraum angesiedelt, daran folgt anschließend in den Feldern *Familie–Sicherheit* und *Werte–Reichtum* der Wohnraum. Dieser geht nahtlos im Thema *Ziel–Erfüllung* in den Essbereich über. Von dort führt eine Tür zu einem weiteren Essplatz in der Küche, dieser liegt im Feld *Beziehung–Hingabe*. Die Küchenzeile selbst befindet sich im Bereich *Kreativität–Entwicklung*. Im Anschluss daran, das Bad im Feld *Sozialer Austausch*. Der Vorraum ist sehr großzügig und umfasst fast zur Gänze das Urthema *Weg–Orientierung*. Das WC befindet sich im Zentrum.

Ein dunkle Sitzgruppe unter einer kaum belichteten Dachschräge im Wohnraum (*Familie und Werte*) legt die Vermutung nahe, dass Aspekte der Familie hier „im Dunkeln liegen" und damit eine Rolle spielen. Die Stimmung im Raum ist sehr bedrückend. Im Gespräch stellt sich heraus, dass die Beziehung zu den Eltern von einer großen Abhängigkeit und Schwere geprägt ist.

Das WC im Urthema *Selbst–Identität* blockiert im sprichwörtlichen Sinn die Mitte mit seiner Symbolik des Loslassens und Transformierens. Besucher nehmen die Wohnungseigentümerin als nicht authentisch wahr, schildert die Klientin auf diesbezügliches Nachfragen.

Entscheidend für die Klärung der Ausgangsfrage wird jedoch ein Bild links von der Schlafzimmertür, im unmittelbaren Blickfeld beim Betreten der Wohnung. Das Bild ist auch aus dem Bereich *Beziehung–Hingabe* gut sichtbar. Erst auf die Frage nach der Bedeutung des Bildes an so prominenter Stelle wird der Klientin der Zusammenhang klar. Ihr eigener Vater hatte dieses Bild gemalt und ihr für diese Wohnung geschenkt. Sie hatte es unbewusst als Wächter vor ihre Schlafzimmertüre gehängt. Die weitere Frage nach dem Umgang des Vaters mit ihren Partnerschaften befördert das Problem erst zutage. Der Vater hatte gegen jeden der Partner gravierende Bedenken.

Auf der symbolischen Ebene und etwas plakativ könnte man sagen, durch den „Vater" als „Türsteher" vor der Schlafzimmertüre wurden die Partner immer abgeschreckt und in die Flucht getrieben.

Der Klientin wurde durch diese Analyse bewusst, wie ihre eigene Vaterbindung und ihre widersprüchlichen Ansprüche an eine Beziehung eine liebevolle Partnerschaft zu einem Mann verhindern. Eine bewusste Auseinandersetzung mit der Symbolik und eine Veränderung in der Symbolsetzung – die Lösungsidee war in diesem Fall eine Rückgabe des Bildes an den Vater –, legt den Grundstein für einen endgültigen Loslösungsprozess vom Vater und der Familie. So kann sie bewusst eine selbständige und eigenverantwortliche Persönlichkeit entwickeln, indem sie die alten Persönlichkeitsmuster am WC loslässt. Erst wenn die Vaterbeziehung nicht mehr im Wege steht, ist eine Beziehung zu einem Mann möglich.

Dieses Beispiel zeigt sehr deutlich, dass nicht immer die räumliche Konstellation alleine im ursächlichen Zusammenhang mit dem Problem steht. Aus diesem Grund verbinden wir, wo immer das möglich ist, die Aussagekraft von Symbolen mit der Analyse nach den Raumstrukturen.

D. Zu guter Letzt – Fazit und Ausblick

Zu guter Letzt möchten wir noch einige Beispiele aus dem Hauptteil unseres Buches aufgreifen und die vielen komplexen Zusammenhänge in eine praktische Umsetzbarkeit überführen. Dabei müssen wir uns vor Augen halten, aus welchen Beweggründen Klienten und Klientinnen mit uns in Kontakt treten und wir die Möglichkeit einer genaueren Analyse des Wohnumfeldes oder der Arbeitsplatzsituation in Betracht ziehen.

Lösungsorientiert und nützlich – Beispiele aus unserer Arbeit

Der Lösung ist es egal, woher das Problem kommt
nach Steve de Shazer

Im Wesentlichen werden wir immer wieder mit drei Ausgangssituationen konfrontiert:

Vom Wohnen zum Sein:
Menschen wenden sich an uns mit der Vermutung, dass ihr persönliches Unwohlsein etwas mit ihrem Wohnen zu tun haben könnte – in diesem Fall kann eine rasche Grundrissanalyse, eine Wohnungsbegehung oder gar die Beratung bei der Suche nach einer neuen Wohnung durch einen Grundrissvergleich hilfreich sein.

Vom Sein zum Wohnen:
In einer persönlichkeitsorientierten Coachingsituation kann es sich als günstig erweisen, einen Blick auf den Grundriss der Wohnung zu werfen, weil sich häufig Hinweise auf psychische Blockaden im Grundriss entdecken lassen. Manchmal kann es aber auch einer tiefer gehenden Analyse vor Ort in der Wohnung bedürfen, wie wir weiter unten an einem Beispiel nachzeichnen wollen. Die metaphorische Sprache kann sehr hilfreich für das Erkennen von persönlichen Blockaden und Veränderungsmöglichkeiten sein.

Wohnen und Sein – beides verbinden:
Bauwillige wollen bei der Planung eines neuen Zuhauses auch die psychische Ebene mit betrachten – in diesem Fall macht ein Vergleich mit der alten Wohnsituation durchaus Sinn.

In den seltensten Fällen ist eine Komplettanalyse der gesamten Wohnsituation nötig. Wir verwenden in unserer Arbeit je nach Bedarf folgende Analysemethoden:

Grundrissdiagnose:
Eine schnelle Zusammenschau der wesentlichen Merkmale bietet eine Diagnose des Grundrisses zu einer bestimmten Fragestellung. Diese Vorgangsweise kann als Erstanalyse bei konkreten Problemstellungen und Unwohlsein in der eigenen Wohnung schon einen Bewusstseinsprozess initiieren und zu Lösungen führen. Sie kann auch in einem laufenden psychologischen Coachingprozess bei einer raschen Klärung von eventuellen Blockaden helfen.

Grundrissvergleich:
Häufig wünschen unsere Kunden und Kundinnen diese Kurzform auch als Entscheidungshilfe bei der Wohnungs- oder Haussuche. Dann macht es Sinn, den Grundriss der alten mit dem der ins Auge gefassten Wohnung zu vergleichen und damit eventuelle psychische Veränderungswünsche zu klären.

Raumstruktur als Metapher für innere Struktur:
Schon etwas intensiver kann es werden, wenn in einem persönlichen Coachingprozess der Wohnungsgrundriss oder die Arbeitsplatzsituation zum Gesprächsleitfaden werden und als bildliche Metapher für innere psychische Strukturen Anwendung finden.

So tauchte in einem Coachingprozess bei einer Klientin die Frage auf, warum ihre Kundinnen häufig, obwohl mit der Behandlung zufrieden, nur einmal zu ihr in die Praxis kommen. Sie hatte ihren Praxisraum in der eigenen Wohnung im Themenfeld *Werthaltungen* eingerichtet. Der Zugang zu diesem Raum erfolgt über die Achse der inneren Prägung am Schlafraum vorbei, der sich unmittelbar hinter dem Wohnungseingang auf der linken Seite im Thema *Familie–Sicherheit* befindet. Die Wohnung weist einen eklatanten Fehlbereich im Thema *Wissen–Erfahrung* auf. Der Glaubenssatz „Ich kann noch zu wenig" und die damit verbundene Unsicherheit im (Werbe-)Auftritt gegenüber den Kunden und Kundinnen war vorher schon des Öfteren Thema im Coaching gewesen. Aber auch der psychologische Aspekt bei ihren

Kunden und Kundinnen, die es möglicherweise unbewusst als unangenehm empfinden, wenn sie am intimsten Bereich, dem Schlafraum, vorbeigehen müssen, kann Wirkung zeigen.

Wie wir beim Abschnitt zur historischen Entwicklung gesehen haben, scheint es ein uraltes und logisches Muster zu sein, den öffentlichsten Bereich, d. h. den Kundenkontakt, in der Nähe des Eingangs zu positionieren und den Schlafbereich in den von der Türe entferntesten Teil der Wohnung. Die Reihenfolge der Nutzung wurde hier ganz offensichtlich missachtet und umgekehrt. Dies wirkt sich negativ auf Erfolg und Wohlbefinden aus – die Klientin klagt zudem über Schlafprobleme! Der Tausch der Raumfunktionen könnte eine schnelle Veränderung bewirken, jedoch die Sicht auf den gravierenden Fehlbereich im Bereich *Wissen–Erfahrung* und weitere Blockaden öffneten bei der Klientin das Bewusstsein für die Zusammenhänge und gaben ihr den Mut zur Suche nach einer neuen Wohnung. Natürlich muss bei Unstimmigkeiten nicht immer gleich eine neue Wohnung gesucht werden.

Abbildung 89: Grundriss mit Beratungsraum im Feld *Werte–Reichtum*

Lokalaugenschein:
Spannend gestaltet sich immer eine Analyse vor Ort, weil zusätzlich zur Arbeit mit den Urthemen des Novagramms die Symbolik von Objekten und Einrichtungsgegenständen in die Analyse mit einfließt und diese verfeinert. Diese Methode wenden wir hauptsächlich dann an, wenn es ganz konkret Frage- und Problemstellungen in Bezug auf Wohnungsgestaltung und/oder psychische Blockaden gibt. Beim persönlichen Spaziergang durch die Wohnung können durch den genauen Blick auf die Symbolik oft Analogien, aber auch Widersprüche sichtbar werden. Finden sich in einer Wohnung oder einem Haus immer wieder Paarsymbole, wie das schon in der Einleitung erwähnte Delphinpaar, oder paarweise angeordnete Gegenstände – das können zwei Bilder, zwei Vasen, Kerzen oder Pflanzen sein –, kann man davon ausgehen, dass das Thema Beziehung oder auch Kooperation Bedeutung hat.

Bei einer Klientin, die sich ursprünglich wegen Lernblockaden an uns gewandt hatte, und wo weder das psychologische Coaching noch die Grundrissanalyse zu konkreten Erkenntnissen führten, fassten wir daher eine Wohnungsbegehung ins Auge. Und wir wurden sehr rasch fündig. Im Themenfeld *Selbst–Identität* der Wohnung hatte die Frau einen regelrechten Beziehungsaltar gestaltet, der zudem, bezogen auf das in der Mitte befindliche Zimmer, im Themenfeld *Beziehung–Hingabe* positioniert war. Zwei rote Kerzen begrenzen ein Buch, dessen aufgeschlagene Seiten Fotos aus einem englischen Landhaus zeigen. Auf die Bedeutung dieser Fotos befragt, antwortet sie: So habe ich mir immer das Wohnen mit meinem Partner gewünscht. Hinter dem Buchständer an der Wand Bilder, die ihr Partner, von dem sie getrennt lebt, aufgehängt hat: Es sind drei. Auf die Zahl angesprochen, sagt sie: „Wir haben uns immer ein Kind gewünscht, und es hat nicht geklappt." Die ganze Szene wirkt wie ein Aufbahrungsszenario mit Kondolenzbuch. In der Folge springen uns in allen Räumen der Wohnung mehrfache Paarsymbole ins Auge. Ja, sogar die Parfumflaschen im Vorzimmer gibt es im Doppelpack und, im WC fein säuberlich zusammengestellt, die Putzmittelflaschen paarweise – auch sie wirken als Paarsymbol. Einmal auf die Dynamik aufmerksam gemacht, entdeckte die Klientin selbst noch weitere Paarkonstellationen in ihrer Wohnung. Es sei wie ein Zwang, immer zwei Dinge zusammenzustellen, meint sie im Gespräch. Wir luden die Klientin daraufhin ein, den Bereich des „Altars" neu und ganz bewusst mit positiver zukunftsbezogener Symbolik zu gestalten. Dabei solle sie ganz achtsam auf die im Tun entstehenden Gefühle achten, luden wir sie zur Selbstbeobachtung ein.

Bei einer anderen Klientin entdeckten wir ein interessantes Beispiel für Widersprüche in der Beziehungssymbolik. Sie hatte im Themenbereich *Beziehung–Hingabe* einerseits ihr Couch-Bett positioniert, was darauf hindeutet, dass es ihr darum geht, die Urqualität des Themas zu spüren. Ein Zimmerbrunnen an dieser Stelle sollte den Platz nach ihren Angaben zusätzlich beleben. Das bringt das Beziehungsthema im sprichwörtlichen Sinn zum Fließen. Dasselbe leistet symbolisch eine wuchernde Pflanze. Dazwischen aber tauchen, erst im genauen Hinschauen sichtbar, zwei Vasen mit vergoldeten Disteln und eine stachelige Christusdornpflanze auf. Auf die Widersprüche dieser Symbole angesprochen – einerseits der Wunsch nach Beziehung, symbolisiert durch Bett und Brunnen, andrerseits die Abwehr derselben durch die massiven Stacheln, die noch dazu vergoldet sind – kann die Klientin befreit über sich selbst und ihre selbst auferlegte Verhinderungsstrategie lachen. Im Bewusstsein darüber wird sie nun den Bereich neu gestalten und sich wieder mit ihren Beziehungsbedürfnissen und/oder -ängsten auseinandersetzen.

Manchmal ist es in Abhängigkeit von der Fragestellung ausreichend, sich nur auf die Analyse und Symbolik eines einzelnen Raumes zu beschränken. So kann es z. B. bei Konzentrationsproblemen von Kindern ausreichen, sich die Situation des Kinderzimmers näher anzusehen. Meist genügt es schon, den Lernplatz zu verändern, um eine eindeutige Besserung zu erreichen. Dasselbe gilt auch in der Analyse von Arbeits-

Lösungsorientiert und nützlich – Beispiele aus unserer Arbeit

plätzen. Die Positionierung von Schreibtischen und Arbeitsplätzen kann ausschlaggebend dafür sein, ob sich jemand konzentriert und motiviert seiner Arbeit widmen kann oder nicht.

Eine äußerst gravierende Situation entdeckten wir im Beispiel einer Klientin mit der Diagnose Burnout, der im neu errichteten Bürogebäude ein Schreibtisch neben einer Wandöffnung, in unmittelbarer Angrenzung zum Gang, zugewiesen wurde. Gegenüber der Öffnung war das WC positioniert, das entsprechend häufig von der Kollegenschaft als auch von Kunden und Kundinnen frequentiert wurde. Da in der Planung des Büroraumes bewusst kein Türblatt vorgesehen war, hatte die Klientin keine Möglichkeit, sich den ständigen Ablenkungen zu entziehen. Leider hören wir in letzter Zeit immer öfter von Beispielen solcher Arbeitsplätze und der damit verbundenen erhöhten Stressbelastung.

Wenngleich wir in diesem Buch hin und wieder auf das Thema kindliche Entwicklung Bezug genommen und Arbeitsplatzsituationen beschrieben haben, sind die räumlichen Erfordernisse für Konzentration, Motivation und Produktivität, sowohl für Kinder als auch Erwachsene, eine vertiefende Auseinandersetzung wert. Obwohl wir zu den Themen Lernräume und Arbeitsplätze auch immer wieder Seminare anbieten, würde hier eine vertiefende Beschäftigung mit dem Thema den Rahmen dieses Buches sprengen. Unter anderem zeigen die SOS-Kinderdörfer mittlerweile ein Bewusstsein für dieses wichtige Thema, indem sie unser Seminar zur kindgerechten Gestaltung von Räumen und Förderung der Lernmotivation durch räumliche Maßnahmen in die Grundausbildung von Kinderdorfmitarbeitern und -mitarbeiterinnen in Österreich aufgenommen haben.

Lassen Sie uns nun das Beispiel von S. 204 noch einmal aufgreifen: die Wohnung zweigeteilt, rechts ein sehr offener Kommunikationsbereich und links, abgeschottet durch einen schlecht beleuchteten Gang und zusätzliche Türen, die Kinderzimmer.

Da die Mutter die schwierige Kommunikation mit ihrem neunjährigen Sohn in der Ausgangslage angedeutet hatte, konzentrierten wir uns bei den Überlegungen zu den Lösungsvarianten auf diesen Aspekt. Im Gespräch stellte sich als wichtigstes Ziel die Aufhebung der blockierenden Wirkung des Ganges heraus. Alle Maßnahmen müssen die Absicht verfolgen, die Verbindung zwischen links und rechts zu fördern, um das Zentrum als solches spürbar zu machen. Damit wird auch die Kommunikation zwischen den beiden Gebäudehälften und damit vor allem das Verständnis zwischen Sohn und Mutter unterstützt.

Abbildung 90:
Mehr Dynamik durch Umschlagen der Haustür

In folgender Tabelle haben wir noch einmal für Sie die wesentlichen Probleme, unsere davon abgeleiteten Hypothesen, die mit der Mutter besprochenen Hauptziele und die daraus resultierenden Maßnahmen in einen Überblick gebracht:

Problem	Hypothese	Ziel	Lösungsmöglichkeiten
Massive Links-Rechtsteilung des Hauses in öffentlichen und privaten Bereich	Abschottung der Kinder	Optische Erweiterung des Ganges im Thema *Selbst–Identität*	raumerweiternde Farbgebung, ein helles Blau als Wandfarbe hätte diesen Effekt
Position der Kellerstiege an sehr dominanter Stelle in *Weg–Orientierung*.	Ressourcen aus der Vergangenheit sind dominant, werden aber zu wenig wahrgenommen.	Keller, und damit die Vergangenheit, sollte als attraktive Ressource wahrnehmbar sein – Versöhnung mit der Vergangenheit	attraktive Verbindung über die Kellerstiege. Dies kann durch eine transparente Türe und verbesserte Beleuchtung erreicht werden. Durchbrechen der Wand zwischen Diele und Kellerstiege mit Schlitzen oder fensterartigen Öffnungen.
sehr enge und schmale Verbindung zwischen rechten und linkem Teil des Hauses – Gang, der das Thema *Selbst–Identität* überlagert	„Was ich privat mache, geht niemanden etwas an ... ", könnte die dahinter liegende Überzeugung sein	Aufhellung des Ganges Gang und Diele optisch miteinander verbinden	Verbesserung der künstlichen Beleuchtung, semitransparente Türen zu den Kinderzimmern und zum Vorraum. Es wäre sinnvoll, auch Wände und Decke indirekt zu beleuchten. Vereinheitlichung des Bodenbelags zwischen Gang und Diele; auf die Tür zwischen Diele und Gang verzichten, um diese Einheit zu betonen.

Selbst–Identität zu einem Drittel vom Schlafraum der Eltern besetzt – Wand zwischen Gang und Elternschlafzimmer	Blockade im Thema *Selbst–Identität*	Öffnung des Zentrums	siehe Maßnahmen oben zur Aufhellung des Ganges
Öffnungsrichtung der Haustüre nach links	Der rechte Teil des Hauses ist gut mit Aufmerksamkeitsenergie versorgt, der linke Teil durch die Behinderungen extrem schlecht versorgt.	Aufmerksamkeit in Richtung Zentrum lenken, gleichmäßige Versorgung	Aus Sicht der Wahrnehmung sollte die Haustüre so angeschlagen werden, dass sie nach rechts öffnet

Schon während der Analyse und der gemeinsamen Erarbeitung der Ziele wurden bisher nicht bewusste thematische Zusammenhänge an die Oberfläche gebracht und als sinnvoll erkannt. Letztendliche Bedeutung erhalten die in der Analyse gebildeten Hypothesen nämlich nur durch die Familienmitglieder. Wenn die Themen ins Bewusstsein gerückt sind, werden sie auch bearbeitbar. Die durch die Analyse ausgelöste Diskussion im Familienverband bewirkt schon Veränderung. Gefördert wird diese Auseinandersetzung zusätzlich durch die Maßnahmen auf räumlicher Ebene. Diese sind ein Bewusstseinsanker, d. h. sie schaffen eine permanent erhöhte Aufmerksamkeit und Achtsamkeit auf die relevanten Themen, auch auf psychischer und sozialer Ebene.

Ein weiteres Beispiel, das uns bei der Symbolik des Kinderzimmers (S. 125) beschäftigt hat, möchten wir hier an dieser Stelle erneut bearbeiten. Das Zimmer der Tochter von Fam. M. liegt vor dem eigentlichen Wohnungseingang, der Zugang erfolgt über die Haustüre der Elternwohnung, die Klientin fühlt sich zerrissen und hat Probleme mit der Tochter. Auch hier wollen wir die Lösungsansätze zusammenfassen:

Zu guter Letzt

Durch die bildhafte Erklärung aufgrund des Grundrisses wird der Klientin eine Beziehungsdynamik bewusst, die sie sich bisher nicht erklären konnte. Die Auseinandersetzung über Veränderungen des Wohnungszugangs bringt eine neue Dynamik ins Familiensystem. Sobald der Klientin die Hintergründe bewusst wurden, kam von ihr selbst der Lösungsvorschlag, den Eingang zur Wohnung über die bereits vorhandene Tür zum Garten zu verlegen. Sie hatte bereits früher einmal schon an diese Lösung gedacht, den Gedanken aber nicht weiter verfolgt, weil sie nicht erfassen konnte, welche nachhaltigen Veränderungen eine derartige Maßnahme mit sich bringen können. Die Abgrenzung zu den Eltern braucht als weitere Maßnahme am unteren Treppenabsatz eine abschließbare Türe. Auch dieser Vorschlag wurde von der Klientin selbst geäußert.

Abbildung 91: Zimmer der Tochter vor dem Wohnungseingang

Dieses Beispiel vermittelt uns in sehr eindrücklicher Weise, dass Menschen meist ihre Lösungen schon in sich tragen, aber oft den Zugang dazu nicht finden. Wie dieses Beispiel zeigt, kann manchmal schon eine einzige Maßnahme oder geringe Veränderung (die Türe ist sogar schon vorhanden) die Lösung gleich mehrerer Problemstellungen ermöglichen.

Problem	Hypothese	Ziel	Lösungsmöglichkeiten
Zerrissenheit der Mutter	Mutter fühlt sich der Tochter gegenüber unter Rechtfertigungsdruck bezüglich neuer Partnerschaft	Harmonie in die Familie bringen	Durch bauliche Maßnahmen Grundriss harmonisieren, bereits vorgesehenen Eingang funktionsfähig machen
Tochter fühlt sich nicht zugehörig	Durch die derzeitige Wohnstruktur ist Tochter von Familie ausgeschlossen	Mutter will die Tochter im Familienverbund	Eigener Zugang über die bisher als Gartenausgang genutzte Türe, dadurch wird Grundriss vervollständigt

Zimmer der Tochter rechts vor dem Wohnungseingang, Verbindung über Stiegenhaus zu Großeltern	Stärkere räumliche Verbindung der Tochter zu den Großeltern behindert Abgrenzung zu ebendiesen	Abgrenzung zu den eigenen Eltern	Schließbare Türe am unteren Treppenansatz würde Großelternwohnung und Wohnung der Klientin besser trennen
Conciergefunktion des Kinderzimmers	Kontrolle durch Tochter erschwert Partnerschaft	neue Partnerschaft aufbauen	Durch Maßnahme eins (Eingang verlegen) rückt Elternschlafzimmer mehr in den Bereich *Beziehung–Hingabe*
Zimmer der Tochter in der Erweiterung beim Thema *Sozialer Austausch*	Tochter nimmt durch die Lage ihres Zimmers eine Schlüsselposition in der Familie ein, ist Wegbegleiterin für kleineren Bruder	Rückkehr in normale Tochterrolle	Einschluss des Kinderzimmers in einen vollständigen Grundriss – bedingt durch Maßnahme eins, Gartentüre als Eingang

Durch die Verlegung des Eingangs an die Außenwand des Hauses wird der Grundriss zu einem vollständigen Rechteck innerhalb der Begrenzungen des Novagramms. Das Grundthema der Wohnung bleibt gleich, der Eingang liegt nach wie vor im Themenfeld *Weg-Orientierung*. Das Zimmer der Tochter verbleibt zwar im Themenbereich *Sozialer Austausch*, jedoch nicht mehr als Erweiterung, sondern als normal dem System zugehörig – das wirkt wie ein Signal: „Du gehörst zu uns." Das Zimmer des Sohnes, ursprünglich zum Großteil im Urthema *Sozialer Austausch*, liegt jetzt im Bereich *Kreativität-Entwicklung*. Das Elternschlafzimmer rückt stärker in das Feld *Beziehung-Hingabe*. Der Küchenbereich verbleibt im Themenkreis *Familie-Sicherheit*. Bad und WC wandern in den Bereich *Familie-Sicherheit*. Das kann als Signal für eine Bereinigung im Familiensystem, für das Loslassen alter Verbindungen und der Klärung von Missverständnissen sein.

Die Stiege gehörte ursprünglich gar nicht zum Wohnungsbereich. Jetzt führt sie im Bereich *Wissen–Erfahrung* hinunter in die Vergangenheit zu den Eltern bzw. Großeltern. Durch diese Verbindung kann jetzt aus der Erfahrung der Ursprungsfamilie und deren Unterstützung trotz Abgrenzung geschöpft werden.

In diesem Beispiel zeigt sich eine interessante Konstellation. In vier wesentlichen Themen, nämlich *Partnerschaft, Entwicklung, Familie und Versorgung* sowie *Wissen–Erfahrung* ist durch die Veränderung der Eingangstüre eine Deckungsgleichheit zwischen individuellem Muster und den Bildern der archetypischen Lebensthemen entstanden. Das bedeutet, dass sich die Familie mit der Kraft der Archetypen erholen und gut neu orientieren kann. Wenn individuelles Muster und archetypisches Muster übereinstimmen, so stärkt dies das jeweilige Thema, wie wir in den drei Feldern der Ressourcen zum Thema Musterüberlagerungen (S. 64) ausgeführt haben. Wie dieses Beispiel zeigt, macht es manchmal Sinn, im Falle von gravierenden Problemen in einem Lebensthema den räumlichen Repräsentanten in das archetypische Feld zu verlegen, um zu einer neuen Grunderfahrung zu finden und sich bewusst mit dem Urthema auseinanderzusetzen.

Bei Neuplanungen analysieren wir zuerst das bestehende Wohnmuster, indem wir den Grundriss der aktuellen Wohnsituation betrachten. Die psychologische Bedeutung wird in diesem ersten Schritt gemeinsam mit den Bauherren erarbeitet, um mit der Frage abzuschließen, welche zukünftige psychologische Entwicklung mit dem Neubau unterstützt werden soll. Die Antworten auf diese Frage sind dann die Grundlage für erste Planungsentwürfe.

Manchmal kann es darüber hinaus sehr spannend sein, auf weiter zurückliegende Wohnsituationen einzugehen. Dabei begegneten wir einem für alle Seiten sehr herausfordernden Beispiel. Das Paar im mittleren Alter hatte vor nicht allzu langer Zeit am Beginn seiner neuen Beziehung eine gemeinsame Wohnung bezogen, mit der Absicht, bald ein eigenes Haus zu errichten. Das Thema der aktuellen Wohnung ist es, durch den Eingang im Thema *Weg–Orientierung* definiert, die gemeinsame Orientierung zu finden. Da der Schlafraum links vom Eingang im Thema *Wissen–Erfahrung* und das Bad/WC rechts im Thema *Sozialer Austausch* positioniert sind, entwickelten wir die Hypothese, dass die gemeinsame Neuorientierung in der Partnerschaft

Abbildung 92:
Situation nach Verlegung des Einganges

mit der Bereinigung und dem Loslassen früherer Beziehungserfahrungen verbunden ist. Der Grundriss spiegelt exakt wider, was das Paar in dieser Wohnung erreichen möchte – sie war von Anfang an als Übergangswohnung definiert. Das Gespräch über die individuellen, vor der Beziehung vorhandenen Wohnsituationen legte dann offen, dass die zum Teil belastenden Vorgeschichten Hemmschuh in der Beziehungsauseinandersetzung und damit auch im Planungsfortschritt sind.

Die Planung des neuen Hauses wurde zum Aufhänger für die Beziehungsklärung.

Bewusst wohnen – Wanderung durch Ihre eigene Wohnung

Am Beginn unseres Buches luden wir Sie zu einer Wahrnehmungsreise durch die Felder des Novagramms ein. Vielleicht sind Sie in ihrer Phantasie oder real in einem aufgezeichneten Novagramm durch die Quadrate gewandert und konnten eindeutige Unterschiede in der Sinneswahrnehmung zwischen den einzelnen Feldern spüren, vielleicht haben Sie aber auch nur den Text gelesen und sich gefragt, ob tatsächlich Unterschiede sein könnten. Jetzt, nachdem Sie offensichtlich unser Buch gelesen, sich mit unserem gedanklichen Konzept und unseren praktischen Erfahrungen auseinandergesetzt haben, laden wir Sie noch einmal ein – diesmal zu einer konkreten Wanderung durch Ihre Wohnung bzw. Ihr Haus.

Wir vermuten, dass Sie sich im Zuge der Lektüre schon einen Grundriss derselben mit dem Novagramm gezeichnet und die eine oder andere Frage zu den verschiedenen Lebensthemen für sich beantwortet haben. Werfen Sie noch einmal einen Blick auf Ihre Zeichnung und prägen Sie sich ein, welches Zimmer über welchem Urthema liegt. Sollten Sie Ihre Neugierde auf die Beschaffenheit der eigenen Wohnung bisher gezügelt haben, vielleicht möchten Sie jetzt doch abschließend Ihren Lebensraum erforschen. Zeichnen Sie sich in diesem Fall in Ihren Grundriss (beginnen Sie bei einem Haus zuerst einmal mit dem Erdgeschoß) die neun Felder des Novagramms so ein, dass der Eingang innerhalb des Novagramms zu liegen kommt. Genaueres dazu können Sie noch einmal auf Seite 38 nachlesen.

Sie beginnen vor Ihrer Eingangstüre: Lassen Sie den Zugang und den Eingang auf sich wirken. Wie gut können Sie sich mit dem Angesicht Ihres Hauses identifizieren? Wie fühlen Sie sich vom Wohnungszugang, der Eingangstüre eingeladen?

Sie treten ein. In welchem Lebensthema befindet sich der Eingang? Wie können Sie nachvollziehen, mit welchem Thema das Haus/die Wohnung durch den Eingang verwoben ist? Welchen Sinnzusammenhang ergibt das für Sie, für Ihre Familie, Ihr Leben, dass der Eingang das Entwicklungsthema bzw. Hauptthema Ihrer Wohnung anzeigt? Sie können sich darüber hinaus auch fragen: *Wie weit trage ich beim Heimkommen die Außenwelt (z. B. Straßenschuhe, Mantel, Aktentasche ...) ins Innere? Und dabei vielleicht auch Ideen dafür bekommen, wie sehr Sie Berufliches mit ins Privatleben nehmen.*

Falls Sie beim Blick auf den Grundriss entdecken, dass dieser kein vollständiges Rechteck bildet, könnten Sie nachempfinden, in welchem Lebensthema etwas fehlt. Können Sie dazu Parallelen zu Ihrem Leben entdecken?

Vielleicht gibt es aber auch in dem einen oder anderen Lebensbereich ein zusätzliches Potenzial, das Sie noch nicht bewusst wahrgenommen haben; ein Ergänzungsbereich macht Sie möglicherweise gerade darauf aufmerksam.

Sie durchwandern Ihr Haus/Ihre Wohnung Zimmer für Zimmer. In jedem Raum spüren Sie sich zuerst in die jeweilige Qualität ein, in seine Symbolik, wie wir sie in den einzelnen Kapiteln bei den räumlichen Repräsentanten beschrieben haben. Dann empfinden Sie nach, wie sich das zugrundeliegende Urthema auf diese Qualität auswirkt.

Begeben Sie sich auf die Spuren der Küche. Was zeigt diese möglicherweise über Ihr Konzept der Versorgung? Von welchem Lebensthema wird Sicherheit und Nahrung beeinflusst?

Wie sieht es mit Bad und WC aus? In welchem Urthema soll etwas bereinigt, erneuert bzw. losgelassen werden? Wandern sie weiter in den Wohn- und Essbereich, fühlen Sie die Beziehungsqualität im Schlafzimmer. Wie spürt sich ein etwaiges Kinderzimmer an?

Als nächstes könnten Sie die zeitlichen Ebenen durchwandern. Schauen Sie sich die Räumlichkeiten an, die auf der Ebene der Ressourcen liegen. Was könnte die Anordnung und die Gestaltung mit Ihren Ressourcen und Erfahrungen aus der Vergangenheit zu tun haben? Wie gehen Sie mit Ihren Ressourcen um? Was verräumen Sie gerne und halten es vor dem Zugriff anderer versteckt und verschlossen, real und im sprichwörtlichen Sinne? Was sagen Abstellräume und Kästen in Ihrer Wohnung darüber aus?

Möglicherweise erkennen Sie auf Ihrem Rundgang auch bestimmte Muster aus Ihrem Elternhaus oder früheren Wohnungen wieder. Das könnte ein starker Hinweis auf einen prägenden Aspekt aus früheren Zeiten sein.

Wie gestalten Sie Ihr gegenwärtiges Sein? Welche Räume der mittleren Ebene geben darauf auf welche Art Hinweise, Anregungen und Impulse?

Von welchen Themen werden Ihre Zukunftsvorstellungen, Werte und Wünsche beeinflusst?

Welche Gedanken und Gefühle tauchen in Ihnen auf, wenn Sie nun noch die symbolische Aussagekraft von Einrichtungsgegenständen, Bildern und Dekorationen mit einbeziehen? Wie passt das alles zusammen? Welche Sinnzusammenhänge sind Ihnen bewusst geworden? Vielleicht haben Sie dabei sogar Antworten auf Fragen gefunden, die Sie schon lange mit sich tragen.

Gibt es einen Platz in Ihrer Wohnung, an dem Sie sich besonders stark, sicher und selbstbewusst fühlen? Was Sie hier spüren, sind wahrscheinlich Ihre Lebensressourcen, auf die Sie gerade in Krisenzeiten besonders zugreifen können. Von welchem Urthema ist dieser Platz eingefärbt? Aus diesem Lebensthema schöpfen Sie wahrscheinlich Ihre Kraft!

Gibt es einen Platz, den Sie oder andere hier Wohnenden eher meiden? Welches Lebensthema liegt darunter? Könnte es sein, dass Sie in diesem Lebensthema etwas nicht gerne sehen wollen? Vielleicht geben Ihnen Gegenstände, Möbel oder Bilder an diesem Platz sogar genauere Hinweise, worum es sich handeln könnte. Seit wann meiden Sie diesen Platz? Gab es da möglicherweise ein Ereignis, das diese Entwicklung ausgelöst hat?

Suchen Sie auch ganz bewusst Ihren Lieblingsplatz auf. Welche Elemente sprechen Sie hier besonders an? Wie könnten Sie etwas von der Qualität des Lieblingsplatzes auf andere Plätze in Ihrer Wohnung übertragen? Auf solche Plätze, die Sie meiden?

Essentiell könnte es auch sein, sich in die Mitte Ihrer Wohnung zu stellen und sich auf folgende Fragen einzulassen: *Aus meiner jetzigen Position im Leben – welcher Weg liegt hinter mir, welches Ziel vor mir?*

Verlief mein bisheriger Weg geradlinig oder verschlungen?

Gibt es Analogien dazu, wenn ich die Lebensachse meiner Wohnung durchschreite?

Sollten Sie bei dieser Wanderung auf die eine oder andere Unstimmigkeit oder gar Blockaden gestoßen sein und in Bezug auf die entsprechende Thematik einen Veränderungswunsch in sich wahrnehmen, dann gratulieren wir Ihnen. Sie haben gerade das Tor zu weiteren Schritten in Ihrer Entwicklung geöffnet. Wir vertrauen darauf, dass Sie schon eine Ahnung verschiedener Lösungsmöglichkeiten zur Veränderung in sich verspüren. Vielleicht möchten Sie sich eine Sammelliste von Möglichkeiten der Veränderung machen. Aber Achtung: Bewerten Sie die erst in einem getrennten zweiten Schritt, wie sinnhaft Ihre gefundenen Möglichkeiten sind. Andernfalls könnte es passieren, dass Sie sich selbst allzu rasch wieder in Ihren Ideen einschränken.

Dazu eine vielleicht hilfreiche Struktur, die wir sehr gerne im Coaching verwenden – unser Problemlösungszyklus:

Schritt eins: Was ist los? Definieren Sie das Problem!

Schritt zwei: Was will ich (wirklich) erreichen? Definieren Sie Ihr Ziel!

Schritt drei: Welche Möglichkeiten (völlig wertfrei, auch verrückte) gibt es, um das Ziel zu erreichen? Welche Möglichkeiten gibt es auf räumlicher Ebene, dieses Ziel zu unterstützen? Sammeln Sie alles, was Ihnen einfällt!

Schritt vier: Welche Möglichkeiten sind für mich im Augenblick sinnvoll? Leistbar? Bewerten Sie erst jetzt!

Schritt fünf: Wie lassen sich diese sinnvollen Möglichkeiten dann umsetzen? Legen Sie die Realisierungsschritte fest. Sollten Sie an diesem Schritt an ein Hindernis stoßen, dann beginnen Sie mit dem Hindernis erneut einen Prozess der fünf Schritte.

Nach dieser Abfolge können Sie jederzeit jede andere Problemsituation in Wohnung oder Leben, am besten aber in der Kombination bearbeiten.

Wie wir ja an mehreren Beispielen gesehen haben, können schon kleine Veränderungen große Wirkung erzielen.

Wir wünschen Ihnen viel Spaß!

Wohin geht's? Offene (Wohn-)Strukturen als Zeichen gesellschaftlicher Veränderungen

Wie wir im Abschnitt zum sozialen Raum (S. 69) erörtert haben, ist der gebaute Raum auch Ausdruck der sozialen Beziehungen. Die jeweiligen gesellschaftlichen Verhältnisse spiegeln sich im Gebauten wider. Aus der Architekturgeschichte konnten wir ein Urmuster des Wohnens ableiten, das in den bäuerlichen Gesellschaften und Familienformen bis in die Neuzeit erhalten blieb. Wir haben darauf unser Modell des Novagramms als Modell von archetypischen Lebensthemen aufgebaut. Der gesellschaftliche Wandel, z. B. mit der beruflichen Spezialisierung in Handwerksberufen ab dem Mittelalter und der Verknappung von Raum in den Städten ab der zunehmenden Industrialisierung, hat zu laufenden Veränderungen in den Bedürfnissen der Menschen und damit zu neuen Strukturen im Wohnen geführt. Auch die Veränderungen in der Energieversorgung und Möglichkeiten der Beheizung haben die räumlichen Konstellationen nachhaltig beeinflusst. Mit der Erfindung von Zentralheizungsanlagen konnte in jedem Raum Behaglichkeit entstehen und nicht mehr nur in Räumen um einen zentralen Kamin. Der Habitus verändert das Habitat, der Mensch verändert durch Weiterentwicklung sein Umfeld.

Lange Zeit hat man beim Bauen auf die Raumverknappung in den Städten mit der Verkleinerung von Räumen reagiert, ohne die strenge Aufteilung in Einzelräume aufzugeben – die Zimmer wurden immer kleiner. Gleichzeitig erhöhte sich aber auch der Raumbedarf in den Wohnungen der im Wirtschaftswunder nach dem Zweiten Weltkrieg aufsteigenden Schichten. Sie konnten sich immer mehr technische Haushaltsunterstützer und Unterhaltungselektronikgeräte leisten. Viele Frauen orientieren sich heute vermehrt nach außen, sind erfolgreich im Beruf und wollen sich im Wohnen nicht mehr auf die Küche und den (Haus-)Wirtschaftsraum reduzieren lassen. Wer immer jetzt kocht, er oder sie, will mit dem Umfeld, sei es mit Familie oder Gästen, kommunizieren, am besten diese ins Geschehen mit einbeziehen.

Was im beruflichen Kontext mit Großraumbüros begann, setzt sich in einem starken Trend zu offenen Wohnformen fort. Dazu kommt die Neigung der Architektur zu völliger Transparenz mit durchgängigen Glasfassaden in öffentlichen Gebäuden ebenso wie im Wohnbereich. Könnte dies etwas mit den gesellschaftlichen Veränderungen der letzten Jahrzehnte zu tun haben? Wir meinen ja, sehr wohl. Die zunehmende außerhäusige Beschäftigung von Männern und Frauen hat die Menschen offener gemacht. Eine der längsten Friedensphasen in Europa hat unser aller Sicherheitsbedürfnis reduziert. Die digitale Revolution hat die ganze Welt in ein Dorf verwandelt. Diese Öffnung der Menschen nach außen, die Vergrößerung des sozialen Netzes spiegelt sich nun im gebauten Wohnraum wider.

Ein Mensch, der hunderte von Freunden in seinem sozialen Netzwerk besitzt, der seine intimsten Geheimnisse öffentlich preisgibt, verändert sich auch in seinem Wohnbedürfnis. Alles wird öffentlich und in Beziehung zum Außen gesetzt. Das Außen – im besten Fall die Natur – wird durch offene raumhohe Glasflächen hereingeholt. Die technischen Entwicklungen machen es möglich, der Lebensraum wird, zumindest in der Wahrnehmung, größer. Leider werden die mit dieser Öffentlichkeit verbundenen Gefahren oft unterschätzt. Was in der Planung von außen betrachtet oft so reizvoll ist, wird zum Bumerang, wenn man dann im buchstäblichen Glashaus keinen Platz für Rückzug findet. Es entsteht ein Grundpegel an Stress, wenn jeder vorbeigehende

Mensch einem beim Wohnen zusieht. Da kann es passieren, dass sich die in einem rundum verglasten Haus wohnenden Menschen wie in einem Aquarium bobachtet fühlen. Als Reaktion fahren sie die Jalousien runter und igeln sich im sprichwörtlichen Sinne wieder ein. Das Habitat macht den Habitus, das Haus macht den Menschen.

Offene Räume signalisieren aber nicht nur die Offenheit der sozialen Kommunikation, sie bergen einen eklatanten Vorteil – die Flexibilität in der Gestaltung. Die Geschwindigkeit hat in unserer modernen Gesellschaft durch die Kommunikationsmedien – Internet, Mobiltelefonie, E-Mail und SMS – enorm zugenommen, Kommunikationswege werden immer kürzer, der berufliche und private Kontext verändert sich in immer kürzer werdenden Zeitabständen. Damit können sich aber auch die Wohnbedürfnisse verändern.

Erste Trends zu offenen Wohnkonzepten gehen auf die Mitte des 20. Jhdts. zurück, in Mitteleuropa entstehen sie konform zur Rebellion der 68-er Bewegung. Vor allem künstlerisch Tätige schätzten das so genannte Loft, einen zur Wohnung umfunktionierten Lager- oder Industrieraum.[86] Eine solche Wohnung umfasste oft die gesamte Fläche einer Etage, in die einfach Möbel hineingestellt wurden. Damit ergaben sich offene Wohnungen mit riesigen Grundflächen und hohen Decken, in denen Freiberufler und Künstler Wohn- und Arbeitsraum integrierten und so oft günstig wohnen konnten.

Raus aus dem engstirnig bürgerlichen Elternhaus hieß die Devise der 68-er Generation. Wer nicht in eine Wohngemeinschaft wollte, zog in eine Garçonniere. Eine Einzimmerwohnung, in der ebenfalls alle Wohnfunktionen offen untergebracht werden mussten.

Die offene Bauweise mit der Möglichkeit der völlig individuellen Gestaltung folgt dem gesellschaftlichen Trend der totalen Individualisierung. Es scheint in eine Richtung zu gehen, in der sich der benötigte Raum an die jeweiligen Bedürfnisse anpasst. Anstelle von Zimmern werden nur mehr Lebensbereiche definiert, die mit wenig Aufwand flexibel jederzeit veränderbar sind.

Bei allen Vorteilen, die solch offene Konzepte mit sich bringen, ist jedoch zu beachten, dass Rückzugsbereiche für alle im Wohnungsverbund lebenden Menschen gegeben sein sollen. Vor allem der Schlafbe-

---

[86] „Das Wort stammt aus dem Englischen und bedeutet schlicht *Dachboden* bzw. *Speicher*. In den USA wurde *Loft* auf Lagerhallen und Industriegebäude übertragen. Ab den 1940er Jahren wurden in New York City und London derartige leerstehende Hallen zu Wohnzwecken umfunktioniert, wobei die Bausubstanz der Halle kaum verändert wurde." http://de.wikipedia.org/wiki/Loftwohnung (Stand Juli 2014)

reich muss bei aller Offenheit das Urbedürfnis nach Schutz und Sicherheit befriedigen.

Wir beobachten in zunehmendem Maße auch eine Bereitschaft, Raumnutzungen nach Lebensabschnitten wieder zu verändern. Blieb bei unseren Eltern das Kinderzimmer auch nach Auszug der Kinder so erhalten, wie es verlassen wurde, und wurde höchstens als Gästezimmer ein paar Mal im Jahr genutzt, so werden heute aus den Kinderzimmern Rückzugs- und Kreativräume zur Selbstverwirklichung der Eltern.

Eine Topo-Analyse

Spannen wir noch einmal den Bogen zurück zu unserer ursprünglichen Intention, Erfahrungswissen und wissenschaftliche Fundierung zusammenzuführen, der Psychoanalyse eine Art Topo-Analyse zur Seite zu stellen. Wir haben uns angenähert, uns orientiert, haben versucht, die verschiedenen Räume des Hauses zu durchwandern, im geistig-symbolischen Sinn, aber auch ganz praktisch. Analog zu Frage Bachelards „an welchen Orten wir was gelernt haben", konnten wir Hypothesen entwickelt, an welchen Orten sich Grundmuster des Lebens entwickelt und abgebildet haben.

Auf der Suche nach einer wissenschaftlichen Erklärung dafür, wie Menschen ihren Lebensraum definieren, haben wir auch Kurt Lewin bemüht. In der Auseinandersetzung mit dem Lebensthema der Identitäts- und Selbstbildung streiften wir kurz sein Lebensraumkonzept, das aus der Anlehnung an die physikalische Theorie elektromagnetischer Felder entstand. Lewin fasste die Beziehung vom Person (P) und Umwelt (U) unter dem Begriff des psychologischen Feldes zusammen und verdichtete sie zu einer Formel: Verhalten (V) = f (P, U) = f (L) Lebensraum.[87] Verhalten ist also eine Funktion von Person und Umwelt, was wiederum eine Funktion des Lebensraumes darstellt.

Den Lebensraum definiert Lewin somit als die Gesamtheit psychologischer Tatsachen, die zu einem gegebenen Zeitpunkt für die Erklärung eines Verhaltens bedeutsam erscheinen. Er bildet nur diejenigen Ereignisse ab, die im subjektiven Erleben oder Handeln der Person tatsächlich eine Rolle spielen. Einziges Kriterium für die psychologische

---

87 Hoffmann, T.: Psychische Räume abbilden – Kurt Lewins topologische Psychologie. Aufsatz 2007, veröffentlicht im Internet: http://th-hoffmann.eu/texte/hoffmann.2007-lewin.pdf, S. 9 ff (Stand Juli 2014)

Existenz einer Tatsache oder eines Ereignisses ist somit ihre Wirksamkeit. Grundsätzlich gilt nach Lewin: „Wirklich ist, was wirkt." Wirken kann aber nur Konkretes, das zu einem gegebenen Zeitpunkt Teil des Lebensraumes ist.

Wie wir schon früher sagten, besteht somit nach Lewin der Lebensraum aus den physiologischen und sozialen Gegebenheiten in der unmittelbaren Umgebung einer Person. Das wäre hier die Kombination aus Wohnbereich im engeren (Haus/Wohnung) und weiteren (Dorf/Stadt/Landschaft) Sinne, ihrer psychologischen Repräsentanz in der Person. Das sind für uns alle bewusst und unbewusst abgebildeten (Lebens-)Muster und deren augenblickliche Wertigkeit der Gegebenheiten. Das ist die Bedeutung, die der Mensch diesen Aspekten im Augenblick beimisst.

Was bedeutet diese Formel, noch einmal vereinfacht, für mich? Mein Verhalten wird beeinflusst durch gesellschaftlich kulturelle Faktoren: nämlich die verinnerlichten Regeln und Normen der Gesellschaft, in der ich aufgewachsen bin und in der ich lebe. Sie sind ständig in mir wirksam. Die Landschaft, der Siedlungs- und Wohnraum, mit denen ich in meinem Leben und Wohnen als Aktivität ständig in Wechselwirkung bin, steuert mein Verhalten ebenso, wie die zu diesem Umfeld gehörigen psychologischen Abbildungen in mir. Diese Abbildungen bestehen wiederum aus meinen Erfahrungen und Resonanzen und der Bedeutung, die ich all diesen Faktoren im Augenblick meines Seins beimesse. Alle Faktoren im Lebensraum sind interdependent, d. h. untereinander abhängig, sagt Lewin. Dahingehend interpretieren wir unseren systemischen Ansatz.

Das würde nämlich bedeuten, dass eine Veränderung des Faktors Siedlungs- und/oder Wohnraum alle Faktoren beeinflusst und insgesamt auch menschliches Verhalten verändert. Ein Ansatz, wie er teilweise noch immer negiert wird. Vergleichen wir aber Alltagsdefinitionen von Lebensraum, wie wir sie in unserem Umfeld abgefragt haben, erfahren wir eine praktische Bestätigung der Lewin´schen Interpretationen. Fast alle Befragten meinten, dass ein Raum für einen Menschen erst durch persönliche (Mit-)Gestaltung, Austausch und Auseinandersetzung mit ihm zum Lebensraum wird.

Ein Lebensraum muss unseres Erachtens daher dem Wohlbefinden und der Entwicklung dienlich sein. Lebensraum beeinflusst die Gesundheit, d. h. den Körper, den Geist, die Gefühle, den Ausdruck, die psychische Entwicklung und auch die Beziehungen. Wir gehen davon aus, dass der Mensch immer nach dem Lebensraum sucht, der obige Attribute positiv beeinflusst. Dazu braucht es aber auch Herausforderungen, manchmal sogar schmerzvolle. Wenn wir noch einen Schritt verallgemeinernd weitergehen, dann sind Entwicklung und RAUM immer miteinander verknüpft. Entwicklung ohne Raum kann es nicht geben. Vielmehr können wir in Anlehnung an Bachelard sagen, dass der Raum oder vielmehr die einzelnen Unterteilungen, die Räume, sichtbar gemachte Speicher unserer, teilweise unbewussten Lebenserfahrungen, unserer Entwicklung sind.

Wer sich also achtsam auf den Weg durch seinen Lebensraum, durch seine sichtbaren Speicher macht, erfährt eine Erweiterung seines Bewusstseins, kann Beziehungen herstellen zwischen seinem augenblicklichen Sein und seinen gewordenen Räumen.

Unsere Hoffnung besteht darin, dass wir mit unseren Thesen eine Möglichkeit geschaffen haben, die Achtsamkeit im Wohnen und das Bewusstsein für die Wirkungen von Räumen zu erweitern.

Und ganz zuletzt – unsere Visionen

Wir haben uns mit der historischen Entwicklung des Wohnens auseinandergesetzt (S. 51). Das war für uns ein spannender Ausflug in die Archäologie, der uns einerseits Bestätigung für unsere Annahme eines Grundmusters des Wohnens brachte und uns andrerseits neugierig machte auf einen Vergleich mit weiteren Kulturen. Wie entwickelten sich Wohnmuster bei den indigenen Völkern, in den verschiedenen asiatischen Kulturen? Gefragt wären hier die Archäologie und Kulturgeschichte. Es wäre spannend, vertiefend zu forschen, ob sich unsere Hypothese eines archetypischen Wohnmusters weiter verfestigen lässt.

Bei der Behandlung der Mitte, des Lebensthemas *Selbst–Identität*, verglichen wir das Gefühl eines Ortszentrums mit dem Wohnungszentrum. Gewachsene Orte entwickelten sich meist von einem zentralen Punkt aus. Vielleicht konnten wir den einen Leser oder die andere Leserin auf die Frage neugierig machen, ob sich das Novagramm auch für größere Strukturen, wie im Städtebau oder in der Raumplanung, anwenden ließe. Spannende Versuche lassen uns jedenfalls davon träumen, mit Raumplanern und Städtebauerinnen, mit Dorfentwicklerinnen und Geomanten zu dieser Thematik weiter zu forschen.

Wovon wir ebenfalls träumen, sind Schulen, Lern- und Entwicklungsräume, die Lernende und Lehrende gleichermaßen unterstützen. Lernräume, die jene Geborgenheit vermitteln, die nötig ist, um sich auf Neues einzulassen, Räume, die den Freiraum geben, eigenständig und frei Erfahrungen zu sammeln, Beziehungen zu knüpfen und im sozialen Zusammenspiel voneinander und miteinander zu lernen. Wo sind die Verantwortlichen, die das Bewusstsein dafür haben, dass Gebäude zum Lernen eine neue Struktur benötigen? Viel zu oft müssen unsere Kinder in einem Lernumfeld aufwachsen, dessen Strukturen eher Gefängnissen ähneln – langer Gang und rechts und links „Zellen"!

Immer wenn wir diesbezüglich unsere Gedanken in die Zukunft schweifen lassen, tauchen Visionen von einer Architektur auf, welche die psychologischen Erkenntnisse automatisch in Planungen mit einbezieht. Wie könnten zum Beispiel Arbeitsplätze aussehen, die Konzentration fördern, Motivation unterstützen und damit die Produktivität auch der Unternehmen verbessern? Eine lohnende und sinnstiftende Aufgabe für Architektinnen und Planer.

Wie wäre es mit einer Psychotherapie und Lebensberatung, in die das räumliche Umfeld mit einbezogen wird?

Ein Projekt aus Innsbruck weist uns vielversprechend in diese Richtung. Eine Teilnehmerin aus einem unserer Lehrgänge baut dort gerade ein Projekt auf, bei dem Menschen mit psychischen Problemen in ihrem Wohnen begleitet werden. Man hat dort nämlich erkannt, dass die Wohnverhältnisse oft einen maßgeblichen Einfluss auf den psychischen Zustand der Klienten und Klientinnen haben. Das Angebot richtet sich an Menschen in psychischen und physischen Grenzsituationen, die an ihren bestehenden Wohnverhältnissen leiden und ohne professionelle Unterstützung nicht die Kraft haben, ihre Wohnräumlichkeiten geeignet zu modifizieren. Projektziel ist es, bestehende Wohnräume zu menschengerechten Lebensräumen umzugestalten, damit die notwendigen Rahmenbedingungen für geistige, seelische und körperliche Gesundung geschaffen werden. Das Zuhause soll auch zu einem sicheren und Halt gebenden Lebensmittelpunkt werden, der Wachstum und Nachreifung positiv unterstützen kann.

Ein Team aus Sozialpädagogin, Psychotherapeutin, Lebensberaterin und Handwerkern analysiert Strukturen, entrümpelt und entmistet gemeinsam mit den Betroffenen, begleitet diese in der Organisation von Umbauten und Renovierungen. Dabei wird versucht, achtsam neue Strukturen zu schaffen, welche die Menschen unterstützen, einen neuen Weg in Richtung Heilung zu gehen. Wir hoffen, dass dieses Projekt Schule macht.[88]

Wir hoffen, dass unser systemisch-integrativer Ansatz in vielen Bereichen Einzug hält.

---

88 Kraft für Leben – Verein für Menschen in Grenzsituationen: www.kraftfuerleben.org (Stand Juli 2014)

Daher träumen wir nicht zuletzt natürlich davon, immer mehr Menschen in unseren Seminaren zu haben, denen Wissen und Bewusstsein für ein achtsames Wohnen ein Anliegen ist, beruflich umsetzbar oder einfach nur privat nutzbar.

Achte auf die Formen, in denen der Bauer baut, denn sie sind der Urväter Weisheit geronnene Substanz.
Adolf Loos

Sie haben Fragen an uns?

Natürlich sind wir gerne für Sie da!
Besuchen Sie uns auf unserer Homepage oder schreiben Sie uns eine E-Mail:

www.lebenundraum.at

office@lebenundraum.at

Wir freuen uns auf Ihren Kontakt.

Integral – Das Institut für Leben und Raum
Mag.ª Helga Gumplmaier, Architekt DI Dr. Helmuth Seidl
Ahornweg 8, A-4893 Zell am Moos
Tel.: +43 (0)6234-7264

Menschen mit ihren Erfahrungen

Anna P., Theologin: „Ich habe meinen Wohn-Weg gefunden."

Ich hatte Helga viele Jahre lang nicht gesehen, als ich sie im Frühjahr 2010 wieder traf. Als Helga mir von den Wohnraumberatungen, die sie gemeinsam mit ihrem Partner Helmuth durchführt, erzählte, war ich sofort fasziniert: Zwei Profis, die altes Wissen mit dem Wissen von heutiger Architektur und der Arbeit mit Räumen und ihren psychologischen Wirkungen verbunden haben! Ich war sofort fasziniert und sehr neugierig, was sie denn zu meiner Wohnung sagen würden. Also ließ ich Helga den Plan meiner Wohnung zukommen, und Helmut begann zu analysieren, ohne mich zu kennen.

Als Helga dann mit den Ergebnissen der Grundrissanalyse in meine Wohnung kam, war ich äußerst überrascht.

Was Helmuth, ohne mich zu kennen, aus den Strukturen des Grundrisses lesend, beschrieben hatte, deckte sich mit jenen Erkenntnissen, die ich in meiner Psychotherapie gewonnen hatte. Das bedeutete, dass meine Wohnung genau spiegelte, was die Themen meines Lebens sind und waren. Es war auch ernüchternd, das in dieser Klarheit gezeigt zu bekommen, im Großen und auch in kleinen Details.

Helga gab mir viele Hinweise, wie ich die sprichwörtlichen Blockaden durchlässiger machen könnte: jene riesige Kommode, die als Blockade genau im Zentrum meiner Wohnung stand, im Bereich der Identität, wie Helga diesen Bereich nannte, anders zu platzieren. Ich hatte mir von zwei Seiten meine „Mitte" blockiert, mit einer schweren Kommode auf der einen und einem Vorzimmerverbau auf der anderen Seite. Wen wundert es noch, dass ich trotz therapeutischer Begleitung meine Identität nicht finden konnte? Auch anderes, was unkompliziert verrückt werden konnte, fand einen neuen Platz. Mit Symbolen und Bildern konnte ich durchlässiger machen, was durch Wände an ungünstigen Stellen blockiert war. Einen ganzen Bereich, der fehlte, konnte ich durch eine symbolische Maßnahme ins Bewusstsein holen.

Also begann das große Umräumen nach der Beratung, weil ich spürte, dass mein innerer Impuls auch in diese Richtung wies. Die Reaktionen aller, die kamen, waren ausnahmslos positiv – ohne dass sie auch nur eine Ahnung vom Hintergrund der Veränderung hatten.

Eine Zeitlang später habe ich, auch in der Therapie weiter voran, den Bereich der Partnerschaft, der voll geräumt war mit Stapeln ungelesener Zeitschriften und meinen Unterlagen zu Kursen und Seminaren, frei gemacht und nun – o Wunder – dort eine Sitz- und Liegeecke eingerichtet, die einzig wirklich gemütliche in meiner Wohnung. Wenn das kein gutes Zeichen ist ...

Wer also Lust hat auf eine „Landkarte" der Lebensthemen, wie sie sich in seiner/ihrer momentanen Wohnform spiegeln, und den Impuls spürt, etwas zu ändern in sich und damit auch rund um sich herum – und umgekehrt, dem bzw. der sei dieser Zugang herzlich empfohlen.

Maria K., Psychotherapeutin: „Weitung"

Das Thema Wohnen interessierte mich schon in meiner Kindheit, und ich war begeistert, als ich auf den Lehrgang „Lebensraumconsulting" von Helmuth Seidl und Helga Gumplmaier stieß. Die Auseinandersetzung mit dem Ansatz des Instituts für Leben und Raum war eine echte Bereicherung für mein eigenes Wohnen und für meine Arbeit als Psychotherapeutin. Helga und Helmuth haben mir als Trainer/in viel Wissen und Ermutigung mitgegeben. Inzwischen hat sich meine eigene Wohnung sehr verändert – und ist jetzt, auf den Punkt gebracht, einfach stimmig. Die Veränderung in meiner Wohnung betitle ich als „Weitung". Aus zwei zusammenhängenden Zimmern, vorher mit einer Durchgangstüre verbunden, ist jetzt ein Raum geworden. Die Türe wurde entfernt und zu einem offenen, breiten Durchgang umgebaut, die Verbreiterung der Türöffnung gibt dem gesamten Raum Weite, Großzügigkeit, Harmonie und Einheit. Die Vergrößerung und die jetzige Gestaltung und Einrichtung betonen den Aspekt Wohngefühl und Wohlgefühl – Arbeiten und Wohnen ist eindeutig getrennt. Die Arbeit darf in der Praxis bleiben. Hier in meiner Wohnung wohne ich, die Erweiterung wirkte weiter – ich habe mich für neue Erfahrungen geöffnet, ich habe mich von Gegenständen getrennt, z. B. den alten Jugendstilstühlen, die noch aus meiner allerersten Wohnung stammten – das hätte ich nicht für möglich gehalten. Nur der Esstisch blieb an seinem Platz, die jetzigen Ledersessel sind ein Traum an Bequemlichkeit. Seitdem lade ich auch wieder gerne Freunde ein: Es gibt einfach mehr Platz, um sich zu bewegen, vor allem wenn Kinder dabei sind. Sie können sich auf das Sofa zurückziehen, die Erwachsenen am Tisch sitzen bleiben – man hat sich im Blick und kann trotzdem für sich sein. Ich selbst genieße die Tiefe des Raumes und freue mich jeden Tag über die Veränderung.

In meiner Lehrgangsarbeit vertiefte ich mich dann als Therapeutin in das Thema. Die Spiegelung prägender, lebensgeschichtlicher Erfahrungen in den Überlagerungen von Grundriss und Novagramm war für mich die Bestätigung, dass die Wahl unseres Wohnraumes kein Zufall ist, sondern, analog der Partnerwahl, auch einem unbewussten, aber sinnbildhaften und symbolischen Skript folgt.

Lebensraumconsulting hat meine psychotherapeutische Arbeit um die Aspekte des Wohnens erweitert. Die Beschäftigung mit den inneren seelischen Räumen ist verknüpft mit dem das Individuum umgebenden Lebensraum. Ich bin aufmerksamer hinsichtlich allem, was mit Wohnen zu tun hat, lasse mir auch mal den Grundriss aufzeichnen, schlage vor, sich mit der Wohnung zu identifizieren, oder analysiere mit dem Klienten oder der Klientin die Aspekte, die sich aus dem Bezug Grundriss/Novagramm ergeben. Ich erachte es als eine hilfreiche und wirksame Maßnahme, die Menschen unterstützt, ihre Lebenssituation zu gestalten oder so zu verändern, dass wichtige Bedürfnisse wie Geborgenheit, Sicherheit, Kontakt, Selbstrepräsentation in ihrem Zuhause besser befriedigt werden. Das stärkt das Selbstwertgefühl, die Selbstwirksamkeit und die Selbstachtung.

Nachwort

Johanna Meraner, Beraterin und Coach

„ ... die Struktur, die ihr erarbeitet habt, finde ich sehr gelungen. Es funktioniert sehr gut so. Immer wieder bekommt man ein Stückchen Theorie und Hintergrund, aber nie wird es zu viel, und je weiter man kommt im gesamten Text, umso runder wird das ganze Bild. Die Verbindung mit den Beispielen und den Anregungen an die Leserinnen und Leser ist wunderbar. Noch immer bin ich beeindruckt vom weiten Horizont des Wissens und der Erfahrung, der da dahinter steht! Ich glaub, das schreib ich gleich ins Nachwort ... ", so habe ich an Helga und Helmuth geschrieben, als ich mit der Durchsicht der letzten Manuskriptversion zum vorliegenden Buch fertig war.

Welch vielschichtiges, einzigartiges und wegweisendes Werk hier entstanden war, war mir sehr schnell klar geworden, als Helga und Helmuth mit ihrem Manuskript zu mir gekommen waren. Die interessierte Öffentlichkeit musste von diesem Wissensschatz und von den vorgestellten Werkzeugen erfahren!

Im Laufe der Arbeit habe ich eine Analyse meiner eigenen Wohnsituation bekommen. Natürlich rechnete ich mit neuen Erkenntnissen, doch Helmuth verblüffte mich: In den ersten drei Sätzen schilderte er mir mit fast schon unheimlicher Zielgenauigkeit und Präzision, was in meinem Leben und meiner Wohnung los war.

Ich sagte: Ja, genauso ist es. Ich könnte so manche Erkenntnis aufzählen – und natürlich habe ich groß umgeräumt mit erstaunlichen Wirkungen darauf, wie ich mich nun in meiner Wohnung erholen kann.

Aber was ich Ihnen, liebe Leserinnen und Leser, noch viel dringender mitteilen möchte ist, mit wie viel Feingefühl Helmuth und Helga ans Werk gegangen sind. Wertschätzung und Achtsamkeit für die Person, Einfühlung, Herzlichkeit und Begeisterung für das Anliegen verbinden sich bei den beiden aufs allerbeste. Das fundierte Wissen und die reiche Erfahrung, die geschulte Intuition und die Leidenschaftlichkeit im Tun, die Helga und Helmuth auf dem beschriebenen Fachgebiet vereinen, sind einmalig.

Daher möchte ich Ihnen, liebe Leserinnen und Leser, ans Herz legen: Wenn sie ergänzend zur Lektüre dieses wunderbaren Werkes die Möglichkeit haben, ein Seminar zu besuchen oder eine Beratung zu ihrer Wohnsituation zu erhalten, nützen Sie sie die Gelegenheit und lernen Sie Helga Gumplmaier und Helmuth Seidl bei der praktischen Anwendung dieses Wissen und dieses vielseitigen Werkzeugs kennen!

Sie werden es genießen.

Abbildungsverzeichnis

Abbildung 1: Neun-Feld-Struktur: Novagramm
Abbildung 2: Novagramm – die Grundqualitäten der neun Lebensbereiche
Abbildung 3: Stiegenaufgang Regierungsgebäude Linz
Abbildung 4: Platz vor dem Regierungsgebäude in Innsbruck
Abbildung 5: Allee zum Anwesen eines Industriellen
Abbildung 6: Allee einer Ortseinfahrt
Abbildung 7: Gesicht eines Hauses
Abbildung 8: Amtsgebäude der Tiroler Landesregierung
Abbildung 9: Scharfe Kante eines Universitätsgebäudes
Abbildung 10: Symbolarchitektur: Autowerkstätte
Abbildung 11: Die Themen in den Archetypen
Abbildung 12: Raumnutzung in einem Bauernhof in der Steiermark
Abbildung 13: Türe als Focus
Abbildung 14: Einzeichnen des Novagramms
Abbildung 15: Irrtum: Das war einmal der Eingang – geblieben sind die Symbole
Abbildung 16: Alte Hoftüre mit Sternsymbolik
Abbildung 17: Die drei Felder der Ressourcen
Abbildung 18: Das Feld *Wissen–Erfahrung*
Abbildung 19: Einraumbau mit zentraler Feuerstelle ca. 3. Jtsd. v. Chr. – Scara Brae, Orkney Island, GB
Abbildung 20: Prinzip eines Zweiraumhauses
Abbildung 21: Haus in Karakou (GR)
Abbildung 22: Drei-Streifen-Haus, Ägypten ca. 1300 v. Chr.
Abbildung 23: Modernes Drei-Streifen-Haus, 20. Jhdt.
Abbildung 24: Systemskizze eines römischen Atriumhauses
Abbildung 25: Ausgrabungen in Cayönü
Abbildung 26: Der Eingang im Feld *Wissen–Erfahrung*
Abbildung 27: Systemskizze Reihenhaus – Olynth (GR), ca. 500 v. Chr.
Abbildung 28: WC-Schale Akrotiri – Santorin (GR)
Abbildung 29: Der Eingang muss innerhalb des Novagramms sein
Abbildung 30: Das Feld *Sozialer Austausch*
Abbildung 31: Typischer Grundriss eines oberösterreichischen Landgasthauses
Abbildung 32: Schankstube Landgasthaus

Abbildung 33: Der Eingang im Feld *Sozialer Austausch*
Abbildung 34: Diagonalposition des Tisches
Abbildung 35: Tischordnung bei einer Besprechung
Abbildung 36: Kontrollposition – bester Überblick
Abbildung 37: Das Feld *Weg–Orientierung*
Abbildung 38: Der Eingang im Feld *Weg–Orientierung*
Abbildung 39: Ebene der Ressourcen
Abbildung 40: Zeitliche Zuordnungen zu den Ebenen
Abbildung 41: Die drei Felder der Umsetzung
Abbildung 42: Das Feld *Kreativität–Entwicklung*
Abbildung 43: Unvollständige Figuren werden im Gehirn vervollständigt
Abbildung 44: Fehlbereich
Abbildung 45: Ergänzungsbereich
Abbildung 46: Fehl- oder Ergänzungsbereich?
Abbildung 47: Fehlbereich im Feld *Beziehung–Hingabe*
Abbildung 48: Ergänzungsbereich im Feld *Beziehung–Hingabe*
Abbildung 49: Der Eingang im Feld *Kreativität–Entwicklung*
Abbildung 50: Kinderzimmer vor Wohnungseingang
Abbildung 51: Situation nach Veränderung
Abbildung 52: Das Feld *Familie–Sicherheit*
Abbildung 53: Der Eingang im Feld *Familie–Sicherheit*
Abbildung 54: Das Feld *Selbst–Identität*
Abbildung 55: Der Eingang im Zentrum
Abbildung 56: Die Ebene des aktiven Handelns
Abbildung 57: Die drei Felder des Lebenssinns
Abbildung 58: Das Feld *Werte–Reichtum*
Abbildung 59: Der Eingang im Feld *Werte–Reichtum*
Abbildung 60: Das Feld *Beziehung–Hingabe*
Abbildung 61: Der Eingang im Feld *Beziehung–Hingabe*
Abbildung 62: Mögliche Bettpositionen
Abbildung 63: Das Feld *Ziel–Erfüllung*
Abbildung 64: Fenster oder nicht?
Abbildung 65: Gewerbliches Objekt mit Glasfassade
Abbildung 66: Eingang im Feld *Ziel–Erfüllung*
Abbildung 67: Die Ebene des Lebenssinns – die Zukunft
Abbildung 68: Zeitliche Schichtung
Abbildung 69: Die Achse der inneren Prägung
Abbildung 70: Elternhaus
Abbildung 71: Wohnung 1
Abbildung 72: Wohnung 2

Abbildung 73: Wohnung 3
Abbildung 74: Wohnung 4
Abbildung 75: Grundstück zu Wohnung 4
Abbildung 76: Die Achse des sozialen Handelns
Abbildung 77: Grundrisse mit Analogien: Eingang mittig, Schlafraum rechts
Abbildung 78: Die Lebensachse
Abbildung 79: Schema Aufmerksamkeitsfluss   4
Abbildung 80: Flussdiagramm der Gehlinie
Abbildung 81: Grundriss Wohngemeinschaft
Abbildung 82: Der Kreuzbezug im Novagramm
Abbildung 83: Grundriss Einfamilienhaus in OÖ
Abbildung 84: Nur der Wohnraum wird ausreichend wahrgenommen
Abbildung 85: Diagonalbezug
Abbildung 86: Ergänzungsbereiche in den Feldern *Sozialer Austausch* und *Werte–Reichtum*
Abbildung 87: Zwei Wohnungen, zwei Frauen, ein Thema
Abbildung 88: Dachgeschoßwohnung einer Klientin
Abbildung 89: Grundriss mit Beratungsraum im Feld *Werte–Reichtum*
Abbildung 90: Mehr Dynamik durch Umschlagen der Haustür
Abbildung 91: Zimmer der Tochter vor dem Wohnungseingang
Abbildung 92: Situation nach Verlegung des Einganges

Bildnachweise

Seidl, H.: Abbildungen 1–18, 20–92, Coverfotos
Jeltsch, C.S.: Abbildung 19

Literaturverzeichnis

Aachener Stiftung Kathi Beys; Lexikon der Nachhaltigkeit, http://www.nachhaltigkeit.info/artikel/nachhaltigkeit_1398.htm
Bachelard, G.: Poetik des Raumes. Frankfurt 2007
Bateson, G.: Geist und Natur. Frankfurt 1982
Bauer, J.: Prinzip Menschlichkeit. Hamburg 2007
Bauer, J.: Warum ich fühle, was du fühlst – das Geheimnis der Spiegelneuronen. Hamburg 2006
Bolin v., F.: Kleines Handlexikon der Märchensymbolik. Stuttgart 2001
Bollnow, O.: Mensch und Raum. Stuttgart 1963
Capra, F.: Lebensnetz. München 1996
da Vinci, L.: in Fischer, F.: Der Wohnraum. Zürich und Stuttgart 1964
Dirlmeier, U. (Hg.): Geschichte des Wohnens, Band 2, Stuttgart 1998
Drews, G.: Traumsymbole von A bis Z. Rastatt 1990
Fäth, R. J.: Designtherapie – die therapeutische Dimension von Architektur und Design. Leipzig 2007
Fischer, F.: Der Wohnraum. Zürich und Stuttgart 1964
Freud, S.: (1900) zitiert in: Hirsch, Mathias, Das Haus – Symbol für Leben und Tod, Freiheit und Abhängigkeit. Gießen 2006
Friedhoff, J.: in Dirlmeier, U. (Hg.): Geschichte des Wohnens, Band 2. Stuttgart 1998
Heidegger, M.: Vorträge und Aufsätze. Stuttgart 1954
Hirsch, M.: Das Haus – Symbol für Leben und Tod, Freiheit und Abhängigkeit. Gießen 2006
Hoffmann, T.: Psychische Räume abbilden – Kurt Lewins topologische Psychologie, Aufsatz 2007, veröffentlicht unter http://th-hoffmann.eu/texte/hoffmann.2007-lewin.pdf (Stand Juli 2014)
Höpfner, W. (Hg): Geschichte des Wohnens, Band 1, Stuttgart 1999
Hüther, G.: Was wir sind und was wir sein könnten – ein neurobiologischer Mutmacher. Frankfurt 2011
Jung, C. G: Synchronizität, Akausalität und Okkultismus. München 2001
Jung, C. G: Archetypen. München 2001
Kose, A.: in Höpfner, W. (Hg.): Geschichte des Wohnens, Band 1, Stuttgart 1999
Kuhnert, N.: Schwellenerfahrung. in ARCH+Nr. 194
Lang, F.: in Höpfner, W. (Hg.): Geschichte des Wohnens, Band 1, Stuttgart 1999
Lankenau, K.: „Arbeit". in Schäfers, B. (Hg.): Grundbegriffe der Soziologie. Opladen 1986

Lurker, M.: Wörterbuch der Symbolik. Stuttgart 1991
Neutra, R. und D.: Bauen und die Sinneswelt. Berlin 1980
Radvansky, G.: In The Quarterly Journal of Experimental Psychology. DOI: 10.1080/17470218.2011.571267
Richarz, I.: Oikos, Haus und Haushalt: Ursprung und Geschichte der Haushaltsökonomik. Göttingen 1991
Richter, P. G.: Architekturpsychologie. Lengerich 2004
Schroer, M.: Räume, Orte, Grenzen. Frankfurt 2006
Seifert, Th.: Vortrag beim 4. Symposion des Instituts für systemische Beratung im März 2002, veröffentlicht im Internet http://www.systemische-professionalitaet.de/isbweb/component/option,com_docman/task,doc_view/gid,606/ (Stand Juli 2014)
Sennet, R.: Fleisch und Stein. Berlin 1995
Simmel, G.: Untersuchungen über die Formen der Vergesellschaftung. Gesamtausgabe Bg. 2, Frankfurt 1992
Sparrer, I.: Wunder, Lösung und System. Heidelberg 2001
Vogt, M.: Wertorientierte Führung von Unternehmen. Referat zum F&S Symposium Fürstenfeldbruck 15./16. 10. 2009 http://www.kaththeol.uni-muenchen.de/lehrstuehle/christl_sozialethik/personen/1vogt/texte_vogt/vogt_werte-fuehrung.pdf (Stand Juli 2014)